法國政府與政治

張台麟（CHANG, Tai-lin）★ 著

2025
第六版

五南圖書出版公司 印行

　　2024年7-8月間法國巴黎主辦了第33屆現代夏季奧林匹克運動大會。主辦單位在安排開幕慶典儀式與活動中完全圍繞在巴黎歷史古蹟以及塞納河的河岸周邊進行，令觀眾印象深刻，也讓法國再度成爲全世界的焦點。法國這一民主先進國家，除了在歷史、語言和文化上享譽世界之外，同時更是推動歐洲政經統合的火車頭，在國際政經舞台以及高科技領域均具有領先地位，扮演著非常重要的角色。再者，法國自1958年以來，其在憲政體制的架構、政黨政治的發展與民主自由的實踐上都有相當的經驗與特色，值得我們從事持續性的觀察與研究。

　　作者留學法國巴黎多年，先後於巴黎政治學院（Sciences-Po）、巴黎第一大學（Université Paris I Panthéon-Sorbonne）攻讀比較政治與國際關係，對法國的政治變遷與社會經濟發展產生極大的興趣，也不斷地觀察與蒐集相關的資料，更利用機會向當地知名學者、國會議員及各政黨主要人士請教。學成返國後有幸繼續在此領域從事研究與教學工作，本書初版於1995年5月。由於獲得不錯的迴響，另也因應時勢的發展與變遷，進而在2003年、2007年、2013年以及2020年陸續再版並更新。然而隨著科技的進步與閱讀文化的變遷，學術專書的出版日益艱困，唯基於作者長期對法國政治發展的關注與熱忱，仍希望能將研究成果產出。特別是，隨著2022年4月法國總統的改選，憲政運作面臨少數聯合政府、政黨政治變遷等許多新的挑戰與變革，尤其是2024年7月國會解散後的選舉結果讓法國政府的效率與穩定面臨前所未有的困境。因此，爲了符合法國政治的現況，本書內容經作者重新整理增修改版。

　　本書得以最新版呈現，除了感謝政治大學、佛光大學所提供的優質學術環境與資源，以及家人長期以來的支持和鼓勵之外，也藉此向五南圖書出版公司對出版學術論著的堅持及編輯群的專業與用心表達衷心的感謝與敬意。

　　作者期盼本書最新第六版能對有興趣了解法國政治的學者專家、社會人士及在校同學有所助益。匆促付梓，若有疏漏之處，尚祈各位不吝指正。

張台麟　謹識

2024年12月16日

　　如眾所周知，1789年7月14日所發生的法國大革命，不但將法國民主政治的發展帶向新的里程，當時革命人士所揭示的人權宣言——人人不分階級且生而自由平等——也成為後世人權觀念與發展的典範。雖然法國大革命以後，法國的政治體制並未如英、美般立刻定型，但人權宣言的原則與精神對法國歷來的體制都產生了很重要的影響。

　　事實上，在近兩百年之間，法國的憲政體制是經歷了許多次的改革與轉變才發展到今日的第五共和。1789年到1792年之間仍是君主立憲政體，直到1792年第一共和才正式成立，當時也確立了「法國為一不可分割的共和國」。1799年到1814年之間，拿破崙先以修憲之名取得「第一執政」並推行新政，而後又制定新憲成為「終身皇帝」，建立第一帝國。拿破崙軍事失利後，帝國崩潰，路易十八返國，並於1815年再度實行君主立憲並頒布憲章。1848年，王朝再度被推翻，第二共和成立並通過藍、白、紅三色國旗。12月間拿破崙三世當選為總統，後又於1815年改為第二帝國，直到1870年普、法戰爭失敗後結束。

　　1875年，主張共和體制的人士取得優勢，並通過一部憲法，明定法國為一個「民主共和政體」，這就是第三共和。基本上，第三共和是採取了英國式的「內閣制」模式運作，直到1940年德國納粹占領法國前的這段65年間，法國的政治體制才開始趨於穩定。

　　1945年，第二次世界大戰結束後，在制憲國會的支持下以公投的方式通過新的憲法成立第四共和。不過，受到國內經濟不景氣以及海外殖民地問題難以改善、解決的影響，導致政府不斷更迭而終告瓦解。在此危機之際，戴高樂將軍於1958年6月再度受命組閣，並進而經由公投通過新的憲法，成立第五共和。1959年1月8日戴高樂就職總統，並開啟一系列的憲政改革。

　　由上述可知，法國大革命以後的政體是經過許多次的改變和長時間的經驗發展而來。雖然第五共和成立至今並非是法國大革命以來壽命最長的政體，憲法條文也

經過24次的增修，特別是2008年7月的大幅修憲更是前所未有，歷經三次的「左右共治」也是非常獨特並引發不少憲政制度上之爭辯，但時至今日第五共和卻已廣爲法國一般人民所接受，認爲它至少是一個民主穩定且有效率的制度。在選舉制度與政黨生態方面，法國兩輪多數決的選舉制度不但有其特色，同時也關鍵影響到政黨制度，其公民投票的實施經驗更令世人印象深刻。不過，自2022年4月馬克宏總統當選連任以來並未能在國民議會中掌握過半多數，造成執政上的困境。2024年7月馬克宏總統主動解散國民議會企圖逆轉局勢，但卻形成三大黨（聯盟）不過半且無法順利組成「聯合政府」的情況，馬克宏總統好不容易於9月5日任命的巴尼耶政府卻僅持續了3個月就被在野聯盟倒閣下台。第五共和的憲政體制是否出現嶄新的模式，值得持續觀察和研究。

　　以下本書即將就法國第五共和的政治制度分爲政府、選舉及政黨三篇依序加以分析，特別是附錄所提供的最新憲法中譯文以及最新總統大選（2022）以及國民議會選舉（2024）的相關數據應具有參考與實用的價值。

目 錄

第一篇

政　府

　　法國第五共和的憲政體制可以說是兼具了總統制及內閣制這兩種憲政制度特色的混合制度，也就是現今大家所稱通的「行政雙首長制」或「半總統制」。在這一混合式的制度之下，由於總統（國家元首）及總理（最高行政首長）的產生方式不同且各有其職權，特別是兩者會因政權的更迭、政治形勢的變遷、選舉版圖的重整以及總統的領導風格而呈現出截然不同的互動模式（如總統綜攬大權的強勢領導、「左右共治」或「右左共治」的偏向內閣制的實際運作或是統而不治的領導風格），不但對其憲政發展產生重大之影響，同時也突顯了法國政治制度的特性。

　　事實上，在1958年到1986年之間，第五共和的歷任總統挾其過半數的民意，以及國會多數黨的直接支持，而扮演著最高行政首長或政策決行者的角色，所謂「行政雙首長」的色彩並不明顯，總統的角色完全凌駕於總理之上，杜偉傑教授（Maurice Duverger）更據此而以比較政治的方式予以探討後，將法國定位於「半總統制」。[1]直到經歷了1986年和1988年之間以及1993年和1995年之間的兩次共治，尤其是1997年6月到2002年5月的第三次「左右共治」之後，法國這種行政權雙軌，甚至時而傾向總統制時而傾向內閣制的運作，似已被視為憲政發展之常態。然而，經過2000年9月的公投修憲將總統任期改為5年，以及2002年將國民

---

[1] 可參閱Maurice Duverger, *La Monarchie républicaine* (Paris: Robert Lafont, 1974); Maurice Duverger, *Echec au roi* (Paris: Albin Michel, 1978); Maurice Duverger, *Janus: Les deux faces de l'Occident* (Paris: Fayard, 1979); Maurice Duverger, *La nostalgie de l'impuissance* (Paris: Albin Michel, 1988)，這幾本專著。依據杜偉傑的分析解釋，所謂「半總統制」是指在一個政治制度中，總統是經由全民投票直接選舉產生，且其本身依法擁有若干重要且獨立的權力，如同美國的總統制一般；另一方面，總統並不實際施政，而是由總理及各部會首長所組成的政府來推動，並對國會負責，如同英國、德國、西班牙等歐洲許多國家的內閣制一般。另亦可參閱1996年杜教授再版的教科書《法國政治制度》中所提出的定義，Maurice Duverger, *Le système politique français* (Paris: PUF, 1996), pp. 188-189。不過，在經過三次「左右共治」的經驗以及右派席哈克、薩柯吉兩位總統、社會黨總統歐蘭德的執政經驗之後，特別是隨著中間路線馬克宏總統的上任，法國「半總統制」應可面對更多的觀察與評析。可參閱由多位知名學者所合撰的專書，Olivier Duhamel, Martial Foucault, Mathieu Fulla et Marc Lazar (sous la direction de), *La Ve République démystifiée* (Paris: SciencesPo les Presses, 2019).

議會（L'Assemblée nationale）選舉調整在總統選舉之後，再加上右派席哈克總統（Jacques Chirac）的連任以及薩柯吉總統（Nicolas Sarkozy）和歐蘭德總統（François Hollande）分別在2002年、2007年以及2012年5、6月間連續贏得總統以及國民議會大選過半席位的勝利，第五共和的憲政體制似又擺回「總統綜攬大權」的領導模式。2017年5月馬克宏總統（Emmanuel Macron）雖然以跳脫傳統政黨、走中間路線且成功完全執政令人刮目相看，但其領導風格仍強調了總統的權力。總之，第五共和在戴高樂總統的憲政理念與執政經驗的影響之下，無論左派、右派乃至於中間路線的領導人皆已對第五共和的憲政精神與運作傳統具有高度的共識，特別是經由一個全民直選的總統確立國家發展之大政方針，同時另有一個對國會負責的政府團隊負責協調並執行政策的模式似乎已成為一個憲政常態。不過，令人驚訝的是，2022年馬克宏當選連任後的政局發展以及2024年國民議會被解散後的選舉結果卻讓法國憲政邁入極不穩定的情況。

壹、雙重行政首長的憲法架構

法國第三共和（1875～1940）以及第四共和（1945～1958）時期，憲政制度的發展與運作係以議會內閣制的精神與原則為基礎。第四共和後期立法權高漲、政黨林立以及政府不穩定（議員兼閣員）的內政因素，再加上中南半島和阿爾及利亞的危機讓法國處於內憂外患的困境。1958年6月1日，第四共和總統科帝（René Coty）在危急之際提名戴高樂將軍（Le général Charles de Gaulle）出任總理並確立邁向新的憲法。[2]因此，第五共和的制憲者及戴高樂將軍除了強化總統的職掌，以及建立自1962年以來的直接選舉之外，更限制立法權以使政府有相當的施政空間及穩定性。[3]在此背景之下，第五共和憲法賦予總統有以下的職權：

1. 總統維護憲法之遵守，確保公權力之正常運作及國家之延續。總統確保國家獨立、領土完整，與國際條約之遵行（憲法第5條）。

2. 總統任命總理，並依總理提出政府總辭而免除其職務。總統基於總理提議任免政府部長（憲法第8條）。

2　參閱Arnaud Teyssier, *Histoire politique de la Ve République* (Paris: Tempus, 2011), pp. 33-37.

3　參閱Pierre Avril et Jean Gicquel, "La IVè entre deux Républiques," *Pouvoir* (Paris), No. 76 (1996), pp. 27-44.

3. 總統主持部長會議（憲法第9條）。

4. 總統得要求國會將所通過之法律全部或部分條文予以覆議，國會不得拒絕（憲法第10條）。

5. 總統得依政府或國會所提之建議，將有關公權組織、有關國家經濟、社會與環境政策以及公共事務之改革；或有關國際條約之批准，提交公民投票（憲法第11條）。

6. 總統於諮詢總理及國會兩院議長後，得宣告解散國民議會，並於20日至40日之內重新改選。國民議會應於選舉後的第二個星期四自行召集會議。國民議會因解散而改選後1年內，不得再予解散（憲法第12條）。

7. 總統簽署總統行政命令（les ordonnances）及部長會議所決議之行政命令（les décrets）。總統任命國家文武官員（憲法第13條）。

8. 總統派任大使及特使駐節外國，並接受外國大使及特使之到任（憲法第14條）。

9. 總統為三軍統帥並主持國防最高會議及委員會（憲法第15條）。

10. 總統得於共和制度、國家獨立、領土完整或國際義務之履行遭受嚴重且危急之威脅時，經正式諮詢總理、國會兩院議長及憲法委員會後，採取應付此一情勢之緊急措施（憲法第16條）。

11. 總統有權就個案行使特赦權（憲法第17條）。

12. 總統得向國會各院提出咨文，予以宣讀，該咨文無須討論。此外，總統亦得親自應邀向國會兩院聯席會議提出國情報告，其報告可於總統離席後予以討論（憲法第18條）。

13. 總統有權簽署國會臨時會召開及休會的行政命令（憲法第30條）。

14. 總統負責對外談判並批准條約（憲法第52條）。

15. 總統得將可能違憲之國際條約相關內容向憲法委員會提出釋憲審議之要求（憲法第54條）。

16. 總統有權依第13條之規定程序任命三位憲法委員會委員（憲法第56條）。

17. 總統得將尚未公布之法律向憲法委員會提出釋憲審議之要求（憲法第61條）。

18. 總統確保司法機關之獨立性（憲法第64條）。

雖然上述諸多總統的權力在2008年7月23日的憲法增修條文中受到不少的限制，特別是針對執行的程序更趨合理與民主化，大體上總統在憲法上的權力並未有

實質的改變。

　　值得一提的是，憲法第19條中還規定了總統不需要副署的權力。這些包括了以下八個範圍：

　　1. 任命總理。

　　2. 將重大議案提交公民投票。

　　3. 解散國民議會。

　　4. 採取緊急措施。

　　5. 向國會提出咨文。

　　6. 將國際條約之內容提請憲法委員會釋憲。

　　7. 任命3位憲法委員會委員。

　　8. 將尚未公布之法律提請憲法委員會釋憲。

　　由以上的條文及副署之必要與否，我們可以看出第五共和憲法賦予總統許多重要且獨立的權力。另外，1962年7月18日及1964年1月14日這兩項有關國防組織的行政命令中，也賦予總統擁有指揮作戰和決定發射核武的權力。

　　與美國總統制不一樣的是，雖然法國總統也是全民直選產生且須獲過半數的選票（兩輪多數決的選舉制度），但他卻不須親自推行政策，也不受國會的監督或制衡（並無所謂罷免總統案，惟2008年的憲法增修條文中增加了總統得被彈劾下台的程序），而是類似英國的內閣制般，由總統任命一位總理（Premier ministre），也就是政府首長（le Chef du Gouvernement）所組成的政府團隊來施政並對國會負責。再者，國民議會還可以倒閣案迫使政府總辭，總統亦可諮詢總理後解散國民議會。因此，憲法賦予總理的職權如下：

　　1. 除憲法規定者外，總理副署所有總統簽署之法令（憲法第19條）。

　　2. 身為政府首長制定並執行國家政策（憲法第20條）。

　　3. 身為政府首長支配行政機構及軍隊（憲法第20條）。

　　4. 總理指揮政府行動，負責國防，並確保法律之遵行（憲法第21條）。

　　5. 總理得行使法規制定權，並任命文武官員（憲法第21條）。

　　6. 總理得代理總統主持國防會議及部長會議（憲法第21條）。

　　7. 總理提議部會首長之人選由總統任命（憲法第8條）。

　　8. 總理有法律提案權（憲法第39條）。

　　9. 總理有行使公民投票的提議權（憲法第11條）。

　　10. 總理有權就國際條約或尚未公布之法律向憲法委員會提出釋憲之請求（憲

法第54條及第61條）。

　　11. 總理得徵詢國會各院議長意見或依國會各院過半議員之提請，要求國會在普通會期中，增加召開會議的次數（憲法第28條）。

　　由以上憲法所賦予總統及總理的職權來看，第五共和憲法具有相當濃厚的雙首長色彩。一方面總統直選產生，為國家發展之最高領導人，且依憲法有許多不須總理或相關部長副署的權力，另一方面總理才是政府首長，負責推行政務且對國會負責。然而，介於1958年和1986年這長達28年的時間當中，由於歷任的總統皆為全民直選產生，擁有相當的民意基礎，同時也是國民議會執政多數黨或聯盟的實際領袖，又有權任免同一陣營的總理（倘若總理與總統意見不合或功高震主，則勢必無法久留），因而造成總統綜攬大權的憲政運作。雖然介於1986年和2002年之間法國歷經了三次「左右共治」，但隨著2002年起總統任期改為5年與國民議會任期相同以及同一時間的改選，特別是2012年5月的政黨輪替以及2017年5月的馬克宏當選，法國憲政的總統綜攬大權的憲政運作模式似乎又已成為常態。特別值得一提的是，在2008年的修憲中，增加了總統可以召集國會兩院聯席會議並發表國情咨文且不用被質詢的條文。2009年6月22日薩柯吉總統召集國會聯席會議並就經濟衰退、退休改革、禁戴伊斯蘭面紗以及獄政改革等政策加以說明。2015年11月16日，也就是在巴黎遭受恐攻的第3天，歐蘭德總統召集兩院聯席會議並發表咨文期望通過若干重大措施，諸如延長國家緊急狀態3個月、持續與國際社會合作打擊恐怖主義、增加5,000名警力以及立法撤銷恐怖分子之國籍等。2017年7月3日，也就是菲利浦總理（Edouard Philippe）施政報告前夕，馬克宏總統召集聯席會議並就法國憲政架構的缺失、歐洲的未來、國際的挑戰、打擊恐攻以及媒體的角色等議題發表國情咨文。2018年7月9日，馬克宏總統二度召集聯席會議並就減少公共支出、取消財產稅、降低營業稅以及建立所謂21世紀福利國的理想等提出說明。由上述的事件發展來看，總統似乎享有更多的空間來展現其領導國家大政方針的事實。

貳、總統綜攬大權之憲政發展

　　正如杜偉傑教授於1978年針對所謂「半總統制」（les régimes semi-présidentiels）的芬蘭、冰島、威瑪共和、葡萄牙、奧地利、法國第五共和以及愛爾蘭這七國所做的比較研究中之分析，若從憲法中的條文而言，有的國家，如冰島，其憲法

賦予總統的權力是相當的龐大（在這七個國家中排行第二），但在實際上的運作中卻幾乎是虛位的元首（在這七個國家中排行第六）；[4]有的國家，如第五共和，其憲法所賦予總統的權力是相對性的強化（在這七個國家中排行第六），但在實際的運作中則是總統綜攬大權的走向（在這七個國家中則躍升到第一）。換句話說，憲法的條文與實際的運作會出現相當大的落差。[5]

基本上，第五共和下總統綜攬大權的憲政發展模式，尤其在1958年到1986年之間，主要是受到戴高樂將軍的理念、總統直接民選、國會選舉制度形成政黨政治的定型等三項重要因素之影響。

一、戴高樂的憲政理念與作風

1958年，戴高樂在重掌政權並進行制憲的過程中就一再強調，總統的職權及民意基礎必須強化。1964年1月31日記者會中，戴高樂總統不但指出法國並不適合純粹的英國內閣制，也不適合美國的總統制，同時也明確地說明總統與總理之間的隸屬關係。戴氏特別解釋，總統代表國家，也是三軍統帥，任命總理及其他部會首長，並可隨時視情況而予以更換，而總理主要是協調並執行由總統所確立之大政方針以及面對國會的監督。[6]由此我們可以看出，戴高樂是希望建立一個以總統為憲政運作核心的憲政體制。

事實上，自1958年到1968年戴高樂執政11年間，他都秉持上述理念，透過部長會議及國防會議來主導各項重大政策。尤其在國防與外交事務方面更建立起屬於總統「特定範圍」（le domaine réservé）的憲政慣例。諸如1960年堅持在西非沙漠的原子彈試爆、1962年積極推動阿爾及利亞獨立公投以及總統直選案、1965年6月因反對歐洲共同體（EC）執行委員會之農業政策所採取的「空椅政策」（即指故意缺席而不參加任何會議）、1966年7月退出北大西洋公約組織（NATO）、1968年推動高等教育改革、1969年推動公投增加地方層級與調整參議院之職權以及反對英國加入歐洲共同體等都是很明顯的例證。

4　值得注意的是，自1990年起，杜偉傑教授再將冰島總統的權力地位降到第七位。可參閱 Maurice Duverger, *Le système politique français* (Paris: PUF, 1996, 21e édition), pp. 505-506，原排名最後的愛爾蘭更正為第六位。

5　參閱Maurice Duverger, *Echec au roi* (Paris: Albin Michel, 1978), p. 33.

6　Charles de Gaulle, *De Gaulle a dit: l'essentiel de la pensée de Charles de Gaulle* (Paris: Plon, 1989), pp. 91-97.

二、兩輪多數決的總統直選制度

事實上，戴高樂將軍在第五共和成立之初，就希望將總統直選制度正式納入憲法，但因諸多因素的限制而暫緩。1962年10月，戴高樂藉著阿爾及利亞問題的解決以及民意的支持，透過公民投票的方式將總統選舉改爲全民直選且兩輪多數的制度（其中一位候選人必須在第一輪投票中獲絕對多數始得當選，否則須進行第二輪投票，在此情形下，只有第一輪中得票最高的兩位始得參與，得票最多者爲當選）。

此項選舉制度對總統的權力運用有很大的影響。一方面，總統任期仍爲7年（國民議會任期爲5年），除扮演國家「延續性」角色之外，同時也成爲全民直接的代言人。[7]二方面，總統必須獲得過半數的選票，除了強化其「代表性」及「正當性」之外，他也可依此民意基礎以及選舉時的政見來決定並推動國家大政方針。若干學者也認爲，一個擁有過半數選票的總統在行使憲法上的職權時會更具說服力。[8]因此，從戴高樂的憲政理念再結合總統直選，我們不難理解法國總統是實權元首而非虛位的基本走向。1995年5月，右派席哈克當選總統後立刻擺脫左派社會黨密特朗總統（François Mitterrand）的政策決定恢復核子試爆，同時也檢討國防政策並取消義務役等措施，2002年5月席哈克當選連任後更宣布建造第二艘航空母艦；2007年5月薩柯吉總統上台後宣布法國在面臨安全威脅時將會使用核子武力、建構歐洲聯盟與地中海聯盟等重大政策；2012年5月左派社會黨歐蘭德上台後宣示重新檢視歐洲聯盟《里斯本財政改革條約》以及開徵富人稅等也都是在此邏輯下所推行的。2017年7月3日，馬克宏總統在國會兩院聯席會議的演說中指出：「總統應該確立五年執政的方向，這就是我要來面對各位的原因，……總理則是與其團隊承受這些重責大任、領導、整合並執行政府的政策。」

自1962年的修憲直選到目前爲止，第五共和舉行過11次總統選舉，分別在1965年、1969年、1974年、1981年、1988年、1995年、2002年、2007年、2012年、2017年以及2022年。我們可從表1.1了解選舉之時間、原因及當選人。

---

[7] 2000年9月24日的公民投票中已將總統任期縮短爲5年，並自2002年5月新任總統開始實施。自2002年起，總統與國民議會皆於同一時期先後舉行。

[8] 參閱Maurice Duverger, *La Monarchie républicaine* (Paris: Robert Laffont, 1978), pp.187-198; François Luchaire et Gérard Conac, *La Constitution de la République française* (Paris: Economica, 1987), pp. 358-359.

表1.1　1965年至2022年總統選舉之時間、原因及當選人

選舉年	第一輪	第二輪	當時總統	改選原因與新任總統
1965	12月5日	12月19日	戴高樂	任期屆滿，戴氏當選連任
1969	6月1日	6月15日	戴高樂	任期內辭職，龐畢度當選
1974	5月5日	5月19日	龐畢度	任期內病逝，季斯卡當選
1981	4月26日	5月10日	季斯卡	任期屆滿，密特朗當選
1988	4月24日	5月8日	密特朗	任期屆滿，密氏當選連任
1995	4月23日	5月7日	密特朗	任期屆滿，席哈克當選
2002	4月21日	5月5日	席哈克	任期屆滿，席氏當選連任
2007	4月23日	5月7日	席哈克	任期屆滿，薩柯吉當選
2012	4月22日	5月6日	薩柯吉	任期屆滿，歐蘭德當選
2017	4月23日	5月7日	歐蘭德	任期屆滿，馬克宏當選
2022	4月10日	4月24日	馬克宏	任期屆滿，馬克宏當選連任

三、執政多數黨或聯盟的形成及穩定

　　第四共和時期，總統係國會兩院議員選舉產生，形式意義大於實質的權力。憲法架構傾向內閣制，特別是立法權高漲，該憲法第14條規定，「所有法律應由國民議會議決，並不得由其他機關代行」。此外，國民議會選舉又採取比例代表制的制度，造成多黨林立、政府不穩定的惡性循環現象。[9]第五共和成立之時，制憲者將國民議會的選舉制度改為單一選區的兩輪多數決（與總統選舉一樣，候選人在第一輪須獲過半數之選票始得當選，否則進行第二輪投票，在此情形下，只有在第一輪獲得12.5%選票的候選人始能參加），此項制度不但威脅小黨之生存，且有利於黨紀的建立以及大黨或政黨聯盟的對決。1956年第四共和末期，國會中共有11個政黨，也沒有嚴謹的黨紀，而1978年起，法國國民議會中只有四大政黨，而且政黨政治形成「四大黨兩極化」的政黨制度。1997年6月到2002年5月之間，右派政黨大幅重組，國會仍呈現多黨兩極化的政黨政治。不過自2002年6月國民議會重新改選

---

[9]　參閱Vlad Constantinesco et Stéphane Pierré-Caps, *Droit constitutionnel* (Paris: PUF, 2010), pp.68-72.

以來，乃至於2007年6月國民議會的選舉結果，左右兩派各出現一大一小的政黨或聯盟，政黨政治形成「四黨兩極」的現象。到了2012年6月的國民議會選舉結果顯示，左右兩派各呈現一個大黨多個小黨的形勢。2017年6月起，隨著馬克宏所領導的中間偏右「共和前進黨」（LREM）一枝獨秀，政黨政治呈現左派兩個（法國共產黨（PC）與法國不服從（LFI）聯盟、法國社會黨與環保黨聯盟）實力相當的政黨，右派一個政黨聯盟（共和黨（LR）與獨立民主聯盟（UDI））以及極右派一個政黨（國家聯盟（RN））的新局面。[10]

事實上，自1958年，尤其是介於1962年到1986年之間，甚至可包括1988年到1993年、1995年到1997年之間，以及2002年6月以來的這些期間，從戴高樂、龐畢度（Georges Pompidou）、密特朗、席哈克、薩柯吉、歐蘭德到2017年上任的馬克宏，每位總統及政府都會在國民議會中獲得一個執政黨或聯盟多數的支持。此項支持通常是相當嚴謹且穩定（除非國民議會被解散，否則皆以一個任期為計），就如同英國內閣制一般，不同的是這個多數黨或聯盟的實際領袖是總統。換句話說，所謂「國會的多數」也就是「總統的多數」（la majorité présidentielle）。如此一來，造成總理及國會多數黨或聯盟皆以總統馬首是瞻，以推動總統的理念與政策為主要前提，總統的權力自然強化。

1958年到1962年之間，戴高樂總統挾其領袖魅力與民意基礎獲得「新共和同盟」（l'Union pour la Nouvelle République, UNR）、「全民共和黨」（le Mouvement Républicain Populaire, MRP），以及所謂「獨立人士」（Les Indépendants）三大黨派的支持並組成聯合政府。1962年到1968年之間，受到選舉制度的影響，小黨幾無生存的空間，法國政黨政治呈現左右政黨聯盟兩極對立的走向。戴高樂總統仍在其所領導的新共和同盟與季斯卡（Valéry Giscard d'Estaing）所領導的獨立共和人士聯合支持下繼續執政。1968年到1973年之間，國會多數由支持戴高樂總統的「擁護共和同盟」（l'Union pour la Défense de la République, UDR）一黨取得，戴高樂總統及龐畢度總統皆以此多數的實際領導人來推動國家大政。1974年到1981年之間，雖然右派陣營的內部矛盾日益嚴重，非戴高樂派系的季斯卡總統仍有「法國民主同盟」（l'Union pour la Démocratie Française, UDF）以及席哈克領導之「共和聯盟」（le Rassemblement pour la République, RPR）的支持，且其綜攬大權的作風並

---

[10] 參閱Olivier Duhamel et Guillaume Tusseau, *Droit constitutionnel et institutions politiques* (Paris: Seuil, 5è Edition 2020), pp. 657-658.

未因此而有所保留。

　　1981年到1986年，密特朗總統則有法國社會黨（le Parti Socialiste Français, PSF）僅一個黨就過半以及法國共產黨（le Parti Communiste Français, PCF）的支持。同樣地，1988年到1993年間、1995年到1997年間、2002年到2007年間、2007年到2012年間、2012年到2017年間以及2017年到2022年之間，歷任密特朗總統、席哈克總統、薩柯吉總統、歐蘭德總統以及馬克宏總統也都有一個穩定且有紀律的多數黨或聯盟支持。在這種情況之下，總統所任命的總理除了有國民議會的信任之外，通常都是總統的長期合作夥伴、最倚重的同事、最高幕僚長或未來可能的接班人，如龐畢度、巴爾（Raymond Barre）、羅卡（Michel Rocard）、朱貝（Alain Juppé）、戴維爾班（Dominique de Villepin）、費雍（François Fillon）、艾候（Jean-Marc Ayrault）以及菲利普（Edouard Philippe）等。若有與總統爭主導權的情事，如1976年席哈克總理對季斯卡總統，或是總理功高震主之情事，如1972年夏本德瑪總理（Jacques Chaban-Delmas）對龐畢度總統，則總理通常會迫於形勢而自動請辭。

　　我們可從以上的分析了解到，基本上，法國第五共和的憲政架構是一種行政雙首長的設計。但在1958年到1986年近30年間，憲政發展受到戴高樂總統領導的風格與理念、總統直接民選、國會多數黨及聯盟的形成等三個主要因素之影響，造成總統綜攬大權的發展模式。這種發展模式在1986年3月到1988年5月、1993年3月到1995年5月，以及1997年5月到2002年5月三次「左右共治」的經驗下完全改觀。不過，自2002年5月開始一直到2022年5月這段長達20年的時間，法國行政權的運作又回到總統綜攬大權的模式。2022年5月馬克宏總統當選連任，但在隨之而來的國民議會選舉中卻未能掌握國會過半多數而僅能以最大黨（聯盟）之名義組成少數政府，造成執政困境。2024年6月，馬克宏總統決定解散國民議會，企圖扭轉劣勢，但卻讓法國政局陷入更混亂的情勢。

參、總統在「左右共治」下的侷限

　　就理論上而言，由於法國總統的任期為7年，而國民議會的任期為5年，因此只要碰上總統或國民議會改選，就有可能產生總統與國會因不同多數而形成「左右共治」（la cohabitation）的局面。不過，直到1981年為止，由於總統、總理及國民

議會都是屬於同一政黨或聯盟，因而沒有發生這個問題。值得一提的是，戴高樂、龐畢度、季斯卡以及密特朗四位總統都認為，即使國民議會由反對黨獲勝，總統係對人民直接負責，且任期7年，並不需要因此而辭職。[11]這項認知在1986年第一次「左右共治」出現後已成為大家接受的憲政慣例。

　　1981年5月，社會黨密特朗贏得總統寶座。密氏挾勝利的氣勢及有把握勝選的計算下（如前所分析之總統係經兩輪多數決選出，國民議會也是以單一小選區兩輪多數決選出，故總統應可掌握過半之席位。如果總統選舉制度採一輪相對多數，則總統在當選後未必敢解散國會，而可能立即面對「左右共治」），宣布解散國民議會（該屆是於1978年3月任期屆滿時正式改選所產生，右派聯盟獲勝），重新改選。選舉結果由左派法國社會黨及法國共產黨獲得過半數的席位，並聯合執政。換句話說，1981年雖然改朝換代，但憲政運作的模式與過去相比倒沒有太大的轉變。

　　1986年3月16日，國民議會因任期屆滿而進行改選。選舉結果由右派「共和聯盟」與「法國民主同盟」兩大政黨聯盟獲得過半數的席位並結合為執政多數聯盟。左派社會黨密特朗總統在維持憲政正常運作及政治現實的考量之下（總統雖有權任命總理，但總理須對國會負責，應任命有國會多數聯盟支持的人選，而右派聯盟在政權的取得以及黨紀的要求之下，很快地推出特定人選）不得不任命右派聯盟所推舉的領袖席哈克為總理組閣，開啟第一次「左右共治」之局。1988年5月，密特朗總統當選連任後面對右派的國會多數決定再度解散國民議會。選舉結果由左派社會黨以些微過半而取得執政。不過，1993年3月，國民議會又因任期屆滿而進行改選。選舉結果由右派兩大政黨聯盟以將近五分之四的席次大獲全勝，並組聯合政府。在相同因素的考量之下，密特朗總統仍任命右派多數聯盟領袖屬「共和聯盟」的巴拉杜（Edouard Balladur）出任總理，形成第二次「左右共治」之局。雖然密特朗總統所領導的社會黨在大選中遭到慘敗，造成第二次「左右共治」，但就憲法的角度而言，總統並不需要辭職，且其任期亦不受影響。密特朗在3月24日部長會議中的談話，以及在3月29日任命巴拉杜為總理的演說中就一再地強調，他將依憲法規定做到總統任期屆滿為止。第一次「左右共治」時期，社會黨在國民議會中還擁有212個席位，而右派聯盟只是些微的超過半數，獲得291個席位，因此密特朗總統在若干方面（尤其是與社會黨的基本理念相違背之處）較注重原則並有所堅持。

---

[11] 參閱Jean Massot, *Chef de l'Etat et chef du Gouvernement* (Paris: La Documentation française, 1993), pp. 49-50.

而第二次「左右共治」下，由於左右兩派實力懸殊，密特朗總統也有自知之明，因此在作風與立場上較前次共治更趨於妥協。我們由密氏完全同意巴拉杜總理所提出的內閣名單來看似乎可以了解。當然，右派聯盟也記取了前次「左右共治」的教訓，採取較謹慎的做法，一方面提出政治色彩較淡，協調能力又強的巴拉杜為總理人選，二方面密特朗總統也認為巴氏是一個適當的人選，而不是一個不得不任命的人選。右派的此項策略及密特朗的妥協，似乎顯示出第二次「左右共治」有個好的開始。

根據憲法和第五共和以來所建立的憲政慣例，總統在國防與外交上擁有相當大的權力（擁有核子武器發射的按鈕權）及影響力（總統主持部長會議及國防會議），即使在「左右共治」之下，這種現象可能不會有太大的改變。密特朗總統在3月29日的演說中指出，他仍將維護法國外交與國防政策方面的延續性。「左右共治」之下，總理因有國民議會多數黨的支持，故可在內政上，尤其是在財經和社會政策方面扮演主導的角色。1993年4月8日，巴拉杜總理在國民議會中提出施政報告，並獲得右派多數議員的大力支持。巴氏也承諾在5年之內將法國發展成為一個嶄新且富強安樂的社會。法國政治學者皆認為，第一次「左右共治」因雙方並無前例可遵循，各有堅持，屬於衝突型的共治模式。第二次「左右共治」則已有然去的經驗且跳脫人與人之間的糾葛，總統與總理之間的互動似較為包容，屬於分工型的共治模式。不論如何，總統在共治下的職掌的確受到許多的限制。

1995年5月，右派席哈克當選總統，在國民議會現有絕對多數下，順理成章結束「左右共治」的局面。不過，1997年5月，席哈克在主動解散國會的改選中失利，造成持續5年的第三次「左右共治」。

簡單而言，「左右共治」一詞是來自法文「la cohabitation」，原意是指性別不同的兩個人共同生活在一起，亦即同居之意。引申到法國的政治情勢，則意味著一個總統和一個與其不同大政方針的總理及國會多數黨或聯盟同處在一起共享行政權的局面。換句話說，總統與總理兩者係分屬由不同且對立的政黨或聯盟出任，同時政府也有國民議會多數的支持。在此情形下，總統與總理之間權責的劃分及互動不但完全改觀，而且總統的權力也受到相當的侷限。有些學者將此現象分析為第五共和下的「內閣制」特性，而且也真正符合憲法的條文。[12]不過，由於主、客觀環境

---

[12] 參閱Jean Charlot, *La politique en France* (Paris: Editions de Fallois, Livre de poche, 1994), pp. 188-189; Dmitri Georges Lavroff, *Le système politique français* (Paris: Dalloz, 1991, Cinquième

的改變以及時間的長短不同，因此法國三次共治的運作經驗可說有相當大的不同。

　　要了解總統的權力可能受到限制，我們就必須進一步了解總理的職權。大體而言，總理的權力可由以下四個方面加以分析。

一、總理領導政府施政

　　總理為政府首長，除了有提議任免各部會首長、調整各部會首長職掌範圍的權力之外，他可以名正言順地依據憲法第20條及第21條的規定負責推動、協調、執行及監督政府之政策。他不但在各部會的矛盾之間作為仲裁者，同時可以召開小型部長會議、拒絕簽署部長的行政命令，或用書面及口頭的方式向各部會首長提出指示或命令。1997年6月6日，喬斯班總理（Lionel Jospin）上任之際便正式下一道通令（並刊登在《政府公報》上）給各內閣閣員，一方面要求所有閣員應本「堅持不懈」、「重視倫理」及「強調協商」三項原則施政；二方面則要求所有閣員在推動各項事務及做決策之時應考量政府的整體性及合議機制。

　　2012年5月17日，艾候總理（Jean-Marc Ayrault）上任之時也提出了對政府閣員的一些指示，特別是希望所有閣員皆能「團結一致，振興法國」，政府所採行之決定須每位閣員支持，全力以赴。此外，艾候總理也強調，政府閣員就政策推動層面不必急於親上火線面對媒體，而是多協調溝通，盡量公開透明，以順利推動政策或改革。最後，艾候總理更補充到，希望所有閣員都確實能做到利益迴避的原則，促進良好的政治倫理。[13]2017年7月4日菲利浦總理在國會做施政報告時展現了十足的信心，同時也要求各部會首長在8月的暑期渡假中不要去太遠的地方且隨時可以用手機聯絡上。由此可見，總理是政府團隊的領導者，責任重大，當然也希望展現一些魄力與執行力。2022年5月20日新上任的博恩總理在面對6月的國民議會改選中，為了展現政府與民意的結合，要求所有的閣員皆能參與選舉，並特別強調若無法當選則要自動請辭。

二、總理有法規制定權

　　鑑於第三、四共和時期立法權的無限擴張，因此，第五共和制憲者於憲法第34條中以列舉方式規定了國會立法權的範圍。如此一來，只要非立法範圍之事務皆屬

édition), pp. 856-857.
[13] 可參閱Le Monde, 17 mai 2012，所做的報導。

命令性質，並由總理予以行使，這也就是一般所稱的「行政命令權」（le pouvoir règlementaire）。事實上，總理在這一方面的權力是相當地廣泛及獨立。此外，依據憲法39條，總理擁有法律提案權；憲法第45條，總理在遭遇國會兩院意見不同之時有權力決定是否召開國會聯席委員會。

三、總理的人事行政權

除了憲法第21條規定總理向總統提議任命部會首長以及有權任命文武官員之外，1985年7月24日的行政命令中，更進一步確立總理在人事方面的權力。此項命令中所包括的職務有：各部會所屬相關單位之專門委員、秘書長或主管；各部會之司、處、局等主管；政府秘書長；國防秘書處秘書長；使節團團長；中央官派之省長、縣長；內政部警政主管；省教育廳廳長；海外省代表等相當廣泛。

四、總理掌控總統府之預算

事實上，總統府的年度預算是由總理及各部會所編列，再由財經部會以「共同經費」之名統籌提出。除了總統府基本的人事行政（依據2023年7月中央審計院的數字約有800人）及一般生活、管理經費之外，總統所需的各項經費皆編列在相關各部會之下。如有關總統府建築的維修及保養等，則列在文化部的預算之下；總統出國訪問則編列在外交部的預算之下；有些與國防相關之事宜則編列在國防部的預算之下。從此角度而言，總理對總統的預算可有相當程度的掌控空間。

基本上，就總理與總統的互動關係而言，總理有提議權（如任命部會首長、行使公民複決案、修憲案、召開國會臨時會等）以及副署權（憲法第19條規定者除外）來制衡總統。同時，總理因掌握國民議會多數可以立法的方式來積極推動各項施政（憲法第15條規定，總統應於國會將所通過之法律送達政府後15日內公布）。不過，總統也可以採取拒絕總理的提議權、拒絕簽署部長會議所決議之行政命令或總統行政命令，以及要求國會將通過之法律加以覆議等作為來予以反制。換句話說，總統與總理雖然都有「制衡」的籌碼，但也唯有相互妥協才會達成雙贏的局面。[14]總體而言，除非是處於「左右共治」的情況之下，否則若在總統與總理同屬

---

14 此處所稱之「總統行政命令」，法文為「Les Ordonnances」，此項命令主要是依據憲法第38條的規定而來。該條的主要內容為，政府為了爭取推行政策的時效，可以請求國會授權，在一定的時間內，以「總統行政命令」的方式將原屬法律性質之事務先行實施，待於一定時限內正式立法後繼續生效。由於該命令係經過部長會議之議決且必須由總統簽署發布，故將中

同一政黨或聯盟的局勢下很難出現持續性的對立情形。

肆、影響總統職權及政府施政之主要因素

　　法國自1875年第三共和成立以來，其政黨政治的發展與制度是朝向多黨政治。此外，第三、四共和之下，憲政體制亦以內閣制為運作的基礎。在此情形下，一個政府（le Gouvernement）必須要有國會多數黨或聯盟的支持而存在，一旦原有的多數有所改變，則政府就會面臨立即重組或消失的命運，在這段期間，由於國會中沒有一個政黨能單獨掌握過半的席位，因此都是由二到三個以上的政黨共同合作組成聯合政府（le Gouvernement de coalition）。第五共和之下，雖然憲政制度及選舉制度有很大的改變，有相當短暫的期間有過一黨在國會中過半的情形，但不論是一黨過半或多黨過半，幾乎所有的政府都是由兩個以上的政黨或多黨聯盟所組成的聯合政府。2012年6月的國民議會改選之後，社會黨單獨一黨獲得過半，但組成的聯合政府中仍延攬了左派的「左派激進黨」以及「歐洲生態與綠色聯盟」成員入閣。2017年馬克宏總統上台，在其所領導的「共和前進黨」（LREM）支持下一黨完全執政。

　　大體而言，影響政黨組成聯合政府的主要因素有三：第一是傳統上左右意識形態的差異；第二是內閣制與聯合政府；第三則是國民議會的選舉制度。

一、左右意識形態上的基本差異

　　自1789年法國大革命以來，法國人經常就國家憲政體制之定位及社會進步與發展的模式出現兩極不同的主張。各個政黨雖有自己的理念，但最終都脫離不了左、右的框架而要有所抉擇。再者，受到第一帝國及第二帝國所帶來負面的影響，右派的政治理念與主張也產生重大的分歧；而1920年代，受到社會黨分裂以及共產黨成立的影響，左派的政治光譜也呈現多元發展模式，造成法國近代多黨的政治特性。正如柯斯勒教授（Jean-François Kesler）在其書中的引言強調，過去人們總是用傳統的彩虹顏色來為政黨的意識形態分類或區隔，如今這種的認知與分類似已無

文譯為「總統行政命令」。

法反應出實際的情況。[15]第五共和初期，總統直選及兩輪多數決的制度將政黨政治帶入左、右兩極化的現象。1974年5月屬於中間偏右的季斯卡總統上台改變了原來戴高樂派一枝獨秀的生態。2017年5月馬克宏總統以強調中間路線且自行組黨並取得完全執政對第五共和的政黨政治產生重大影響。

2012年5月至2017年5月歐蘭德總統執政時期左派政黨有法國社會黨（Parti socialiste, PS）、法國共產黨、歐洲生態與綠色聯盟（Europe Ecologie et Les Verts, EELV）及左派激進黨（le Parti radical de gauche, PRG）。右派有人民運動聯盟（l'Union pour un Mouvement Populaire, UMP）、新中間黨（Nouveau Centre, NC）。[16]2017年5月馬克宏總統執政，政黨生態為執政的「共和前進黨」（La République en Marche, LREM），左派的社會黨與環保生態黨、共產黨與法國不服從（La France Insoumise, LFI），右派的「共和黨」（Les Républicaines, LR）、極右「國家聯盟」（Rssemblement National, RN）。長久以來，左右陣營的各自聯盟也形成了一種執政文化，就是所謂「共和精神」（l'esprit républicain）或是「共和紀律」（la discipline républicaine）。換句話說，左派與左派政黨聯合，右派與右派政黨聯合，而不會出現左右政黨聯合執政的情形。此外，右派聯盟也不會與極右派聯合共組聯合政府或採取聯合競選的策略。值得一提的是，2007年5月薩柯吉總統上台後強調「開放」、「包容」的政策，並延攬了一些在野的社會黨資深領導人參與內閣以及擔任若干重要職務，特別是任命社會黨籍也是國際知名「無疆界醫師」組織（Medecins sans frontière, MSF）共同創始人庫茲納（Bernard Kouchner）出任外交部部長。[17]反之，2012年5月歐蘭德上台就未強調此項策略亦未採取此種作為。不過，2017年5月馬克宏總統上台又採取特別的安排。由於馬克宏的「共和前進黨」係他自己競選總統以及爭取國民議會席位而新創的政黨，因此也吸收了不少原左右派的政治重量級人物。我們看到菲利浦總理其實原屬於右派「共和黨」的核心人物；財經部部長勒梅爾（Bruno Le Maire）亦原屬「共和黨」且擔任過薩柯吉總統執政時期的農業部部長；時任外交部部長勒德里翁（Jean-Yves Le Drian）也是原屬「社會黨」，歐蘭德總統執政時期的國防部部長。

---

[15] 請參閱Jean-François Kesler, *Les idées politiques et les partis en France* (Paris: L'Harmattan, 2019), pp. 11-24.

[16] 該黨原稱「總統多數黨」（la Majorité Présidentielle）於2007年6月國民議會選舉結束後，改名為「新中間黨」（le Nouveau Centre, NC），2012年國民議會改選後有12席。

[17] 庫茲納擔任外交部部長自2007年5月18日到2010年11月13日為止。

二、內閣制與聯合政府

第三、四共和時期，法國憲政制度基本上是實行內閣制。換句話說，政府對國會負責，國會可將政府倒閣，政府是由國會多數黨或聯盟組成，總理為多數黨或聯盟所推舉產生，而各部會首長也是由聯合執政中的各黨所推出（通常多為黨的主要領導人）。在這很長的一段時間，由於多黨林立且從未有一個政黨在國會中過半的情形，因此所有的政府都是聯合政府。特別是第四共和後期，政黨合縱連橫，只考慮政黨利益爭取權位，聯合政府幾乎皆被政黨所控制，造成政治不穩定，政策無法推行的困境。第五共和以來，隨著總統直選產生並朝向「綜攬大權」的趨勢發展，但多黨的現象及內閣制的原則仍未改變，幾乎所有的政府即使在國民議會中占有過半的席位，但仍是會結合了同派的友黨組成「聯合政府」。2002年5月到2007年5月由席哈克總統執政期間，支持總統的「總統多數聯盟」在國民議會擁有358席過半（總席次為577席）並可獨立組成政府施政，但卻分別由哈法漢總理（Jean-Pierre Raffarin）、戴維爾班總理相繼結合右派「法國民主同盟」組成政府團隊聯合執政。同樣地，2007年5月到2012年5月薩柯吉總統執政期間，支持薩氏的「人民運動聯盟」在國民議會亦擁有313席大幅過半必可獨立組成政府施政，但仍任命費雍總理聯合「新中間黨」（原總統多數黨）組成政府團隊聯合執政。2012年6月的國民議會改選之後，法國社會黨及其選舉聯盟共獲312席位，也是大幅過半可獨立組成政府施政，但歐蘭德總統仍秉持左派團結及擴大參與的傳統，邀請「左派激進黨」以及「歐洲生態及綠色聯盟」兩黨成員組聯合政府，以有利政策的推行。此外，歐蘭德總統再次任命第二任艾候總理組閣之時也邀請法國共產黨參加內閣以共組「聯合政府」，但卻未被共產黨所接受。2017年6月的國民議會改選之後，馬克宏總統所領導的「共和前進黨」大獲全勝，贏得308個過半席次，而在菲利浦政府中仍然結合了生態黨大老、環保先鋒俞羅（Nicolas Hulot）、中間派「民主運動黨」（Modem）黨魁貝胡（François Bayrou）等共同執政。2022年7月4日，馬克宏總統在連任之後立即面對國民議會改選後的失敗，無法獲得絕對多數，但以第一大黨的態勢任命博恩女士（Elisabeth Borne）為總理並組成中右派聯合政府（Coalition Ensemble）。

三、選舉制度有利大黨且過半？

為了避免第四共和時期比例代表制的缺失，第五共和實施兩輪多數決的選舉

制度。這個選舉制度基本上是會造成多黨極化以及有利於大黨過半的效果。也就是說，在第一輪中，各政黨仍能以其基本理念為訴求並保有自己的特色與空間，但在第二輪中，意識形態相近的政黨則會採取聯合策略以爭取最大利益，同時選民也意識到第二輪投票給較弱者等於是廢票。此外，第五共和下，在第二輪的投票中又有門檻的設定，特別是國民議會選舉中得票率在12.5%以上者始得參與第二輪，更加強了此一效果。2012年6月，社會黨總統歐蘭德在贏得總統大選後，挾其餘威在國民議會改選中仍以此選舉制度獲勝過半。2017年6月馬克宏以黑馬姿態並跳脫傳統的政黨運作，在贏得總統大選之後進一步在單一選區中推舉候選人並獲過半的席次。此項兩輪多數決的選舉制度似乎有利於大的政黨，不利於中、小型的政黨。

伍、總統執政之經驗與分析

　　法國名學者寇里阿（Jean-Claude Colliard）在其經典著作《當代內閣制之比較研究》（Les régimes parlementaires contemporariness）中將政府組成的形式區分為八種類型：第一型為「一黨過半政府」；第二型為「多黨過半聯合政府」；第三型為「一黨多數政府」；第四型為「多黨多數的聯合政府」；第五型為「一黨少數但有國會多數支持的政府」；第六型為「一黨少數且無國會多數支持的政府」；第七型為「多黨少數但有國會多數支持的聯合政府」；第八型為「多黨少數且無國會多數支持的聯合政府」。[18]根據統計，第五共和至今共經歷16屆的國民議會、約43個政府，若以此項分類為基礎，第五共和的歷屆政府皆應屬第二型「多黨過半聯合政府」，僅有三次是屬第七型的「多黨少數但有國會多數支持的聯合政府」（1988年到1993年之間）。2022年6月至2024年6月間，法國政府進入第六型「一黨少數且無國會多數支持的聯合政府」，2024年7月起，法國政府進入第八型為「多黨少數且無國會多數支持的聯合政府」。以下即就歷屆總統所任命組成的聯合政府來做進一步的分析。

---

[18] 參閱Jean-Claude Colliard, *Les régimes parlementaires contemporains* (Paris: Presses de FNSP, 1978), p. 97.

一、戴高樂總統執政時期

　　戴高樂將軍是在1958年當選總統，直到1969年主動辭職這段期間，共正式任命過6個政府、3位總理。1959年1月至1962年4月是戴布雷（Michel Debré）政府。當時戴高樂已當選爲總統，並任命其長久以來的工作夥伴戴布雷爲總理。戴氏政府主要由戴高樂派「新共和同盟」、全民共和黨以及獨立人士等三個政黨支持並掌握過半的席位組成。事實上，在這段期間，戴高樂總統已開始積極參與內閣閣員的安排，但已打破過去皆由國會議員出任的慣例而可以任命一些優秀的行政官僚。

　　1962年4月至1962年11月是龐畢度政府。1962年4月，在阿爾及利亞的問題告一段落之時，同時也是政府最受衝擊的時刻。由於戴布雷總理在解決阿爾及利亞問題的策略上，以及對憲政改革的方向上，與戴高樂總統的意見並不一致，戴高樂決定更換總理。不過，出乎意料的是，戴高樂任命一位非政治人物龐畢度來擔任總理。在29位部長中，有14位屬戴高樂派，3位屬獨立人士（其中季斯卡任財政部部長），5位屬全民共和黨，另7位則是學者專家及技術官僚。

　　1962年11月至1966年1月這段期間仍是龐畢度政府。1962年10月，國民議會以不信任案推翻龐畢度政府，戴高樂決定解散國會，改選後戴高樂派及其聯盟贏得過半數的席位，因而再度任命龐畢度爲總理。這個政府在國會中主要是有戴高樂派、全民共和黨及獨立人士三個政黨過半數的支持。

　　1966年1月到1967年4月，以及1967年4月到1968年7月這兩段期間，都由龐畢度出任總理。1966年1月任命新政府是因爲戴高樂總統以直選的方式當選連任，龐畢度政府依憲政慣例提出總辭，戴高樂總統又再度任命龐氏爲總理。1967年則是因爲國會改選，總理又依憲政慣例提出總辭，而戴高樂總統仍任命龐氏爲總理。

　　1968年7月到1969年6月這段期間則由前外交部部長顧福戴木維爾（Maurice Couve de Murville）出任總理。1968年5月，受到法國學潮的影響，政局不穩，戴高樂決定解散國會重新改選。選舉結果，戴高樂派大勝，戴高樂任命顧氏爲總理以展現新局。雖然戴高樂派在國會中一黨就已過半，但仍與其他資深政治人物（包括傳統激進黨人士）及所謂中間派人士共同組閣。換句話說，顧氏政府亦應是所謂「多黨過半聯合政府」。

二、龐畢度總統執政時期

　　龐畢度於1969年6月15日贏得總統大選，並於6月20日任命前國民議會議長夏

本德瑪出任總理直到1972年7月5日爲止。在這段期間，夏氏政府在國會中主要有戴高樂派、獨立人士以及中間派人士過半數的支持。

1972年7月5日，在龐畢度總統的要求下，夏本德瑪提出總辭。龐氏也立即任命前國防部部長麥斯梅爾（Pierre Messmer）出任總理組閣。麥氏擔任總理直到1973年3月28日，因國民議會改選結束而提出總辭。不過，龐畢度總統仍再度任命麥氏出任總理，直到1974年5月的總統大選。在這段期間，麥氏聯合政府在國會中有戴高樂派、獨立共和人士（les Indépentants Républicains，以季斯卡爲首）以及中間聯盟（多數爲原全民共和黨）三個政黨的參與及支持。

三、季斯卡總統執政時期

1974年5月，季斯卡在戴高樂派席哈克的支持下贏得總統寶座。季氏上任後立即任命席哈克爲總理並組閣。當時由於國會仍以右派聯盟爲多數，因而席氏在相當順利的情況下結合戴高樂派、獨立共和人士以及中間派人士組成多黨聯合政府。

1976年8月，由於季、席兩人在領導風格及施政理念上差異甚大，席哈克自認無法掌握決策權且有效施政而提出總辭（事實上，季斯卡也希望席氏下台）。受到當時石油危機的影響，季氏因而任命非政界人士出身的經濟學教授巴爾爲總理，以提振法國經濟。在此期間，國會多數並未改變，巴爾政府仍有右派三黨過半的參與及支持。不過，在此同時，席哈克將戴高樂派重組並改名爲「共和聯盟」。

1978年2月1日，也就是在國民議會改選之前，右派原一黨獨大的情形有所改變。原中間派勒卡呂埃（Jean Lecanuet）集了支持季斯卡的共和黨、社會激進黨以及社會民主黨等三個主要政黨組成「法國民主同盟」，並投入選戰。3月的國會改選中，法國民主同盟大有斬獲，席位與共和聯盟不相上下。選舉結束，巴爾政府依例提出總辭，季斯卡隨後又立即任命巴氏組閣，並在右派兩大政黨聯盟的合作下組多黨過半聯合政府（席哈克雖然與季斯卡交惡，但爲了右派執政也不得不暫時拋棄個人的私見）。

四、密特朗總統執政時期

1981年5月，左派社會黨籍的密特朗當選總統，造成第五共和以來第一次的政黨輪替。在面對右派爲多數的國民議會，密氏除了先任命莫華（Pierre Mauroy）爲過渡政府（或稱看守內閣）之外，並立即宣布解散國會重新改選。改選結果，社會黨與左派激進黨（le Mouvement des Radicaux de Gauche, -MRG）聯盟獲過半的席

位。密特朗總統隨後再任命莫華總理組閣。由於密氏非常清楚這些勝利也有來自共產黨的支持，因而莫華也在內閣中加入四位共產黨籍的部長（包括交通部部長、人事行政部部長等）組成三黨過半的聯合政府。

1984年7月，密特朗總統面臨執政困境，一方面莫華政府的施政績效不彰，民意支持度低；二方面共產黨又因施政理念不合，且不願意為社會黨執政背書而堅持退出聯合政府。在此情形下，密氏決定任命年僅38歲的法畢士（Laurent Fabius）出任總理，法畢士在社會黨及左派激進黨的參與及支持下組成聯合政府。

1986年3月，國民議會因任期屆滿而改選。選舉結果，右派兩大聯盟獲勝，在國會中掌握過半數的席位。密特朗總統在尊重民意及維護憲政體制正常運作之前提下，任命右派領袖席哈克為總理組閣，席氏亦立即與法國民主同盟組成聯合政府。這是第五共和以來首次總統沒有國會多數支持的情形，因而造成所謂第一次「左右共治」之局。

1988年5月，密特朗總統當選連任。在面對右派的國會多數，密氏除了任命羅卡組過渡政府外，仍決定解散國會重新改選。不過，選舉結果出爐，社會黨─左派激進黨雖然贏得多數但並未過半（276個席位），共產黨則小輸為27席，而右派聯盟為271席。在共產黨宣稱支持社會黨─左派激進黨組政但不參與內閣的前提下，密特朗任命羅卡為總理並組成所謂「多黨少數但有國會多數支持的聯合政府」。在如此的政治生態下，密特朗總統亦於1991年5月及1992年2月相繼任命柯瑞松夫人（Edith Cresson）及貝赫哥瓦（Pierre Bérégovoy）出任總理組閣。

1993年3月，國會因任期屆滿而改選。選舉結果，右派兩黨大獲全勝（贏得五分之四的席位），可說是歷史上的創舉。在此情形下，密特朗總統仍在相同的考量下任命右派共和聯盟領袖巴拉杜為總理，並與法國民主同盟組右派多黨過半聯合政府，開啟第二次「左右共治」之局。

五、席哈克總統執政時期

1995年5月，席哈克當選為總統，同時也結束了第二次「左右共治」。原總理巴拉杜在任內參與總統競選並對席哈克造成極大之困擾與威脅，因此選後也立即提出總辭。由於國會多數並未改變，席哈克因而順利任命屬共和聯盟黨籍的原外交部部長朱貝出任總理，並與法國民主同盟組聯合政府。

1997年5月，席哈克總統為了重新整合右派國會議員的凝聚力（國會議員雖人數眾多，但一盤散沙）以提升政府施政效率，因而決定解散國會重新改選。不過，

人算不如天算，右派聯盟在選舉中失利，社會黨、公民黨、左派激進黨、綠黨以及共產黨為主的左派聯盟贏得過半數的席位。同樣地，在此情形下，席哈克也不得不任命社會黨領袖喬斯班為總理（喬氏曾在1995年總統大選的第二輪投票中與席哈克對壘但敗陣）。喬氏也立即組成多黨過半聯合政府（內閣中包括上述政黨之重要領袖），並開啟了第三次「左右共治」之局。

2002年5月5日，席哈克贏得總統連任，喬斯班提出總辭，席氏任命法國民主同盟領袖哈法漢出任總理主持過渡政府。6月16日，國民議會改選結束，右派「總統多數聯盟」大獲全勝，哈氏二次組閣，並與法國民主同盟組成聯合政府。在此情形下，法國憲政又邁入所謂「總統綜攬大權」的模式發展。一方面席哈克當選連任並亟欲結束「左右共治」以實現其競選政見，另一方面，以支持席哈克總統為主的「總統多數聯盟」又在國會改選中大獲全勝，哈法漢總理實際上積極推動席哈克總統的競選政見，總統的職權與角色再度凌駕於總理之上。

六、薩柯吉總統執政時期

在右派席哈克總統的執政基礎之下，以及左派缺乏團結和魅力領袖的困境，薩柯吉可以說相對樂觀且輕鬆的態勢贏得勝選。隨著2007年6月18日國民議會的大獲全勝，薩柯吉再度任命費雍出任總理組成政府團隊推動改革。費雍政府曾於2010年11月13日提出總辭並三度任命組閣，一直到2012年5月總統選舉失敗政黨輪替後才下台。同樣地，薩柯吉總統及費雍政府雖可一黨組政，但為展現包容與右派團結，仍邀請社會黨重量級人物（如外交部部長）以及右派小黨領導人入閣共組聯合政府。[19]

薩柯吉從政資歷長久且豐富（市議員、市長、國會議員到部會首長），其施政風格更是積極且著重效率。[20]在如此的背景之下，薩柯吉的執政風格展現出「綜攬大權」、甚至於「超級總統」的模式，不但讓法國老百姓印象深刻，同時國際間幾乎認為法國是一人秀的總統制。換句話說，薩柯吉執政時期的總統職權完全凌駕於總理之上，總理與所有政府閣員都是他的工作夥伴或屬下。薩柯吉總統無論是在推

---

[19] 薩柯吉在其新著《政治熱情》（Passions）一書中，就當時上任總統並籌組內閣時所邀請的人選與過程皆做了一些描述。Nicolas Sarkozy, *Passions* (Paris, L'Observatoire, 2019), pp. 352-358.

[20] 參閱Bruno Jeudy et Ludovic Vigogne, *Nicolas Sarkozy : De Neuilly à l'Elysée* (Paris: l'Archipel, 2007), pp. 13-35.

動一項財經或治安政策的改革，或是有關歐洲聯盟以及國際重大議題都是於第一時間主導一切並站到第一線。[21]這樣的強勢領導風格也引起法國政、學界的批評，認為薩柯吉總統雖然在任內推動了重要的憲法改革，但本身卻不夠遵守憲法的精神與慣例。不過，值得一提的是，薩柯吉總統在位期間，總理的職務呈現相當穩定的情況。

七、歐蘭德總統執政時期

　　如果說歐蘭德總統的當選是法國人的人心思變的話（右派已經執政了17年），歐蘭德的五年執政似仍無法帶來風調雨順的情勢。歐蘭德總統2012年到2017年這段期間共任用三位總理，更替五個政府。2012年5月15日首度任命艾候為總理（看守內閣），6月18日國民議會選舉中獲得勝利再任命艾候為總理並積極推動新政。為展現開放與改革形象，艾候內閣延攬「左派激進黨」、「環保生態黨」的重要人士入閣組成「聯合政府」。2014年3月30日，社會黨在市政選舉中失利，艾候總理循憲政慣例於3月31日請辭，歐蘭德總統於4月2日任命內政部部長瓦爾斯（Manuel Valls）為總理。2014年8月24日黨慶大會中，社會黨內部的路線之爭與山頭角立愈演愈烈，經濟部部長孟特布爾（Arnaud Montebourg）及教育部部長阿蒙（Benoit Hamon）共同表達對現行緊縮財政政策的不滿，希望社會黨能改變策略。面對此一情況，瓦爾斯總理亦深受此舉係衝著他本人及歐蘭德總統而來，故立即向歐蘭德提出內閣總辭並希望內閣改組。歐蘭德總統也毫不猶豫地接受並於26日再度任命瓦爾斯續任總理。歐蘭德總統在其卸任後所出版的《權力下的教訓》（Les leçons du pouvoir）一書中就指出，選對人才、運用在對的時間與地方是所有政策的成功之母，總統無法一個人完成任務，但若用人不當則必敗無疑。他更進一步寫到，政府閣員是一個團隊，若太凸顯個人化的面向則政府的施政也不會成功。[22]2016年12月1日，歐蘭德總統正式宣布將不角逐下屆2017年4月總統的連任。隨著社會黨要舉行初選的時程，2016年12月6日，瓦爾斯總理宣布辭去總理職務並投入總統黨內初選的活動。歐蘭德總統在非常不滿意且有些措手不及的情形下同意並任命內政部部長卡茲納夫（Bernard Cazneuve）為總理。卡茲納夫總理仍維持

---

[21] 有關此項論點與分析，可參閱Charles Debbasch, *La Sarkozye Gouvernante : Un nouveau présidentialisme* (Paris: L'Harmattan, 2010) 以及 Gibert Boutté, *Nicolas Sarkozy face à la crise* (Paris: L'Harmattan, 2010).

[22] François Hollande, *Les leçons du pouvoir* (Paris: Stock, Livre de Poche, 2019), pp. 315-317.

「聯合政府」的形式並留任了所有的閣員直到2017年5月14日馬克宏上台爲止。

八、馬克宏總統執政時期

馬克宏總統的當選意味著老百姓對傳統左右政黨的失望。馬克宏在第一時間投入總統選戰時是以一個無黨籍的身分爲名，隨著聲勢的看漲，許多原左右派傳統政黨人士以及新世代的菁英開始加入並支持馬克宏。[23]2017年5月7日馬克宏當選總統後在面對國民議會選舉時才開始招兵買馬，同時正式以「共和前進黨」之名義推薦候選人參選。2017年5月15日馬克宏總統上任第一時間任命菲利浦爲總理，當時最重要的任務就是國民議會的選舉。2017年6月21日，隨著「共和前進黨」在國民議會選舉中大獲全勝，馬克宏繼續任命菲利浦爲總理。同樣地，爲了遵循憲政慣例並希望獲得更多的支持，菲利浦總理延攬了「民主運動黨」、「行動黨」（Agir）以及無黨籍的右派等重要領導人參與內閣並組成「聯合政府」。隨著新冠疫情的暫時紓緩以及2020年6月28日市政選舉第二輪投票的結束（原本應於3月22日舉行，因新冠疫情衝擊而延後），馬克宏總統認爲菲利浦總理的階段性任務已告一段落，決定在還有2年的任期前更換總理並希望再開創一個新局。在馬克宏的主導之下，先於7月2日在總統府接受了菲利浦總理所提出的內閣總辭，之後於次日7月3日任命高階文官出身、熟悉政府運作且現爲法國南部庇里牛斯山附近普拉代市（Prades）的市長卡斯戴克士（Jean Castex）出任總理並立即於當日下午交接完畢。2020年7月6日下午總統府秘書長寇勒（Alexis Kohler）正式對外宣布內閣成員。卡斯戴克士政府

---

23 馬克宏總統的生平：1977年12月21日出生於法國北部，離巴黎120公里處的亞眠市（Amien），父親爲神經科學教授，母親爲小兒科醫生。2017年5月當選總統時年僅39歲，係法國自拿破崙以來最年輕的總統。1993年進入耶穌會辦的私校La Providence就讀，也就是這段期間上了戲劇的課而認識了他的老師、現任第一夫人的布麗吉特（Brigitte Trogneux）。1996年9月馬克宏進入巴黎頂尖的亨利四世（Henri IV）高中就讀。2000年到2004年大學及進入職場期間，馬克宏陸續完成巴黎政治學院（Sciences-Po）、巴黎第十大學哲學碩士以及法國國家行政學院（L'ENA）等階段。2004年進入財政部擔任高級督察專員。2006年加入社會黨。2007年和布麗吉特結婚，兩人相差24歲，此段姻緣也成爲法國人茶餘飯後的話題。2008年馬克宏離開公務部門到銀行業發展，除了參與大企業的併購賺了不少錢之外，同時也開拓了相當廣大的人脈。2010年起參與社會黨歐蘭德的競選團隊並負責財經議題的選舉政見及選戰策略。2012年5月隨著歐蘭德當選總統，馬克宏被延攬出任總統府副秘書長兼財經諮詢小組召集人。2014年8月26日以36歲之年齡出任經濟部部長。事實上，馬克宏有自己的野心，2016年4月自行創立以「前進」（En Marche – EM，此二字縮寫刻意與其姓名縮寫相同）爲名的政治運動，希望號召法國人一同進行一場「民主革命」。2016年8月30日，馬克宏請辭經濟部部長。2016年11月16日正式宣布將競選2017年總統。2017年5月7日在總統選舉第二輪投票中脫穎而出。

共有31位部長，女性17位，男性14位，實踐了馬克宏總統的對性別平等上的重視與承諾。此外，此次內閣改組中仍然延攬「民主運動黨」、「綠色聯盟」以及「行動黨」等重要領導人士參與。

馬克宏總統於2022年5月勝選連任並立即任命博恩為總理。不過，在隨之而來的國民議會改選中卻無法獲得過半的席次，因總統多數仍為國會第一大黨，故繼續任命博恩為總理組成所謂少數中間偏右「聯合政府」。由以上的分析，我們了解到，長久以來，在第五共和的憲政運作之下，不論是右派或左派執政，不論是左派政府、右派政府或是不左不右的馬克宏執政，所有的總理及政府都是在獲得國會過半數席位支持下所組成的多黨聯合政府（如同內閣制國家中的政府），否則必然無法順利組成或延續。2024年7月被解散的國民議會改選之後，呈現多黨不過半的情形，馬克宏總統無法在第一時間任命總理，只好退回現任總理（Gabriel Attal）的辭職信函，堅持其領導看守內閣直到新總理上任為止。2024年9月5日，馬克宏總統任命年73歲的右派資深政治人物巴尼耶（Michel Barnier）為總理並面對新的挑戰。不過，事與願違，馬克宏總統再於2024年12月13日重新任命也是73歲的「民主運動黨」主席、資深政治人物貝胡出任總理，取代被倒閣的巴尼耶總理。此項發展也讓馬克宏總統的執政面臨重大的危機。

陸、總統角色與憲政特性

綜合觀察，1958年法國第五共和的憲法基本上是兼具「總統制」及「內閣制」的雙重行政首長架構。然而，受到戴高樂總統執政的理念與風格、總統直選、國會選舉制度、國會多數執政聯盟的形成，以及政黨生態重組等重要因素之影響。事實上，除了自1986年到2002年之間，由於國民議會中多數黨及聯盟的轉變而出現了三次「左右共治」，並較為傾向「內閣制」的運作之外，第五共和自1958年到1986年之間，特別是從2002年至今，其憲政體制可以說是以「總統綜攬大權」的模式來運作發展。近年來，法國法政學界對第五共和的憲政體制也出現了更多的定義，如「半總統制」、「超級總統制」、「總統化的內閣制」、「合理化的總統制」等。不過，知名教授、前歐洲大學（L'Institut universitaire européen de Florence）校長梅尼（Yves Mény）在其新書中就主張第五共和不是內閣制，也不是總統制，這種討

論毫無意義且淪為各說各話；第五共和是一種多變的混合制。[24]由此可觀察，第五共和雙首長制的架構下實際蘊涵著許多的變數或組合。事實上，在第五共和政治制度下，無論是「總統綜攬大權」或是「左右共治」下的「聯合政府」，其組成的效率及穩定性皆相當高，而其中主要原因並非僅僅來自憲法的條文，而是以下四個實際運作的關鍵因素。

一、內閣制的運作原則

憲法中雖然規定了總統任命總理不必經國民議會同意，以及國會議員不得兼任閣員，但實際運作中，新任命的總理在第一次面對國民議會做施政報告時，為展現其亦有民意基礎，通常會主動提出要求國會的同意或表決。此外，內閣閣員幾乎全數由國民議會議員或參議員，同時也是政黨領袖擔任（過去國會自行訂有一個候補制度，以不致影響執政聯盟的多數席位；依2008年7月的最新憲法，第25條特別就有關議員兼閣員之後的遞補制度予以明定），而行政權與立法權的互動皆依內閣制的憲政機制來運作（事實上，憲法第20條也規定了政府依憲法第49條及第50條的規定對國會負責；國會也擁有不信任案的權力），如此才會產生「共治」。倘若國會黨紀無法實施，總理又非為多數黨或聯盟之領袖，則較難出現「共治」之局面，政府更難持續穩定（法國第四共和時期即為如此）。不過，如上所述，第五共和自2002年以來並未出現左右共治的情形，但其內閣制的運作則更趨強化（2008年的修憲中大幅增加了國會的權限）。

二、兩輪多數決的選舉制度

除了總統以兩輪多數直選產生之外，國民議會的選舉制度（1986年3月係採取比例代表，並造成「國家陣線」獲得35個席位）也是採取以577個單一選區為基礎，兩輪多數決的選舉制度（第一輪未達12.5%選票者淘汰）。如此，一方面有利左右大黨的聯盟而產生過半的多數黨或聯盟，二方面也有利黨紀的建立，形成穩定的多數。倘若1997年的國會大選是採用比例代表制，則其結果完全改觀（初步估算，社會黨有220席、共產黨有36席、右派兩黨可得212席、其他右派有10席，而極右派「國家陣線」則有77席，實力不容小覷），對憲政制度立即產生衝擊。再者，就總統的角色而言，1981年及1988年密特朗總統在當選總統後，立即解散以右派聯

---

[24] 參閱Yves Mény, *Le système politique français* (Paris: LGDJ, CLEFS, 7e édition, 2019), pp. 14-15.

盟爲多數的國民議會，其主要目的就是希望讓國會有自己的多數，而這種考量也同時建立在兩輪多數決的選舉制度之上。2000年9月的修憲將總統與國民議會的任期一致化（皆爲5年），且先後同時改選，惟兩輪多數決的效應並未改變。2007年5月薩柯吉當選總統、2012年5月歐蘭德當選總統以及2017年5月馬克宏當選總統之後所舉行的國民議會選舉中皆順利取得過半席次。不過，2022年及2024年連續2次的國民議會改選結果皆未呈現過半的多數黨或聯盟，未來的發展值得觀察。

三、政府輪替的效率與穩定

1997年6月1日國民議會改選第二輪投票結果揭曉後，右派聯盟失利，在國會中成爲少數，在此情形下，依據憲政慣例，右派總理朱貝立即於第二日提出政府總辭，席哈克總統也於當天批示，並在認知左派聯盟將會推舉並支持喬斯班出任總理組閣後，當天正式發布命令任命喬氏爲總理，並於6月3日生效。同樣地，2002年5月5日，喬斯班總理在競選總統失利，以及席哈克勝選的次日亦立即提出政府總辭。席哈克總統也隨即任命哈法漢爲總理。2005年5月29日，法國選民在公投中否決了「歐洲聯盟新憲草案」，哈法漢立即以政治責任提出政府總辭，而席哈克總統在接受的同時並於5月30日任命戴維爾班爲總理且於隔日生效。2007年5月7日薩柯吉當選總統，2007年5月16日，薩柯吉總統與席哈克總統交接並正式上任，其中所謂的政權轉移期限只有10天。此外，就政府而言，薩柯吉上台立即於5月17日任命費雍出任總理並於18日生效。5月18日，費雍進駐總理府與前總理交接的同時也宣布了第一波的內閣名單。同樣地，2012年5月6日社會黨歐蘭德當選總統，歐蘭德也是於5月15日正式交接上任，政權轉移期也只有10天（這過程並不因此次具有重大意義的左右政黨輪替而有所影響）。5月15日歐蘭德總統正式任命艾侯出任總理，5月16日上午正式與前總理費雍交接，並正式籌組內閣名單於5月17日正式生效。這種做法不但合乎行政效率，責任分明，除了可避免交接過渡時期的紛爭之外，更可避免在任命總理及組閣事宜上的各種形式權謀與分贓。同樣地，2017年5月7日馬克宏當選總統，一週之後，也就是5月14日舉行交接並就職，如此的過程可說已成爲法國的一個憲政慣例。不過，比較遺憾的是，2024年7月7日法國國民議會在解散後的改選結果中形成一個三黨（聯盟）不過半的情形，且在彼此意識型態差異甚大的局勢下，馬克宏總統一時也無法任命新總理組政。更令人意外的是，馬克宏總統好不容易任命的巴尼耶總理卻僅僅只有3個月的壽命就被在野聯盟倒閣，迫使馬克宏不得不任命新總理貝胡，造成政局不穩的情形。這個現象也是第五共和成立以來從

所未有的狀況。

四、成熟與包容的政治文化

　　第五共和之下，雖然政治權謀及政黨惡鬥時有所聞，但在民主政治與憲政架構的大前提之下，國家領導人多會以長治久安及大局為重。我們看到共治下的總統，任命其最敵對且最具威脅性的對手出任總理，以及總統和總理一同出席部長會議、國防會議、國家重大慶典與國際性高峰會議，甚至於搭乘同一輛轎車進出的情形。事實上，密特朗總統在1958年時是反對該部憲法，在右派執政的23年期間也嚴厲批判戴高樂的領導風格及綜攬大權的憲政運作，然在執政之後仍尊重憲政體制，並以大局與包容為重，率先開啟「左右共治」。如此的憲政慣例及政治文化，讓第五共和的憲政體制雖在權責相符的原則上有所缺失，但在政府的穩定及效能上都能受到大多數法國人民的肯定。值得一提的是，剛歷經敗選的薩柯吉總統在2012年5月8日所舉行的第二次世界大戰終戰紀念日的公開紀念儀式中特別援用1995年5月密特朗總統與席哈克的前例，邀請勝選但尚未就職的歐蘭德共同出席在凱旋門前的紀念儀式並獻花致敬。這樣的互動與景象代表著法國政治相當程度的成熟，特別是展現出法國的團結與包容。誠如薩柯吉總統所宣稱的，新卸任總統共同出席活動展現出美好的形象，特別是在激烈的選戰之後，大家都期待一個妥協及包容的社會。同樣地，歐蘭德也在簡短的談話中指出，他也曾經想到希望參與此項重要紀念儀式，但畢竟是由現任總統薩柯吉提出建議。2019年9月26日前法國總統席哈克（1995～2007兩屆，在位12年）以86歲高齡病逝，馬克宏總統特別為這位國家元首於9月30日在巴黎聖敘爾比斯教堂（Eglise Saint-Sulpice de Paris）舉行莊嚴盛大的追思會，除了定該日為國殤日之外，同時也稱許其為「偉大的法國人」。值得一提的是，歷任的前總統包括季斯卡（法國政界中眾所周知季、席兩人是死對頭）、薩柯吉以及歐蘭德皆受邀並全程參與。2020年12月2日前總統季斯卡（1974-1981期間）以94歲高齡病逝，由於正值防疫期間，追思會規模縮小，但國家仍給予最高的榮譽和禮遇。值得一提的是，2024年7月7日國民議會改選之後，馬克宏總統無法順利任命新總理以組成新政府，故向各政黨領袖呼籲「政治休兵」，維持現任過度政府處理日常業務，待全國辦理2024巴黎奧林匹克運動會結束後再議，此項建議基本上也獲得大家作認同。

第 ② 章 總 理

壹、總理職務之歷史沿革

「總理」一詞之法文原文爲「le Premier minister」，直譯乃爲「第一部長」或「首席部長」之意。不過，長久以來，中文都將各國政府首長譯爲「首相」（如英、日）或「總理」（如德、法、比利時、西班牙）。

事實上，今日法國總理職務之名詞「le Premier ministre」是經過了一些變革而來。法國大革命之前的王權時代，國王身邊的首相稱爲「Principal ministre」，直譯爲主要部長之意。法國大革命爆發之後，平民國會於1791年通過了一部憲法，其中將行政權形式上賦予國王來行使。換句話說，國王不但是國家元首（le chef de l'Etat），同時也是政府首長（le chef du Gouvernement）。實際上，國家政務是由一個以多位部長組成的「臨時行政會議」（le Conseil exécutif provisoire）負責處理。此一會議並未設置主席，而是由成員部長每星期輪流主持會議。1793年，廢除國王之後，行政權由一個以24位部長所組成的「行政會議」（le Conseil exécutif）來集體領導，因此也並未設有一位眞正的主席來負責指揮。[1]

到了路易十八執政時期（1815～1824），內閣制度漸漸建立，國王因而設立「部長會議主席」（le Président du Conseil），即爲「總理」之意。從1815年起，直到第五共和成立期間，「總理」之法文原文爲「le Président du Conseil」。1958年第五共和成立之後，總理之法文用字則更改爲「le Premier ministre」（直譯爲第一部長之意）。[2]

值得一提的是，在第三共和成立之前，總理的權責並不突顯，直到第三共和憲法中規定了「部長會議」的功能之後，總理的權威性才漸有提升。再者，長久以來，總理通常由一重要部長兼任，本身並不具備獨立的辦公廳或幕僚群，總理似乎

---

[1] Stéphane Rials, *le Premier ministre* (Paris: PUF, 1984), pp. 4-6.
[2] Ibid., p. 9.

是爲了因應政府對國會負責的憲法規定（1875年2月15日憲政法第6條）才加以任命的。

　　這個現象在1935年之後始有改觀。1934年12月24日，國會通過了設置總理職務的財政法。從此，總理成爲單獨任命且擁有獨立的辦公廳，其名爲馬堤能府（Hôtel Matignon），原係奧匈帝國駐法國的大使館。[3] 漸漸地，總理府開始有編制的公務人員、幕僚群，以及直屬於總理的若干機構，總計高達上百個單位。諸如政府秘書處（le Secrétariat général du Gouvernement, SGG）、歐盟事務秘書處（le Secrétariat général des affaires européennes, SGAE）、國防及國家安全秘書處（le Secrétariat général de la défense et de la sécurité nationale, SGDSN）、海洋事務秘書處（Secrétariat général de la mer）、政府資訊出版處（Direction de l'information légale et administrative）以及政府新聞處（le Service d'information du Gouvernement, -SIG）等，同時編制與人數愈來愈多。依據當前總理（政府）所屬的行政編制可區分爲社會工作，下有跨部會住宅委員會、國家經濟發展委員會；獨立的行政機關，下有數位及廣電監督管理委員會、國家資訊與自由委員會、國家機密監督管理委員會；政府業務協調單位，下有總理辦公室、政府秘書處、海洋事務秘書處；人權與自由，下有跨部會反種族歧視、反歧視同性戀委員會；經濟事務，下有全國工業委員會；教育事務，下有國家公共行政學院；數位科技，下有跨部會數位科技處；歐洲及國際事務，下有歐洲事務秘書處；公共衛生事務，下有全國社會保障及財政委員會；安全與國防，下有國家安全與國防秘書處、高等國防研究院、軍備管制委員會等；策略與規劃，下有就業推動委員會、國際資訊與前瞻研究中心。由以上的資料可以觀察到，總理的職掌與分工也愈來愈多元與廣泛。

貳、總理之產生方式

　　第四共和時期（1945～1958），憲法中規定，中央政府首長（總理）及各部會首長須經由下議院國民議會同意後，始可正式任命並施行政策（第四共和憲法第45條）。

---

[3] François Luchaire et Gérard Conac, *la Constitution de la République française* (Paris: Economica, 1987), p. 590.

　　在1954年之前，此項規定在做法上還較有彈性。通常總統任命總理（le Président du Conseil）後，一旦經由國民議會投票同意通過後，其政府可立即組成並視同通過而開始運作。然而自1954年之後，由於多黨林立，政府又缺乏穩定且團結一致的多數黨有力支持，造成立法權更爲高漲之趨勢。因此，不但總理須經國民議會投票同意之外，政府所有閣員亦須經由國民議會之投票同意後，始算正式成立。

　　第五共和之下，上述情形則完全改觀，我們可以用法理和政治運作兩個角度來分析：

一、就法律的觀點而言

　　第五共和下，總理一經由總統提名任命，即可執行政策，而不須經過國民議會同意的程序，只要國民議會不提出倒閣案即可。一般觀察，總統應不太可能任命一位執政黨或國會多數黨無法接受的人選，兩國會也不可能惡意杯葛，畢竟總統有解散國會的權力（憲法第12條）。此外，就算「左右共治」之下，總統會基於尊重內閣制精神以及國會多數的前提之下任命不同黨派的總理。不過，2002年起，左右共治的機率也似乎不多了。

　　基本上，總理之任命並無特別之程序，而係依據憲法第8條、第20條，以及第49條第2項之規定行使。

　　憲法第8條指出：

　　共和國總統任命總理，並依總理提出政府總辭而免除其職務。共和國總統基於總理提議任免政府閣員。

　　憲法第20條爲：

　　政府制定並執行國家政策。
　　政府支配行政機構及軍隊。
　　政府依本憲法第四十九條及第五十條所規定之條件及程序，對國會負責。

　　憲法第49條第2項則是：

　　國民議會得依倒閣提案之表決以決定政府之政治責任及去留。此項倒閣提案

須經國民議會至少十分之一議員之連署，始得提出。動議提出四十八小時之後，始得舉行表決。倒閣提案僅就贊成票核計，並須獲全體議員絕對多數始能通過。國民議會議員在同一常會會期中簽署倒閣提案不得超過三次，在臨時會期中則不得超過一次。但第三項所規定之情形，不在此限。

由以上的條文，我們了解到，總統有任命總理的權力，且不須副署，除非國民議會行使對政府提倒閣案，否則總理一旦任命，通常即可行使職權。

二、就政治運作的觀點而言

受到戴高樂總統綜攬大權的理念與執政作風之影響，以及自1962年以來，總統在國會皆有一個多數黨的支持，再加上1965年以來總統直接民選，總統的形象與權力都大為強化。在此情形下，總理常被視為總統的接班人及最高幕僚長，因此總統任命總理根本不須考量其是否為國會多數黨積極支持，而須視總理是否能與總統配合，並有力推動總統所擬定的政策方針。[4]

不過，由於法律上並未明文規定，所以第五共和下歷任總理任命之程序都不盡相同。諸如，1959年1月第五共和成立之初，戴布雷總理遵行內閣制的精神，於任命之時向國民議會提出信任案，以獲得國民議會的支持。當時戴氏認為，一個政府首長任命之初，必須向國會兩院（尤其是經由直接選舉之國民議會）提出施政報告，並獲認可與支持後才算正式完成任命程序。1962年4月與12月，龐畢度兩度被提名任命為總理，當時亦沿用了戴布雷的模式。[5]

由於戴高樂總統已於1965年經由全民直接投票當選連任總統，1966年之後龐畢度總理開始改變作風。該年4月12日，龐氏宣稱，憲法中的文字與精神說明了政府有完全的自由來爭取國會的同意權。[6]當然，這種運作方式，當時左派在野黨（尤其是社會黨和共產黨）抱持完全反對的態度，認為政府改組須經由國會行使同意權是天經地義的事。

基本上，在1966年到1974年之間，總理上任之初並未向國會尋求支持或提出

---

[4] François Goguel et Alfred Grosser, *La politique en France* (Paris: Armand Colin, 1986), pp. 190-191。亦可參閱Charles Debbasch, Jacques Bourdon, Jean-Marie Pontier, Jean-Claude Ricci, *Droit constitutionnel et institutions politiques* (Paris: Economica, 2001), pp. 697-698.

[5] Maurice Duverger, *Le système politique français* (Paris: PUF, 1996), pp. 301-304.

[6] Ibid., p. 305.

施政報告，而由國會行使同意權。然而，自1974年之後，幾乎每一次政府改組之初，總理皆赴國會提出施政報告（倘內閣改組並非國會開會期間則不需要），以便獲得國會的支持，至於是否要求國會行使同意投票，則由總理視情況而定。

　　舉例而言，1981年5月21日，第一個莫華（Pierre Mauroy）政府被任命之時，國民議會被新當選的左派社會黨總統密特朗所解散，在此情形下，莫華政府係由總統直接任命，並未至國民議會或參議院（le Sénat）報告。1981年6月22日，國民議會改選完成之後，莫華總理提出政府總辭，同日立即又被任命為總理。此次改選中，法國社會黨贏得過半數的席位，1981年7月8日，莫華總理在議會開會首日前往進行總體施政報告，並依憲法第49條第1項之規定，要求國民議會針對施政報告行使對政府信任投票，結果莫華總理以302票對147票得到社會黨絕對多數的支持。[7]

　　同樣地，1984年7月17日，年僅38歲的法畢士被任命為總理。7月24日，法畢士亦到國民議會提出施政報告，不過，與莫華總理所不同的是，為了避免反對黨的強烈抵制（法畢士將共產黨排除在內閣之外，造成社會黨與共產黨的嚴重決裂），法畢士依憲法第49條第3項之規定，以不投票而視同通過之程序來獲得國民議會的信任。[8]

　　此外，1986年3月16日的國民議會改選中（每5年改選一次），右派兩黨贏得勝利，密特朗總統因此於3月20日任命右派領袖席哈克（Jacques Chirac）為總理，開啓了「左右共治」之局。席哈克總理為提升自己的形象與右派團結的聲勢，不但於任命之初，即刻向國民議會提出施政報告，同時依憲法第49條第1項向國民議會提出對政府信任案。投票結果，席哈克獲得292票的支持，而有245票反對。

　　根據夏布薩教授（Jacques Chapsal）的分析，基本上，席氏積極採取此項做法的主要目的有二：[9]

　　1. 確認新政府是擁有最直接且最新的民意支持。

　　2. 強化執政黨的團結性：當時部分支持前總理巴爾的議員因反對「左右共治」而對是否積極支持席哈克抱有猶豫的態度。因此，向國民議會提出信任投票，可迫使右派人士表態而掌握執政多數黨。

---

[7] Jacques Chapsal, *La vie politique sous La V République* (1974-1987) (Paris: PUF, 1989), p. 255.

[8] 憲法第49條第3項規定：總理得就通過某項法案為由，經部長會議討論後向國民議會提出信任案，以決定政府之去留。在此情形下，除非在24小時內有倒閣提案之動議提出，並依本條前項之規定進行表決，否則政府所提法案即視同通過。

[9] Jacques Chapsal, Op. cit., p. 541.

　　1988年5月，總統大選後的第一個羅卡（Michel Rocard）政府，因逢國民議會解散改選，而未向國民議會提出施政報告。1988年6月12日，國民議會改選結束，6月15日，密特朗再度任命羅卡為總理。由於社會黨在國民議會中並未獲得過半數之席位（然其席次仍超過右派兩黨之數），故羅卡總理僅於6月29日循例向國民議會提出施政報告，而未採取對政府信任案之程序。同樣地，密特朗總統於1991年5月15日任命柯瑞松夫人（Edith Cresson）為總理，柯氏在6月22日至國民議會提出施政報告，也並未提出政府信任之問題。不過，2002年7月3日，哈法漢總理則向新國民議會提出施政報告並依憲法第49條第1項之規定，提請國民議會以政府之去留表決該施政報告。表決結果，哈法漢以374票的多數獲得支持。同樣地，2007年7月3日，費雍總理（François Fillon）亦向新國民議會提出施政報告並援例依憲法之規定提請國民議會投信任案。表決結果，費雍政府以321票的多數（主要仍以「人民運動聯盟」及「新中間黨」兩黨為基礎）獲得支持。2009年3月17日以及2010年11月24日費雍總理同樣以政府改組以及再度組閣的理由向國會提出施政報告及信任案。2012年7月3日，社會黨艾候總理（Jean-Marc Ayrault）於國會大選後再度授命組閣援例向國會提出施政報告，隨後在社會黨、左派激進黨以及生態和綠黨聯盟三個黨團的支持下以302的票數獲得信任。2017年7月4日的菲利浦總理也援此憲政慣例在向國民議會提出施政報告後，由國民議會投信任票並以370票贊成通過。2020年7月15日新任卡斯戴克士總理向國民議會提出施政報告後，國民議會以345票信任通過。2022年7月4日，馬克宏總統再次任命博恩女士為總理，但因無法掌握國民議會過半的席次，故未積極向國會爭取投票信任與支持。

　　由以上的分析，我們可以了解，基本上，第五共和之總理乃經由總統任命產生，並不須經過副署或國會同意的信任程序。憲法中僅規定了總理須對國會負責。實際上，總理為強化其聲望與民意基礎，同時為順利推動各項重大政策，通常多以向國會提出施政報告之方式來爭取國會的信任與支持。

參、總理之職權

　　大體上，我們可將總理之職權分成兩個方向來分析：一是總理在施行政策方面的權力，二是總理與總統和國民議會間互動關係所擁有之權限。

一、總理的施政權力

(一) 總理提名各部會正、副首長

依據憲法第8條第2項的內容，共和國總統基於總理提議任免政府閣員。第五共和之下，每屆政府中的閣員介於22至48名不等，視任務或分工不同而定。總理之下的閣員通常分四級，一是國務部長（Ministre d'Etat），類似副總理，通常具有禮遇及榮譽之意義，給予資深且重量級的政治領袖；二是部長（Ministre），依政府分工有專屬之職掌；三是附屬部長（或次級部長，Ministres délégués），通常隸屬於總理或部長之下，負責某一特定業務或工作；四是政務次長（Secrétaires d'Etat），一樣通常隸屬於總理或部長之下，負責某一特定業務或工作，且大多數為政治青年菁英。[10]就行政層次而言，部長的重要性依序為外交部、司法部、內政部、財經部以及國防部，當然也可視總統與總理的考量而定。諸如，薩柯吉曾在席哈克總統執政時期擔任哈法漢總理下的內政部部長，當時就行政倫理而言排行第一，而外交部部長戴維爾班則排行第五。2005年5月，席哈克總統任命戴維爾班為總理，薩柯吉則仍留任為排行第一的內政部部長，戴維爾班為了展現對薩氏的禮遇還給予薩柯吉「國務部長」之頭銜。2017年5月，馬克宏總統任命菲利浦為總理，為了延攬並表示禮遇社會黨重量級人士、也是里昂市市長的柯隆博以及環保聯盟大將俞羅兩位入閣，故特別給予「國務部長」之頭銜。

(二) 總理有行政權及立法授權

第三、四共和時期，立法權高漲，所有政府採行之行政命令，以及政府依立法授權所頒布之施行細則或法規，都必須經由國會同意後，始可實施。第五共和憲法中，此一原則受到大幅度的調整。一方面，憲法第34條明確規定了國會立法權的範圍（2008年的修憲中增加了國會在許多範圍的立法權力）；另一方面，憲法第37條進一步指出，凡是立法範圍以外的事項都屬於政府行政權之範圍。此外，憲法第21條也規定了總理有行政權及執行授權的權力。事實上，總理在這方面的權限可說是相當地廣泛且獨立，杜偉傑教授曾將總理形容為「第二號的立法者」。

---

[10] 參閱Pauline Türk, *Les institutions de la Ve République* (Paris: Gualino, 2019), pp. 69-70.

(三) 總理領導政府施政

憲法第21條中規定，總理領導政府施政，負責國家安全，並確保法律之遵行，此外，總理亦有任命文武官員之權力。前總理孟岱斯（Pierre Mendès-France）則解釋說，政府乃決定國家政策等施行之先後次序，而總理在政策的選擇上則具有主導之作用。憲法第8條中，總統基於總理之提議任免各部會首長的規定就是具有這層意義。

此外，總理可以拒絕簽署部長的行政命令，也可以用書面（以政府公報正式知會）或口頭方式要求各部會首長遵照總理之指示辦理。

二、就總統和國民議會所擁有之權限

(一) 對總統之影響有以下兩點

1. 總理有提議權

憲法第8條中規定，總統經由總理之提議來任命各部會首長。此外，有關公民投票案（憲法第11條）、修憲案（憲法第89條），以及國會臨時會之召開（憲法第29條）等事項都必須先由總理提議，而後經總統發布實施。

2. 總理有副署權

根據憲法第19條的規定，除了下列八項情況外，所有總統之命令皆須經由總理之副署。這八項例外是：

(1) 總理任命權（憲法第8條第1款）。

(2) 舉行公民複決（憲法第11條）。

(3) 緊急處分權（憲法第16條）。

(4) 解散國會權（憲法第12條）。

(5) 向國會提出咨文（憲法第18條）。

(6) 任命3位憲法委員會委員（憲法第56條）。

(7) 請求憲法委員會審議與憲法牴觸之國際條約（憲法第54條）。

(8) 將未公布之法律提請憲法委員會審議其合憲性（憲法第61條）。

也就是說，除了上列之八項事宜外，總統發布之所有法令皆須有總理的副署方才生效。法律上，總理是可以拒絕副署，不過，依據杜偉傑教授的分析，通常總統在頒布國會所通過之法律，或總統在頒布特赦命令的情況下，總理是不會以拒絕副署來作為抗爭的手段。

事實上，就第五共和憲政運作之經驗觀察，除了在「左右共治」這段期間之外，大多數的時期，由於受到總統直接民選，以及國會穩定多數黨形成的影響，總理的權限呈現出大幅銳減的趨勢。此外，總理下台（政府總辭）通常都是依政治情勢在總統的提議之下而進行，少有由總理所提出。

(二) 對國會之影響有以下五點

1. 總理所屬之政府秘書處負責與國會協調有關審議法案的優先順序，並以政府考量為前提。

2. 總理有權任命一位部長（長久以來即為國會關係部部長）代理其出席國會會議之討論與答詢。

3. 總理可要求召開國會臨時會。

4. 當國民議會與參議院兩院對某一法案意見相左時，總理有權召集一個兩院聯席委員會來加以審議協商。

5. 總理可以個人名義要求參議院針對其施政報告給予投票以表示支持的程度（倘若要求國民議會予以投票，則須事先經由部長會議討論同意後，始可提出。其原因是，國民議會之表決乃代表對政府之信任與否，如不通過，則政府即面臨總辭的困境）。

肆、歷任總理角色之分析

第五共和自1959年1月8日戴布雷被任命為第一任總理開始，至2024年12月13日貝胡（François Bayrou）出任總理起，共經歷了28位總理，以及45次的政府改組。我們可依序排列如下：

戴高樂總統第一任執政時期（1959～1965）

1. 戴布雷總理：1959年1月8日至1962年4月14日。

2. 龐畢度總理(一)[11]：1962年4月14日至1962年11月28日。

3. 龐畢度總理(二)：1962年11月28日至1966年1月8日。

---

[11] 括號內數字代表同一總理上任組閣領導政府之次數。

戴高樂總統第二任執政時期（**1965～1969**）

4. 龐畢度總理(一)：1966年1月8日至1967年4月1日。

5. 龐畢度總理(二)：1967年4月6日至1968年7月10日。

6. 顧福戴木維爾總理：1968年7月10日至1969年6月20日。

龐畢度總統執政時期（**1969～1974**）

7. 夏本德瑪總理：1969年6月20日至1972年7月5日。

8. 麥斯梅爾總理(一)：1972年7月5日至1973年3月28日。

9. 麥斯梅爾總理(二)：1973年4月2日至1974年2月27日。

10. 麥斯梅爾總理(三)：1974年2月27日至1974年5月27日。

季斯卡總統執政時期（**1974～1981**）

11. 席哈克總理：1974年5月27日至1976年8月25日。

12. 巴爾總理(一)：1976年8月25日至1977年3月29日。

13. 巴爾總理(二)：1977年3月29日至1978年3月31日。

14. 巴爾總理(三)：1978年4月5日至1981年5月13日。

密特朗總統第一任執政時期（**1981～1988**）

15. 莫華總理(一)：1981年5月21日至1981年6月22日。

16. 莫華總理(二)：1981年6月22日至1983年3月22日。

17. 莫華總理(三)：1983年3月22日至1984年7月18日。

18. 法畢士總理：1984年7月18日至1986年3月17日。

19. 席哈克總理：1986年3月20日至1988年5月10日。

密特朗總統第二任執政時期（**1988～1995**）

20. 羅卡總理(一)：1988年5月12日至1988年6月22日。

21. 羅卡總理(二)：1988年6月23日至1991年5月15日。

22. 柯瑞松總理：1991年5月16日至1992年4月2日。

23. 貝赫哥瓦總理：1992年4月2日至1993年3月29日。

24. 巴拉杜總理：1993年3月30日至1995年5月16日。

席哈克總統第一任執政時期（**1995～2002**）

25. 朱貝總理(一)：1995年5月16日至1995年11月7日。

26. 朱貝總理(二)：1995年11月7日至1997年6月2日。

27. 喬斯班總理：1997年6月2日至2002年5月6日。

席哈克總統第二任執政時期（**2002～2007**）

28. 哈法漢總理(一)：2002年5月7日至2002年6月16日。

29. 哈法漢總理(二)：2002年6月17日至2005年5月30日。

30. 戴維爾班總理：2005年6月1日至2007年5月18日。

薩柯吉總統執政時期（**2007～2012**）

31. 費雍總理(一)：2007年5月18日至2007年6月18日。

32. 費雍總理(二)：2007年6月18日至2010年11月15日。

33. 費雍總理(三)：2010年11月15日至2012年5月15日。

奧蘭德總統執政時期（**2012～2017**）

34. 艾候總理(一)：2012年5月15日至2012年6月18日。

35. 艾候總理(二)：2012年6月18日至2014年3月31日。

36. 瓦爾斯總理：2014年3月31日至2016年12月6日。

37. 卡茲納夫總理：2016年12月6日至2017年5月14日。

馬克宏總統第一任執政時期（**2017～2022**）

38. 菲利浦總理(一)：2017年5月15日至2017年7月3日。

39. 菲利浦總理(二)：2017年7月3日至2020年7月3日。

40. 卡斯戴克士總理：2020年7月3日至2022年5月16日。

馬克宏總統第二任執政時期（**2022～2027**）

41. 博恩總理(一)：2022年5月16日至2022年7月4日。

42. 博恩總理(二)：2022年7月4日至2024年1月9日。

43. 阿塔爾總理：2024年1月9日至2024年9月5日（有爲期51天的看守內閣）。

44. 巴尼耶總理：2024年9月5日至2024年12月13日（有爲期9天的看守內閣）。

45.貝胡總理：2024年12月13日至今。

由以上的表列，我們可由總理之任免觀察到總理角色所具有若干特點：

1. 總理的去職方式不一：根據憲法第8條的規定，總統任命總理，並由總理提出政府總辭而免除其職務。嚴格說來，除非總理提出總辭，否則總統並沒有權力主動免除總理之職務。此點與我國憲法第55條頗有相似之處。不過，如前所述，第五共和下，總統的權力擴張，因而總理之任免，受到總統對政治情勢的評估與影響。

大體而言，總理去職通常是發生在下列幾種情況：

(1) 國民議會否決總理的施政報告（尚無實例發生）。

(2) 國民議會通過對政府倒閣案（1962年11月間，龐畢度(一)因國民議會提出倒閣而政府總辭）。2024年12月4日國民議會通過對巴尼耶政府倒閣案，巴尼耶提出政府總辭。這是第五共和成立以來，第二次政府因倒閣議案而總辭。12月5日巴尼耶總理向馬克宏總統提出政府總辭。在總辭信函中簡單寫出：鑑於國民議會通過政府倒閣案，我很榮幸依憲法第50條向您提出政府總辭。

(3) 總統大選之後，如1981年巴爾(三)、1988年席哈克總理、1995年巴拉杜總理、2002年喬斯班總理、2007年戴維爾班總理、2012年費雍總理(三)、2017年卡茲納夫總理、2022年卡斯戴克士總理。

(4) 國民議會選舉之後，如1981年莫華(一)、1988年羅卡(二)、1993年貝赫哥瓦總理、1997年朱貝總理(二)、2002年哈法漢總理(一)、2007年費雍總理(一)、2012年艾候總理(一)、2017年菲利浦總理(一)、2022年博恩總理(一)以及2024年阿塔爾總理等皆援例提出總辭。

(5) 鄉鎮市長選舉之後（1977年巴爾(一)、1983年莫華(二)、1992年柯瑞松總理、2020年7月菲利浦總理(二)）。

(6) 重大全國性投票之後，如2005年5月，哈法漢總理因「歐盟憲法草案」公投失敗而引咎辭職。

(7) 總理主動提請辭職，如1976年席哈克總理不滿季斯卡總統的領導風格，憤而離去並自組新的政黨。

(8) 在總統的要求之下（大部分都是此種情況，總統居於主導之地位）。

雖然上述情況各有不同，不過就第五共和體制之觀察，總理的去職主要依據兩個因素，第一是總統與總理之間是否相互配合；第二則是根據總統之意願與決定，而瓦爾斯總理的辭職案應該是新的情況。

就第一個因素分析，1976年8月25日席哈克總理主動辭職（不是在總統之要求

下）是唯一的情形。1974年5月，席哈克因支持季斯卡總統競選成功而被任命為總理。然而，季斯卡綜攬大權的強勢作風，造成總理權責被架空的現象，兩人歧見日益嚴重。最後席哈克終於主動提出辭呈，並公開向新聞界發布其內容。

　　就第二個因素分析，大體上，幾乎每位總理辭職都是在總統要求下由總理提出辭呈（雖然總理並非心甘情願）。我們可由下述羅卡政府辭職書的內容中了解：

　　總統先生大鑑，承蒙告知您有意重新改組政府。我倍感榮幸的是，這三年來，我領導下的政府的確將法國做了大幅的改革並促使其進步。雖然尚未完全達成目標，但許多方面皆已有成效，在此特別對每一位政府閣員之努力表示誠摯的敬意。在本人必須向您提出政府總辭的此刻，我想再向您表達，我對過去領導政府的作為深感榮幸，尤其為我所推動的工作成效而感驕傲，同時也讓我對法國及法國人民面對未來的挑戰充滿信心。最後，就這三年來與您共赴國事，獲益匪淺，向您致上個人最深摯之敬意。[12]

　　2014年3月31日歐蘭德總統任命原內政部部長瓦爾斯為總理係欣賞他的積極幹練與強烈的企圖心。不過，由於瓦爾斯總理上任後領導風格過於強勢且展現追逐總統大位的野心，造成內閣成員的施政不合與相互間的矛盾情節，特別是2016年8月30日財經部部長馬克宏的請辭並宣示要走自己的路。事實上，執政的法國社會黨，特別是歐蘭德總統因施政不佳，民意支持度始終偏低而不願表態競選連任也造成社會黨與政府中領導人士的人心惶惶，甚至於各懷鬼胎。[13]2016年12月1日歐蘭德總統正式宣布不再競選連任，並認同社會黨於1月間舉辦初選以決定黨的候選人。在此情況之下，為了避免黨內人士的批評（利益衝突）與選舉的公平性，瓦爾斯總理於12月6日下午面見歐蘭德總統並提出政府總辭。2020年7月2日菲利浦總理向馬克宏總統提出內閣總辭也是在馬克宏總統的主導下提出。誠如馬克宏總統於7月5日在其臉書中所表達：我在2017年承蒙法國選民投票的支持當選總統，當時所提出的施政計畫一直是我施政的核心。但是，這項計畫也必須與時俱進，特別要能因應國際快速變遷以及我們國家所遭遇到的危機。因此，我們有必要規劃出一個新的道路。

12　Le Monde, le 17 mai 1991, p. 2.
13　這段歷程可特別參閱歐蘭德總統卸任後接受法國《世界報》兩位記者專訪所出版的新書。Gérard Davet et Fabrice Lhomme, *Un président ne devrait pas dire ça..: Les secrets d'un quinquen-nat* (Paris: Edition Stock, 2017), pp. 771-795.

這新的道路將以振興我們國家的經濟、社會、環保及文化等政策為核心。這項振興計畫將由一個特殊任務導向與團結一致的政府團隊來執行。

2. 上述44個政府之中，壽命最長的是左派社會黨喬斯班政府（第三次左右共治）和費雍政府，最短的是莫華(一)、羅卡(一)、哈法漢(一)、費雍(一)、艾候(一)、菲利浦(一)以及博恩(一)政府等共七個政府，主要是由於總統大選之後的國民議會改選的緣故。若不考量總統大選後的過渡時期，則最短的兩個政府都是在馬克宏總統任內發生，一個是2024年1月9日到2024年9月5日的阿塔爾總理，另一個是2024年9月5日到2024年12月5日的巴尼耶總理。

3. 2024年1月9日上任的阿塔爾總理為第三共和（1875年），同時也是第五共和有史以來最年輕的總理（35歲）。而最年長的總理則是接任阿塔爾的巴尼耶總理（73歲），以及接巴尼耶總理的貝胡總理也是73歲。

4. 龐畢度擔任總理的時間在第五共和是最長的，他前後一共做了四任總理，將近6年的時間。不過，喬斯班（左派）和費雍（右派）兩位則是擔任一個任期，最長且穩定。

5. 龐畢度與席哈克兩位總統是第五共和中曾經擔任過總理及總統者。

6. 哈法漢總理是第五共和以來首次以聯合政府中的小黨領袖（自由民主黨）出任總理的職務。貝胡總理也是以中間偏右的小黨領袖（民主運動黨）出任總理。

7. 薩柯吉總統執政五年期間僅倚重及任命了一位費雍總理，實屬難得。

8. 馬克宏總統是繼戴高樂總統之後，也是2002年總統與國民議會任期同步（5年）以來第一次主動解散國民議會的總統。

9. 2024年一年之間馬克宏總統一共任命了3位總理，這是第五共和成立以來從所未有的情形。

伍、總理角色之特點

法國第三、四共和時期，總統乃間接選舉產生，且為虛位元首，國家政務實際由總理（亦政府首長）領導推行。第五共和下，行政權強化，再加上總統直選的結果，更造成總統綜攬大權的現象。1962年至1986年間，每任總統也實際受到國會多數黨的支持，總理的權責大受影響。然1986年3月及1993年3月，右派獲得勝利，席哈克與巴拉杜相繼出任總理，造成「左右共治」，總統與總理之間的權力關係不但

較趨於平衡，甚至巴拉杜的權力與聲望似乎更超越了密特朗。不過，誠如杜歐梅爾（Olivier Duhamel）及賈佛雷（Jérôme Jaffré）兩位教授所評析的，由於總統直接民選與國會多數黨兩項因素的影響，第五共和總理的職權因而受到相當的侷限。[14]此外，巴黎第二大學艾爾登教授（Philippe Ardant）以及年輕一輩的學者也是持相同的看法。[15]

綜合觀察，第五共和總理的職權與角色具有以下若干特色：

1. 根據憲法，總理不但有領導政府施政、指揮軍隊、負責國家安全、確保法律遵行等的權力，同時亦擁有行政權及立法授權，並可代理總統主持各項會議，在國家政務上扮演舉足輕重之角色。

2. 第五共和以來，總統綜攬大權之現象日益明顯，而有「半總統制」之稱。在此情形下，總理多為總統之幕僚長、繼任者，不但須獲總統的絕對信任，同時也要有國會的支持（總理須對國會負責），總理可說要具備「雙重信任」的條件，這和一般總統制或內閣制有所差異。

3. 第五共和下，總統與國民議會任期不同（總統7年，國民議會5年，2000年總統任期已改為5年），而且總統可以主動解散國民議會，因而會產生國民議會多數黨與總統相對立的現象，1986年3月至1988年5月的第一次「左右共治」、1993年3月至1995年5月的第二次「左右共治」以及1997年6月至2002年5月的第三次「左右共治」就是明顯的例子。在此情形下，總理為國民議會之多數黨領袖，其職權較能發揮（尤其在社會、經濟和內政方面），憲政運作似傾向於「內閣制」。

4. 就總理之任命與去職而言，憲法中雖明確規定，總統任命總理，並依總理提出政府總辭而免其職務。但事實上，除了在總理與總統不和的罕見情況而主動提出辭職書之外，總理提出總辭幾乎都是在總統要求或示意政府改組的情況下所做的回應。

5. 隨著2002年以來的修憲與政治發展，特別是總統與國民議會的任期一致都是5年，同時也安排總統與國民議會在同一期間的先後改選（總統於4、5月間、國民議會則於6月間），讓法國選民的民意可以較為正向且邏輯的抉擇，特別是2007

---

[14] Olivier Duhamel et Jérôme Jaffré, *Le nouveau président* (Pairs: Seuil, 1987), pp. 283-286.

[15] Philippe Ardant, *Le Premier ministre en France* (Paris: Montchrestien , 1991), pp. 149-150，以及Claude Leclercq, *Droit constitutionnel et institutions politiques* (Paris: Litec, 1999), pp. 596-602。年輕學者如Bastien François, *Le régime politique de la Ve République* (Paris: La Découverte, 2011), pp. 73-77; Pauline Türk, *Les institutions de la Ve République* (Paris: Gualino, 2019), pp. 85-100.

年5月新總統薩柯吉的當選、2012年5月左派歐蘭德總統的當選與政黨輪替、2017年5月馬克宏總統的當選以及2022年4月的連任，三位總統在主客觀有利的條件以及老百姓的高度期許之下，再加上又有國民議會的勝選與過半或相對多數，總統成為權力核心以及可能傾向綜攬大權的發展態勢似乎明顯，在此情形下，總理的角色似乎很容易又會回到「執行長」或「幕僚長」的次要地位。不過，隨著2024年9月以來馬克宏總統在三黨不過半的情況下任命巴尼耶為總理，而巴尼耶總理卻在施政3個月後被倒閣下台，12月又任命貝胡為新總理，在如此的政治生態下，未來總統與總理之間的權責分工與互動如何值得觀察。

第三章 國會

壹、法國大革命以來的國會體制演變

　　法國國會乃源自法國大革命前夕的三級會議（Les Etats Généraux）中平民階層約661位代表。1789年5月5日，法王路易十六為解決財政稅賦問題而召開了一項由貴族、神職人士及平民三個階層為代表的三級會議。由於路易十六拒絕平民代表所要求的大幅改革，以及一人一票的表決方式而造成平民的反抗。6月17日，這些平民代表宣布成立國民議會（l'Assemblée nationale），並決定制定新的憲法，此即為法國最早的現代民主代議機關。隨後，7月14日，法國大革命爆發，傳統王朝體制被推翻，同時也確立了「國民主權」（La souveraineté nationale）的代議原則；1789年的《人權宣言》就明白指出：「主權是屬於國民全體所有。」[1]

　　1791年，成立君主立憲政體，並通過第一部法國憲法，其中規定立法權由國民議會行使。該國民會議共有745位代表，經由間接且限制選舉產生，任期僅為一年，其主要任務即為制定法律及審核公共支出。法國國會之立法與監督功能於焉確立。值得一提的是，當時國王擁有否決權，但不能解散國會，而國會可將不信任之大臣提出控訴。[2]

　　自法國大革命到1875年這段期間，法國政體雖經歷了多次變革，如1793年的第一共和；1848年的第二共和與1852年的第二帝國，但國會的結構與功能卻從未被取消，反而日愈加強。拿破崙於第一帝國時期也建立了上下兩院的國會架構（一為立法院，另為參議院）。此種兩院結構除了在第二共和時期被裁減為一院外，其餘時期皆一直存在。路易拿破崙領導下的第二帝國甚至擁有三個國會，一為立法院（公民直接選舉產生）；二為參議院（議員由國家元首任命並為終身職）；三為中

---

[1]　Jean Tulard, *Les Révolutions* (Paris: Fayard, 1985), p. 58.
[2]　Michel Vovelle, *La chute de la monarchie 1787-1792* (Paris: Editions du Seuil, 1972), p. 175.

央行政顧問會議（選自行政官僚體系）。[3]

　　1870年9月4日，拿破崙三世在對普魯士的色當（Sedan）戰役中失敗，賠款割地，帝國瓦解。立法院制憲人士籌組第三共和，頒布新憲法。1875年，第三共和正式成立，法國的代議制度即透過第三共和這段期間（1875～1940）的發展而更趨成熟與進步。

　　第二共和憲法中將立法權賦予國民議會（法文名稱改為La Chambre des députés，相當於眾議院之意）及參議院來行使，國民議會每4年改選一次，由公民直接選舉產生，參議院議員則任期9年，以間接方式產生，兩院在立法與監督政府方面皆具有相當大的權限。它們不但可對政府提出不信任案使其下台，甚至可針對其部會首長提出對政府不信任案。雖然，總統有解散國會的權力，但是，國會在政治運作中扮演著優勢的角色，而造成內閣頻繁改組，政治不穩定的情形。[4]

　　大體而言，第四共和（1946～1958）下的政制結構和第三共和大同小異。憲法中仍然強調內閣制之特性及立法權優勢的原則。不過，共和議院（Le Conseil de la République，相當於參議院）的權責卻有所侷限。1946年10月27日所頒布的第四共和憲法中規定，國會仍設國民議會及共和議院兩院。前者依比例代表制直接選舉產生，後者則由各級民意代表間接選舉產生。[5]

　　憲法對於國民議會的職權加以強化，可隨時召開院會，自行決定院會會期之長短，以及規範所有審議法案的過程與方式。另外，僅有國民議會一院有權對政府提不信任案而迫使其總辭。政府雖可報請總統解散國會，但卻有諸多之限制。[6]第三、四共和在以國會為主導的政體下，產生了兩個最嚴重的缺失：

一、政府不穩定

　　自1871年2月19日到1940年7月12日這段期間，共有111次的政府改組，每任政府平均壽命不到8個月。而第四共和自1946年12月到1959年1月8日這段期間，政府共改組了22次，平均壽命僅6個月。其中最主要的原因有三：

　　1. 國會中缺乏穩定且一致的絕對多數。

---

[3]　Alain Plessis, *De la fête impériale au mur des fédérés 1852-1871* (Paris: Editions du Seuil, 1979), pp. 28-32.

[4]　Didier Maus, *Le Parlement sous la V République* (Paris: PUF, 1988), p. 12.

[5]　Ibid.

[6]　Maurice Duverger, *Le système politique français* (Paris: PUF, 1996), p. 154.

2. 國會中的委員會過多（1902年時有19個，第四共和時有44個），幾乎與部會之架構併設。委員會之召集人又多以下任部長自居，嚴重影響行政與立法權限的正常運作。

3. 國會對政府提出不信任案迫使其總辭的方式過於草率，只需出席議員之多數決即可。[7]

二、立法功能不彰

基本上，第三、四共和憲法中，都賦予國會與政府法律提案的權限，且在程序上，任何法案皆須經過兩院投票通過後始算成立。但事實上，在立法過程中，國會（尤其是國民議會──最高立法機關）有權決定審議法案的先後次序及速度，加以國會沒有穩定的多數黨，多方意見分歧，或故意拖延法案的通過，因而造成立法效率低落的現象，政府亦難以有效地推行一項政策。[8]

戴高樂將軍及第五共和的制憲起草主要人士，如前總理戴布雷（Michel Debré）長久體會到第三、四共和體制的主要缺失，因而亟欲在第五共和憲法中加以調整和修正。

貳、第五共和國會之組織與職掌

在第五共和憲法中，特別將國會的權限與功能加以規範。就如同憲法多位法政學者，如杜偉傑（Maurice Duverger）、布雷勞（Marcel Prélot）和魏迪爾（Georges Vedel）等所鼓吹的，將原本以國會為主導的內閣制調整為「理性化的內閣制」（le parlementarisme rationalisé）。[9]其具體涵意則是，在內閣制的框架下，一方面平衡立法與行政的權責；另一方面，則透過憲法的制定，將國會的權限及行使方式加以較明確地規範。

就這個角度來看，我們由憲法第5條及第34條中了解，第五共和國會的角色已與第三、四共和時期有所不同。憲法第5條規定：「總統維護憲法之遵守。由其裁

[7] Alfred Grosser, *La politique en France* (Paris: Armand Colin, 1984), p. 172.
[8] Didier Maus, *Le Parlement sous la V République* (Paris: PUF, 1988), p. 16.
[9] Maurice Duverger, *Le système politique français* (Paris: PUF, 1996), p. 175; Marcel Prélot et Jean Boulouis, *Institutions politiques et droit constitutionnel* (Paris: Dalloz, 1990), pp. 765-766.

量，保障公權力之正常運作及國家之延續。」事實上，此條文乃是戴高樂將軍對總統角色的最新詮釋。

憲法第34條明確規定了國會對立法事務的權限範圍，諸如公民權及有關行使公共自由權利之基本保障；各種賦稅課徵基準、稅率、徵收方式以及貨幣發行制度；國會兩院及地方議會之選舉制度等。換句話說，只要不在本條所列之事務範圍內，即屬於政府之權責範圍。

在第三、四共和時期，國會爲最高立法機關，其所通過之法案經總統簽署後即可付諸施行，不須再經其他機關的覆議。但在第五共和憲法中，增設了最高憲法委員會，該委員會可就法案是否違憲而加以審議判定（憲法第61條）。憲法草創人之一戴布雷的主要構想就是希望國會成爲政府的支持者，而非政府爲民施政的絆腳石。[10]

此外，1962年，戴高樂總統提出憲法修正案，透過全民複決而成功地將第7條的總統選舉方式改爲全民直接選舉。從此，國會不再是唯一直接代表民意的機關，總統所擁有的民意基礎反而超越國會之上。不過，隨著2008年7月的大幅修憲，國會的權力有相當程度的強化。同時總統與政府的權力也有適度的規範與限制。

關於第五共和國會的組織方面，憲法中仍規定國會包括國民議會與參議院兩院，換句話說，第五共和仍沿襲了過去的「兩院制」。國民議會代表人民，參議院則代表地方的利益。國民議會共有577個席位，任期5年，產生方式則是將全國分爲577個小選舉區，依兩輪多數決的選舉制度選出。參議院共有348個席位，由地方自治民選首長與民意代表（以縣Département爲單位，其中的國民議會議員、參議員、區Région議會議員、縣議員以及市議員等）共約15萬人的選舉人間接選舉產生，任期6年，每3年改選二分之一。值得一提的是，參議院在2003年至2013年逐漸的改革之後，除了任期的縮短（由9年改爲6年）、候選人年齡的降低（由原35歲降低到24歲，提升成員的年輕化）之外，選舉制度也依縣的人口及應當選人數而有所不同。在應當選參議員人數二人或以下的選區採用兩論多數決（皆同一天舉行）；在應當選參議員人數三人或以上的選區則採用名單比例代表制。

就實際行政運作而言，國會兩院議長、副議長、秘書處、主席會議、黨團及委員會等則扮演著重要的角色。[11]由於國民議會係人民直選產生且在立法權上有最後

---

[10] Ibid., p. 16.
[11] 參閱Jean Foyer, *Le Député* (Paris: Economica, 1991), pp. 59-65；以及Jean Cluzel, *Le Sénat* (Paris:

的決定權，本文分析將以國民議會為主，參議院為輔。基本上，有關兩院內部組織運作可分為秘書處、國會黨團、委員會及國會公務員及助理等單位，茲分述於下：

一、秘書處（le Bureau des assemblées）

國會兩院皆設有秘書處，即為國會所有組織與運作之核心。平均每個月開一次會議。秘書處由議員組成，國民議會共有22位議員、參議院共有26位。嚴格說來，此秘書處具有政治與行政的雙重功能與角色，負責協調各項立法與行政之相關業務。其最高負責人為議長，另有副議長、國會議員互選兼任的財務長以及行政委員共同協議管理，特別是負責安排國會的議程、討論事項與方式，以及一般重要的行政工作。大體上，秘書處的組織如下：

(一) 議長、副議長

國民議會及參議院兩院議長在政治及行政職務上具有舉足輕重之分量。一方面，總統在解散國民議會或宣布緊急處分（憲法第16條）之前必須先徵詢兩院議長之意見。再者，和總統一樣，兩院議長皆可任命憲法委員會委員，同時兩院議長亦有權將通過之法案提請憲法委員會就其合憲法性加以解釋。值得一提的是，依據憲法第7條的規定，在總統出缺時，其職務由參議院議長代理。不過，憲法第89條規定，國會兩院聯席會議時是由國民議會議長擔任主席；另憲法第68條又規定，針對總統的被免除職務案，最高彈劾法庭由國民議會議長擔任主席。

通常國民議會議長任期為5年一任，與國民議會任期同，並於新會期開始時選舉產生，通常由執政多數黨中的領袖擔任。選舉方式以三輪計算，候選人須在前二輪中獲絕對多數始得當選，否則第三輪中只要相對多數獲勝即可。至於參議院議長則每3年部分改選時推選一次。選舉方式與國民議會議長相同。副議長在國民議會有6位，參議院則有8位，依政黨實力及比例選舉產生，主要係考量能夠協助議長代理主持會議、政治倫理、政黨的代表性及多元性。

(二) 財務長（les Questeurs）

兩院皆設有3位財務長，由議員互選產生，通常任期1年，可以連任。值得一提的是，為考量國會的財政自主與行政中立的特性，此職務通常有兩位執政黨，一位

Economica, 1990), pp. 169-175.

在野黨，以合議制的方式運作，負責各院之預算編列、財務控管與經費動支並督導國會各項行政、總務事宜。

(三) 執行秘書（les Secrétaires）

國民議會設有12名執行秘書，參議院則有14名，同樣是由議員互選出任，主要協助議長並參與國會政治及行政相關事宜以及籌備各項院會議程，負責監督投票、驗票計算等技術性之工作。

二、主席會議（la Conférence des présidents）

該項主席會議早在第三共和初期即已設立。國民議會為每週召開一次，參議院則每月一至二次。會議成員包括，正副議長、黨團主席、委員會主席，以及財務長等人一同參加討論。必要時可邀請相關人士參與，特別是主管國會關係的部長。其主要任務為協調各方意見，安排審議法案之優先順序及討論方式。2008年修憲後，國會在此範圍的角色日益提升。

三、國會黨團（les groupes politiques parlementaires）

將政治色彩相同的議員組合成一單位團體，一方面反映民意與代表性，再方面亦有利於國會立法與監督事務之順利進行。

根據2012年最新「國會兩院組織法」之規定，國民議會需有15位議員，參議院需有10位議員始可正式組成黨團參與國會實際運作。黨團在國會的運作中也扮演重要的角色，首先各黨團主席可以參加國會的主席會議；其次國會各項委員會的成員係依黨團的成員人數以比例的方式參與；最後國會有關口頭質詢時間上的分配也依黨團的大小以比例分配時間。此外，2008年的修憲中，為了提升民主監督機制，憲法第51條之1增訂了，國會兩院應訂定規章給予在野黨團以及少數黨團基本的權利。依據2024年7月國民議會改選後的生態，共有11個黨團。包括極右「國家聯盟」（Rassemblement National）126席、中間派馬克宏領導的「共和團結」（Ensemble pour la République）99席、「共和右派」（Droite Républicaine）47席、極左派「法國不服從」（La France Insoumise）72席、左派「法國社會黨」（Socialiste et Apparenté）66席以及「生態與社會」（Ecologiste et Social）38席等黨團。另依據2023年10月改選後的參議院則有8個黨團。包括右派「共和人士黨」（Les Républicaines）132席、「中間聯盟」（Union Centriste）57席、左派「社會、生態與共和

聯盟」（Socialiste, Ecologiste et Républicaine）64席以及「民主進步與獨立人士聯盟」（Rassemblement de démocrates, progressistes et indépendants）22席等黨團。

四、常設委員會（les commissions permanentes）

如前所述，有鑑於第三、四共和時期國會兩院中之委員會過多，嚴重影響立法程序與政府施政及穩定。第五共和憲法第43條中因而特別規定了國會常設委員會不得超過6個。2008年7月修憲後則增加爲8個。依2024年9月之資料，國民議會中8個常設委員會分別爲：文化與教育委員會、經濟事務委員會、外交委員會、社會事務委員會、國防與軍事委員會、永續發展與國土規劃委員會、財政委員會以及法制委員會。其成員依委員會所有名額、黨團之比例及議員意願組合而成。

參議院則有8個常設委員會：經濟事務委員會、外交與國防委員會、文化教育、傳播及體育委員會、社會事務委員會、永續發展與國土規劃委員會、財政委員會、法制委員會以及歐洲事務委員會。

國會委員會最主要的工作，就是在法案尚未提交國會公開討論前加以審議或提出修正意見，在必要時可舉行聽證會。不過，不管這些常設委員會是如何審議或提出意見，最重要的是任何法案皆須經由國會討論表決後，始可成立。這也就是法國國會兩院所擁有的兩項基本職權（立法與監督）之一。此外，國會也可依實際狀況成立各項臨時委員會或因特殊議題成立特別委員會或調查委員會，但皆有一定的時效，逾期則自動解散。值得一提的是，有鑑於歐洲聯盟的事務日益重要，2008年的修憲中於第88條之4規定了國會兩院皆必需設立常設的歐洲事務委員會。

五、國會的公務人員與助理

國會兩院除了當選的議員之外，還有更多的工作人員，這些大概包括了兩大類，第一類是國會議員的個人工作夥伴，如國會議員助理及秘書，這些工作人員的薪資與工作內容不一視個別議員之約而訂且流動性也較高。目前國民議會約有2,090人，參議院約有953人。第二類則是公務人員，負責協助國會議員在任期內所執行之相關業務。這些人員係國家正式公務員並經由各項國家考試任用（類似我國立法院院內各項分工之常任文官），且有不同之行政職級，目前這些人員在國會兩院各約有1,200名。[12]

---

[12] 有關國會的組織與架構亦可參閱Pauline Türk, *Les institutions de la Ve République* (Paris: Guali-

參、國會的立法權

　　法國學者，如杜偉傑、葛羅塞（Alfred Grosser）及毛斯（Didier Maus）等教授皆將法國國會的主要職掌歸納爲兩大項，一是立法權，二是監督權。[13]

　　一般而言，立法權包括了律法與財政兩個範圍。在律法範圍方面，如眾所周知的，傳統的內閣制中，國會的主要任務爲議決所有的律法提案（甚至可制定施行細則），而1958年的第五共和憲法則將國會的立法範圍加以限定（憲法第34條），大幅地削減國會在此一方面的原有權限。憲法第34條第1項到第3項規定：

　　　　下列事項，由法律制定之：

　　　　—公民權及有關行使公共自由權利之基本保障；自由、多元主義以及傳媒之獨立性；公民本人及其財產對國防上所應負之義務。

　　　　—國籍、個人身分及行爲能力、婚姻，繼承及贈與。

　　　　—犯罪與違警之判定及其所適用之罪刑、刑事訴訟、除罪、司法制度的創新及法官之地位。

　　　　—各種賦稅課稅基準、稅率及徵收方式、貨幣發行制度。

　　　　下列事項，由法律制定之：

　　　　—國會兩院、地方議會以及法國海外僑民代表機構之選舉制度；有關民選公職以及地方議會議員職權行使辦法。

　　　　—各級公共機構之設置。

　　　　—國家文武官員之基本保障。

　　　　—企業國有化以及公民營事業民營化其產權之轉移。

　　　　下列事項之基本原則，由法律制定之：

　　　　—國防之基本組織。

　　　　—地方政府之自治行政、權責及財源。

　　　　—教育。

　　　　—環境保護。

　　　　—所有權制度、物權、民事及商事義務。

---

no, 2019/2020), pp. 122-129.

[13] 2008年7月的修憲中增加了國會有「評量公共政策」的職掌。

—勞工法、工會法及社會福利。

另外，國會也不能任意地議決制定施行細則條例，除非與其立法範圍有關聯，否則由政府來制定。2008年7月的修憲中，國會的立法範圍與監督有所強化。首先是第34條第1項第1款增加了有關自由、多元主義以及媒體的獨立性，其次，第2項第1款也增加了有關國會選舉制度以及海外法僑代表的選舉方式等。另外，新修憲中增加了第34條之1，主要是賦予國民議會有權表決決議並送請政府研議或通過某項草案。

再者，如前所述，憲法委員會可審議法案的合憲性，以制衡國會濫用立法權限。憲法第61條第1項、第2項規定如下：

各組織法在公布之前、第十一條提交公民投票前之法律提案以及國會兩院組織章程付諸實施之前，均須送請憲法委員會審議，並就其內容之合憲性予以宣告。

基於同一目的，共和國總統、總理、國民議會議長、參議院議長、六十名國民議會議員或六十名參議院議員，得在法律尚在未公布之前，提請憲法委員會審議。

1982年「企業國有化案」、1982年7月「通訊管制法案」、1984年10月「新聞法案」、1985年8月「新喀里多尼亞省自治法案」、1987年1月「調整工作時數法案」、2004年「禁戴宗教飾物法案」、2023年4月「全面新制退休改革法案」以及2024年1月「新移民權益法案」等皆曾送交憲法委員會審議和解釋。

在立法程序上，第三、四共和時期，所有政府或議員提出之法案皆先經由國會常設委員會加以審議。委員會並可將法案加以修正或刪改，而後再送交國會公開討論。第五共和以來，此種情形已完全改觀，也就是說，不論委員會的意見如何，國會中所討論的法案內容必須是原本政府所提出之草案。此舉主要是避免國會委員會運用立法權要脅或杯葛政府，而影響立法品質。

在財政權範圍方面，通常乃指國家年度總預算、追加預算，以及各項經濟建設法案的範圍。

第五共和憲法中對財政法案之審議做了若干興革。首先就是確立預算專業的原則。國會僅依據政府各部會職掌分類下所擬定之預算案加以議決，而且不須經過財政委員會之審核。換句話說，預算的編列乃直接由政府負責。其次，取消了國會議

員提出增加支出的建議案。

　　第五共和憲法第40條規定：「國會議員所提法案及修正案，若足以減少公共財務收入或創設或增加公共財務支出者，不予接受。」此項規定雖然引起諸多議員的反對，不過，隨著體制的發展，總統直接民選，國會紀律的實踐，政黨制度的建立而完全淡化。最後，憲法中並賦予政府特別的權宜措施來執行國家預算（憲法第47條）。也就是說，倘若國會無法在一定的時間內（70天之內）順利完成預算案審議工作，政府可以請求國會許可，在規定的範圍內以行政命令先行徵稅或支出預算。

　　值得一提的是，1958年11月17日的行政命令賦予國會兩院自行獨立編列、運用和監督本身預算的權力（第三、四共和時期，國會兩院的預算亦須事先編列，並經國會審議通過後方可執行），此預算中也包括了每位議員年度出國考察的經費。2024年，法國國民議會和參議院的年度預算分別為6億2,005萬歐元（折合約新台幣217億元）以及3億7,200萬歐元（折合約新台幣130億元）。

　　除了立法權以外，國會議員還有提議修改憲法之權力（憲法第89條）、對總統宣布之非常時期、宣戰以及媾和等行使同意權。

肆、國會的監督權

　　國會對政府的監督亦為其主要功能之一。雖然1962年以來，總統改為全民直接選舉，但憲法中，政府須對國會負責，且國會可對政府提出倒閣案而迫使其總辭等，這些傳統內閣制的特色仍保留不變。不過，在第三、四共和時期，由於國會在監督政府權限上過度發揮而造成政府無能的現象，第五共和的制憲者有意加以迴避，因而將國會與政府之關係做了若干的調整。此項調整上並非強調限制國會的職權，而是給予政府在施政上及信任投票上較大的彈性與空間。不過，若從第五共和實施的經驗來觀察，國會的監督權仍有許多可以強化的空間。[14]

　　基本上，國會擁有質詢與調查的權利。在質詢權方面，又可分為口頭質詢與書面質詢兩種。國會議員的書面質詢是先將質詢稿交予國會秘書處刊登於政府公報（Journal Officiel）中。原則上，政府應該在2個月之內答覆，不過，政府也可視實

---

[14] 參閱Caroline Cerda-Guzman, *Cours de droit constitutionnel et des institutions de la Ve République* (Paris: Gualino, 5è édition 2019-2020, 2019), pp. 389-390.

際需要延後1個月回答。假如政府在規定期限內皆無法答覆，則議員可要求將問題改成口頭質詢，在國會會期中公開討論。

　　書面質詢在第五共和成立以來，可說是扮演了重要的角色。根據統計，國民議會的質詢件數由1959年的2,506件增加到1985年的16,840件；而參議院的件數則由799件增加到6,417件。[15]近年來，隨著國會的改革與監督效率的提升，書面質詢再度大幅成長，依據國民議會的統計，2017年至2022年這個會期中，議員總共提出書面質詢約45,373件，口頭質詢則有4,851次。介於2007年10月和2008年9月之間的年度會期，國民議會的書面質詢增加到26,000件。這個現象也可以解讀為國會議員透過此項質詢來呈現其為民喉舌、為民服務的成效。依據國民議會的資料，2019年10月1日至2020年3月31日為止這個會期中，議員的書面質詢共有4,592件；而參議院在2018年10月1日至2019年9月30日這個年度會期中書面質詢也高達5,405件。

　　在口頭質詢方面，國會兩院之議程，優先審議政府所提草案及為其接受之提案。上述審議依照政府所定次序為之。每週應優先保留一次會議，以供國會議員質詢及政府答詢之用（憲法第48條）。口頭質詢又可分為付諸討論或不予討論兩種。假使議員提出口頭質詢而不要求公開討論，則事先仍須準備好文稿交由秘書處刊登在政府公報上，同時該質詢也會事先排定在議程上。屆開會之時，議員僅稍加簡說即可，而由部長回答。

　　假如議員提出口頭質詢並要求院會討論，在此情形下，俟議員和相關部長雙方將意見表達後，則院會始公開討論。如此一來，黨團方可利用所分配之時間來表示意見和立場。同時，政府閣員也可輪流回答或補充說明。必須一提的是，不論其討論內容如何，國會並無權就此一問題加以投票表決。

　　1974年，季斯卡總統上台以後，國會及政府部門有鑑於原國民議會院會所實施的口頭時事質詢效果不彰且流於形式，因而更改為對政府的即席質詢（Les questions au Gouvernement）。質詢時間通常為每週二、三下午的2個小時，由執政黨與在野黨的黨團平均分配。進行的方式為國會議員須在院會開始前日或最遲院會前一小時提出質詢問題，屆時由總理或相關部會首長做簡單的即席回答。此外，法國國營第三電視台以及國民議會新聞網也立即實況轉播，以加強國會質詢與公共服務的功能，由於此項變革獲得不錯的成效，1982年參議院也開始比照辦理實施；1985年，差不多有兩百多個口頭質詢在國民議會提出，並經由各部會首長答覆。近

---

[15] Philippe Balland er Danielle Messager, Op. cit., p. 106.

年來，國會口頭質詢的功能亦有愈來愈強化的趨勢。2000年，此項質詢共計有751次；2001年則仍有662次。依據國民議會的資料，2019年10月1日至2020年3月31日為止這個會期中，國會議員對政府的口頭質詢已經有621次；而參議院在2018年10月1日至2019年9月30日這個年度會期中對政府的口頭質詢也高達467次。

不過，2008年2月起，為加強國會議員的質詢權，特別是尊重在野黨的監督權，並有效分配時間，國民議會對政府的口頭質詢有所調整。首先是將時間改為每週二、三下午3時至5時，共2次質詢會議。其次就是規範每一個質詢的問答時間為4分鐘，議員問2分鐘，總理或部會首長回答2分鐘，同時設置計時器以昭公信。最後就是增加質詢問題為28個問題，每次質詢會議可有15個問題，執政黨與在野黨各半（無黨籍聯盟可每2個月提出一次質詢），每次質詢的第一個發言保留給在野黨優先，之後則是執政黨與在野黨議員的交替提問以及政府閣員的即席回答。至於參議院則是每週的週三下午1個半小時，詢答時間為5分鐘。此項質詢時間是行政部門與立法部門最直接且最重要的互動，隨著公共媒體的傳播效應，更是吸引社會大眾焦點的關鍵時刻。

國會除了以質詢權監督政府外，還可以透過特別的調查或專門委員會來監督政府。1958年11月17日的行政命令中確立了國會的此項權力，其中規定國會有權針對特殊問題組成委員會。不過，為了避免此類委員會之組織過於膨脹擴大，行政命令中指明了委員會的存在期限不得超過6個月。政府基本上並不希望此類特別委員會經常存在而成監督制衡力量，因此，第五共和以來，國會特別委員會的功能並未有所發揮。

國會對政府的監督權中，尚有最重要的一環，就是對政府提出倒閣案，而促使政府總辭的權力。然而，第五共和憲法不但對國會倒閣案加以技術上的限制，同時更賦予政府較大的彈性來規避國會的監督。雖然2008年7月的增修憲法條文中已就政府的彈性予以限制，但若從歐蘭德總統及馬克宏總統執政時期的經驗觀察，這個情況並未改善。

另外在總統與國會的關係上，憲法第18條原來內容規範只有一項，總統得向國會兩院提出國情咨文，予以宣讀，上述咨文毋須討論。2008年的修憲增加了一項，「總統得向國會兩院聯席會議做國情報告。此項報告得於總統不在場時予以討論，但不得予以投票表決」。2017年7月3日，馬克宏總統於5月當選，為展現新政親赴國會兩院聯席會議（地點在凡爾賽宮）發表國情報告。此次報告之後並未予以討論。2018年7月9日，馬克宏上任後第2年仍親赴國會兩院聯席會議做國情報告。此

次報告後，也就是在馬克宏總統離開之後，國會議員則進行了討論（以黨團推薦方式），約有10位發言，每位10分鐘。

伍、政府可規避國會的監督

第三、四共和時期，國會可在任何時刻，針對政府或某部會首長提出不信任投票案。而計票方式亦極為奇特，棄權票數仍算入否定政府的行列，如此則大幅地增加了政府被倒閣的機率，造成政府不穩定，內閣改組頻繁的局面。

第五共和憲法第49條將政府與國會之間對倒閣案的行使加以規範。尤其是第3項中，政府可不經過國會討論表決而逕付執行法案與政策最引起爭議。

憲法第49條第1項規定：「總理得就其施政計畫，或於必要時，就總體施政報告，經部長會議審議後，向國民議會提出對政府信任案。」該項要點有二：一是政府有權向國會提出信任案，二是政府是以內閣整體對國會負責，國會不可針對某一政府閣員提出不信任案。

第49條第2項更詳細規定：「國民議會得依倒閣提案之表決以決定政府之政治責任及去留。此項倒閣提案須經國民議會至少十分之一議員之連署，始得提出。動議提出四十八小時之後，始得舉行表決。倒閣提案僅就贊成票核計，並須獲全體議員絕對多數始能通過。國民議會議員在同一常會會期中簽署倒閣提案不得超過三次，在臨時會期中則不得超過一次。但第三項所規定之情形，不在此限。」

事實上，第2項內容乃說明了國會議員對政府提出倒閣案的方式和投票計算方法。對於原提案人不得在同一會期重複提案的規定，則是考慮到可能的私人恩怨以及議會的正常運作。此外，內容中規定，提案須有十分之一議員的連署，主要是修改過去第三、四共和時期，只要有幾個議員，甚至僅有提案人自己提出就可成立的這種缺失。

至於48小時的緩衝，以及僅就贊成票核計的這兩項規定而言，都是為了避免議員們情緒化的反應。一方面，議員們可以不受國會激烈辯論的影響；另一方面，政府可以有時間與執政黨員協商或做準備措施以為因應。再者，制憲者認為，對於一些沒有意見或棄權議員的票數，不應解釋為對政府之不信任，而應計算真正投票反對政府者才具有意義。

第49條第3項規定：「總理得就通過財政法案或社會福利財政法案為由，經部

長會議討論決議後，向國民議會提出對政府信任案以決定政府之去留。在此情形下，除非在二十四小時內，有倒閣提案之動議提出，並依第二項之規定進行表決，否則政府所提法案即視同通過。」

如同葛羅塞教授所評析，此項條款即是制憲者有意藉規範國會的立法權限來減少，甚至完全避免政府被倒閣的危機。[16]再者，1962年以來，總統改為直接民選，且主導總理任命權，除非在「左右共治」的情形下，否則若國會真要推翻政府，總統仍有解散國會的權力。由此條款，我們可以了解，這完全是第五共和憲法的創始人有意給予政府規避國會監督與制衡的法寶。它不但可對付在野黨的杯葛與抨擊，同時也可封殺來自執政黨籍議員的消極反抗。

此項條款在當時雖然曾引起許多學者和反對黨人士（當時係社會黨和共產黨）的批評，但是在1965年和1987年之間，左派和右派皆曾針對20個法案使用了36次憲法第49條第3項來通過法案。1988年，羅卡總理亦曾使用兩次該條款以通過政府總預算案，並未造成過大的反感。[17]

不過，在1989年秋季的院會會期中（10月到12月），由於羅卡政府缺乏右派中間人士的有力支持，同時社會黨籍議員對許多法案也有分歧的意見。羅卡總理因而針對四個法案（1990年「國防預算案」、1990年「全國總預算案」、1989年「追加預算案」，以及有關「社會福利措施法案」）連續使用了13次憲法第49條第3項來通過法案，造成國會議員極大的不滿與批評。[18]1991年1月，羅卡再度運用此項對政府信任案來通過參與波斯灣戰爭。右派共和聯盟賽根（Philippe Séguin）和法國民主同盟巴侯（Jacques Barrot）則主張將憲法修改為美國式的總統制，使三權能完全獨立制衡。[19]密特朗總統亦公開表示，立法權與行政權兩者間的平衡是非常重要的，因而憲法第49條的使用次數不宜過多。密氏同時建議，在不久的將來，可將此一條款做更深入的研討。[20]事實上，自1995年席哈克上任以來至1997年間，以及喬斯班總理的施政期間（1997年至2002年「左右共治」時期），這個情形並未發生過。

2002年到2007年席哈克總統連任且全面執政時期反而又再度運用此項條款。

---

[16] Alfred Grosser, *La politique en France*, (Paris: Armand Colin, 1984), p. 179.

[17] Didier Maus, *La politique sous la V République* (Paris: PUF, 1988), p. 119.

[18] Le Monde, le 5 janvier 1990, p. 7.

[19] Profession politique, le 25 décembre 1989, pp. 7-10.

[20] Le Monde, le 5 janvier 1989, p. 7.

2003年2月15日，哈法漢總理為通過一項「歐洲議會與區級自治選舉法」而訴諸政府之去留。2004年7月27日，哈法漢為一項有關地方自治法案再次運用此項條款。2006年2月9日戴維爾班總理也照樣畫葫蘆以政治責任強行通過一項「工作機會平等法」。這些做法也讓在野的社會黨、共產黨非常不以為然。2007年5月薩柯吉總統上台，薩氏似乎了解此條款的重大爭議，故在執政期間並未讓費雍總理採行此種做法。甚至於在2008年7月的修憲中增修規定了政府只能就有關財政法草案或社會福利財政草案始可提出此項程序，而且即使有關其他的議題也只能在一個會期（不論是普通會期或臨時會期）中提出一次為限，其目的還是要規範政府的施政與決策的正當性與民主性。2012年5月歐蘭德總統上台，執政第一階段都還好，但自2014年3月瓦爾斯總理上任後，對此條款的運用變本加厲。2015年2月起至2016年7月20日為止，瓦爾斯總理共動用7次憲法第49條第3項以強勢通過號稱「馬克宏法案」（當時為財經部部長）的「經濟成長與刺激方案」（開放假日營業）以及「勞基法修正案」（放寬勞資工作條件）這兩個重要政策，讓各方對歐蘭德總統的執政作風相當不滿。[21]針對上述作為，歐蘭德總統在其新書《回應民主之危機》（Répondre à la crise démocratique）中解釋，這個制度基本上是總理在企圖通過重大法案以及凝聚國會多數黨共識與紀律的工具，因為同時政府也有下台的風險，所以是相當嚴肅的過程。但是，因為第五共和制度下，總統與總理密不可分，而此項作為最後仍必需由總統承擔負責，因此這項條款我們可以儘量減少使用，但它仍有存在的必要性。[22]

2020年2月29日，法國正籠罩在新冠疫情的肆虐之下，菲利浦總理在唯恐夜長夢多的考量下決定動用憲法第49條第3項並強勢通過新一代的「全民退休法」。值得一提的是，上述所有政府所提出以去留為訴求而直接通過的法案，雖然在第一時間反對黨皆有提出對政府倒閣的動議並予以表決，但投票結果皆呈現少數，從未出現政府下台的案例。2022年6月馬克宏總統當選連任之後，由於政府無法擁有絕對多數，此項情況更加惡化。

由以上的分析，我們可了解，鑑於法國第三、四共和時期，國會權限的擴張以及立法功能衰退的現象，第五共和的創始人因而採用所謂「理性化內閣制」的觀

---

[21] 這7次的時間分別是，2015年2月17日、2015年6月16日、2015年7月9日、2015年7月9日、2016年5月10日、2016年7月5日、2016年7月20日。
[22] 參閱François Hollande, *Répondre à la crise démocratique* (Paris: Fayard, 2019), pp. 34-36.

念，將國會之功能予以約束限制。其主要內容有：

1. 對國會之立法權限加以明文細訂，非憲法條文賦予之立法範圍則屬於行政權，如此有利於政府採取彈性之行政措施。

2. 政府可請求國會依其所考量之法案先後順序加以審議。不過，這個現象於1992年開始改變，黨團協商亦可列出優先順序。2008年的修憲後更有大幅的改善。

3. 嚴格規範國會對政府提出倒閣案的行使方式，以保障政府的正常運作與穩定性。再者，政府法案在必要時可不經國會討論，在視同通過後，逕付實施（憲法第49條第3項）。

4. 憲法委員會有權對國會所通過之法案做是否合憲的審議與解釋。

此外，再加上1962年以來的總統直接民選與國會穩定多數黨的形成，導致第五共和下，行政權凌駕於立法權之上的發展趨勢。難怪在1970年代，許多法國學者評析國會似乎已成了一個資訊與意見交流的場所，最多不過是個「橡皮圖章」而已。根據法國2024年2月24日Statista民調中心所做的民調顯示，僅有約25%的法國人對國民議會的角色具有信心。法國里耳（Lille）大學法學教授汪登戴雷奇（Xavier Vandendriessche）曾撰文評析，第五共和國會的角色是較為弱勢的，雖然近年來國會的功能有所強化，但未來仍有許多改革的空間，以便達成一個更透明、更成熟的民主制度。[23]年青學者戴聖西寧（Jean de Saint Sernin）研究指出，總統直選及其權力影響力加上國會多數決運作機制確實讓法國國會的功能高度總統化。[24] 值得一提的是，隨著2008年7月23日的修憲，國會在立法與監督的權力上可以說是強化許多，特別是在重要人事任命案、法案議程排定以及在野黨的角色等。2022年6月以來，馬克宏總統無法掌握過半多數，國民議會在立法與監督的職權上提升許多，導致總理一再運用第49條第3項的「殺手鐧」，造成行政與立法之間的高度緊張。2024年7月以來，國會三黨不過半，馬克宏總統更無法提出總理人選組成聯合政府。從這個角度觀察，法國第五共和憲政運作似將邁入新的權力互動模式。

---

[23] 參閱Xavier Vandendriessche, "Le Parlement entre déclin et modernité," *Pouvoir* (Paris), No. 99 (2001), pp. 59-70.

[24] 參閱Jean de Saint Sernin, *Système majoritaire et bicamérisme sous la Ve République* (Paris: Dalloz, 2019), pp. 11-27.

2008年7月21日法國國會兩院（國民議會與參議院）聯席會議依憲法第89條之規定以539對357超過五分之三的門檻表決通過了第五共和成立50年以來第24次的修憲案並於7月24日公布2008年7月23日第2008-724號憲政法正式生效。此項修憲內容可說是第五共和成立以來最大規模且具時代意義的修憲。此次修憲內容共觸及到10個章、47個條文，主要的重點為行政權（特別是總統與政府）在施政上的規範與節制、立法權在監督與立法程序上的強化、司法獨立性的改革以及人民權益的重視與落實。

壹、2008年7月修憲背景

實際上，2008年法國進行了兩次修憲，第一次是在2月間，主要係針對因應歐盟《里斯本條約》生效的相關條文的修正。國會兩院於2月4日以560對181票通過並於當日發布第2008-103號憲政法生效實施。最重要的才是7月的修憲。2006年至2007年法國總統大選期間，右派候選人薩柯吉（Nicolas Sarkozy）提出了希望藉由修憲讓法國的憲政體制能更符合人民的期待、權力的平衡以及時代的潮流（現代化）。2007年5月7日，薩柯吉獲勝利當選為總統並於5月17日正式上任。2007年7月12日薩氏正式宣布啟動修憲，並於18日（Décret No. 2007-1108 du 18 juillet 2007）正式成立「第五共和制度平衡及現代化修憲委員會」（Comité de réflexion et de proposition sur la modernisation et rééquilibrage des institutions de la Ve République，委員共有13人），並任命前總理巴拉杜（Edouard Balladur）為主席，負責檢討及研擬修憲的方向和內容。

2007年10月29日，巴拉杜向薩柯吉總統提出了修憲委員會的研究報告與修憲內容建議（約180頁）。此項報告以「邁向一個更民主的第五共和」（Une Ve

République plus démocratique）爲標題，內容主要分成三大部分，第一部分是有關行政權的規範，第二部分是有關立法權的強化，第三部分則是有關公民權的保障。[1]2008年4月，政府將修憲草案提交國民議會及參議院兩院審議。在國會兩院相繼通過了修憲草案之後，薩柯吉總統宣布將依憲法第89條之規定以國會表決的方式完成修憲並於2008年月7月21日在凡爾賽宮召集兩院聯席會議。此項聯席會議共有905位議員，缺席或棄權爲9位，實際投票數爲896票，其中贊成者以539票（同意門檻爲五分之三，換算爲538票）對反對者的357票通過修憲案。2008年7月23日，政府公報正式發布第2008-724號有關第五共和政治體制現代化之憲政法（Loi constitutionnelle No. 2008-724 du 23 juillet 2008 de modernisation des instututions de la Ve République）。自1958年成立以來的法國第五共和及其憲政發展再度邁向一個新的里程碑。

貳、2008年7月修憲重點

一、序言、第一章與第二章的增修

　　將原第一章第3條第5項移至序言中的第1條，並增加「專業和社會性的領導階層」文字。第4條則增加第3項：「法律應確保多元民意的表達以及政黨與政治團體公平參與國家的民主過程。」

二、行政權的規範與節制

　　1. 總統任期明確規定爲連選得連任一次，不得超過兩任。換句話說，總統的任期若連任的話也最多10年（憲法第6條第2項）。事實上，總統的任期在第五共和之始爲一任7年，2000年的修憲中調整爲5年，但條文中皆敘述了連選得連任且未就連任次數予以明確規範。此項增修有助於憲政體制的現代化與民主化。

　　2. 增加人民與國會的提案（創制）公投：原憲法第11條規定總統得依政府或國會兩院所提之建議案提交公民投票。修憲後增加了第3項，國會五分之一的議員提案以及十分之一公民的連署即可依法律提案進行公民投票。換句話說，總統與國會

---

[1] 參閱Rapport du Comité de réflexion et de proposition sur la modernisation et réequilibrage des institutions de la Ve République, *Une Ve République plus démocratique.*

皆有發動公民投票的權利。不過，第4項則增加了，已通過且實施尚未超過1年的法律不得作為公投議題。

　　3. 總統有權赴國會兩院聯席會議進行國政報告：總統的報告得在總統離去或不在場的情形下進行討論，但不得予以投票表決（憲法第18條）。這項增修主要是讓同樣具有民意基礎且代表人民的兩個憲政機制能有直接對話的機會。薩柯吉總統於上台之初即已表達此項構思。

　　4. 有關憲法第13條所提總統的文武百官人事任命權將受到規範與節制：除了第2項的人事任命案之外，組織法將就與權利與自由的保障或國家經濟與社會事務相關之重要職務予以明確規範並要求總統在提名任命時需經國會相關常設委員會公開聽證並行使同意權（憲法第13條）。同樣地，憲法第56條有關憲法委員會中其中三位由總統提名任命的部分也修正為需依憲法第13條之施行細則由國會行使同意權。

　　5. 加強規範緊急命令權的行使：在緊急命令實施第30天之後，國民議會議長、參議院議長、60位國民議會議員或60位參議院議員得提請憲法委員會就緊急命令行使的條件與情況加以審議及裁決。此外，憲法委員會應在緊急權力行使第60天，自行檢視上述條件並做公開聲明（憲法第16條）。

　　6. 總統得就個案行使特赦權：原憲法第17條規定總統有特赦權，新修正條文改為個案。換句話說，未來總統不可能以當選上任或特殊因素而行使團體性的大赦或特赦。

三、立法權的強化（國會與政府之間的關係）

　　1. 國會除了立法、監督政府之外，第24條增加了「評鑑公共政策」，以強化國會在公共政策上的參與和反應民意。

　　2. 增加有關國民議會議員及參議員席次之遞補辦法。第25條增加了，國民議會議員及參議員席次出缺，在原當選議員所屬議會全部或局部改選之前人員之遞補辦法，或因接受入閣之臨時遞補以組織法制定之。此外，國會應成立一獨立委員會，其組成以及組織與運作章程以法律制定之。獨立委員會應就有關國民議會議員選區劃分或有關國民議會議員及參議員席位分配之計畫內容或法律草案發表公開聲明。換句話說，將許多有關國會議員身分與權益等事宜的法制化。

　　3. 增加立法的範圍：如自由權、多元主義以及傳媒的獨立性（第34條）。

　　4. 國會得表決通過各項決議（憲法第34條之1）。

5. 強化對外軍事行動的監督：政府應於其對外出兵行動開始後最遲3日之內知會國會此項之決策。政府應提出此項行動之目標。此項知會得予以討論，但不需要投票議決。再者，此項軍事行動倘超過4個月，政府應將此案提送國會授權，在此情況下，國民議會的決議始爲定案（憲法第35條）。

6. 強化國會在立法程序的權力：

(1) 原41條規定，在立法程序中，如有法律提案或修正案不屬於法律範圍或與本憲法第38條之授權內容相抵觸者，「政府」得做無法受理之宣告。新的條文則增加了「當事議會之議長」，換句話說，國會兩院議長皆有此項權力。

(2) 原42條規定，首先收到法律草案之議院，應就「政府」原提草案文字進行討論。國會之其中一院在接到另一院所通過之草案時，應就所接到之草案進行審議。新的條文則改爲，有關各項草案或法律草案之討論，應依憲法第43條所規定之委員會所審議之版本或國會另一議院所審議之版本。

(3) 第42條增加第2項，首先收到有關修憲草案、財政法草案以及社會福利財政法草案等案之議院在一讀程序中應就政府所提之草案版本審議。有關其它後續審查程序則依另一議院所審議後之版本爲之。

(4) 第42條第3項增加明定了國會審查一般法案的合理時效：原條文並未就國會審議法案的時效加以規範。新的條文規定了任何草案或法律草案若要進入院會一讀則至少要在6週之前將法案提交兩院之一。任何草案或法律草案若要進入下一個議院一讀審查則至少要在4週之前提交。不過，第4項則又增例了不受限制的範圍。也就是說，若依憲法第45條的緊急程序或是有關財政法草案、社會福利財政法草案以及有關危機處理之草案等案件則不受前項規定的限制。

(5) 第43條增加常設委員會數量以及強化其專業分工及審查權：所有法律草案或提案應送交國會各院常設委員會之一予以審議。國會兩院之常設委員會各爲8個（原規定爲6個）。其次，若依政府或國會兩院之一提請，所有法律草案或提案得送交爲此組成之特別委員會審議。值得一提的是，爲了因應歐盟統合，憲法中明確規範了國會各院應增設「歐洲聯盟事務委員會」（憲法第88條之4）。

(6) 明確規範修正案的行使方式與時機：第44條規定了，國會議員及政府有提出修正案的權利。但並未就國會行使的方式與時機做一規範，造成此條文似僅有利於政府的施政（政府有權拒絕未經提案討論的修正案）。修憲條文增加了，「國會議員及政府有提出修正案的權力。此項權利應依國會所定之職權施行細則於院會或委員會審查程序時提出行使」。

(7) 強化國會委員會主席會議的功能：原45條第2項規範，倘若國會兩院無法在第一時間就所有法律草案或提案通過內容一致的法律，且在二讀時也無法通過，而政府又認為是緊急法案的情況下，「總理」有權召集兩院對等聯席委員會，就爭議條款提出對案。修正後的條文增加了「若國會兩院委員會主席會議皆未表示異議」之情形下，總理始可召集。換句話說，國會的意見更受到尊重且對政府的監督也更具體。

(8) 第46條就各項組織法的通過及修正審查時效加以合理規範：原條文將此類之法律草案或提案規定了國會之於提出後的15日之後開始審理法案。但新的條文則規定了依第42條的時效辦理，也就是說6週的準備時效。不過，最後一項仍規定了若在實施第45條的情形下，則此項時效縮短為15天。

(9) 第47條之2規定了，審計院應協助國會監督政府之作為。審計院應協助國會及政府監督財政法的落實、社會福利財政法的施行以及公共政策的評估。換句話說，憲法明定了審計院應協助國會執行其監督政府及行政部門的職掌。

(10) 國會有權主導法案審議的優先次序並強化對政府的監督：原第48條規範，國會兩院應優先審議政府所提草案及為其所接受之提案。上述審議順序依政府所定為之。新的條文則修正為，「國會兩院之議程由各院自行排定」。另外，第2項則規範了有關政府議程，第2項指出，4週的院會之內應保留2週的院會來討論或審議政府所提的議程。第3項則又規定了，有關財政法草案、社會福利財政法草案、有關危機處理或重大授權法案之草案等案件視為優先審議之案件。此外，第4項則加強了國會對政府的監督，也就是說，每4週的院會應保留1週作為監督政府行動以及評估公共政策之用。值得一提的是，此項條文中增加了保障在野黨黨團以及少數政團監督與質詢的權利。第5項規定，每月應保留一次會議予在野黨黨團以及少數政團所提之議程討論。

(11) 明確規範第49條政府所提之施政信任案：原第49條規定了，總理得就「通過某項法案為由」，經部長會議討論後，向國民議會提出信任案以決定政府之去留。由於某項法案之文字過於籠統，新的條文則修正為「財政法草案以及社會福利財政法草案」，以強化政治責任與立法監督。

(12) 提升國會在野黨、少數政團以及調查委員會的憲法層次與定位：增修條文中增加了第51條之1及第51條之2，主要是正式認可國會在野黨團以及少數政團的權利與功能，並依法賦予應有的角色。此外，第51條之2則是將國會有權就某一監督或審議之事項成立調查委員會予以法制化。

四、加強憲法委員會的違憲審查及其功能

　　1.憲法第61條有關憲法委員會違憲審查與宣告的內容上，增加了第61條之1，任何機關在法律訴訟程序中，倘有發現任何法律違反憲法所保障的人權與自由時，憲法委員會得依中央行政法院或最高法院之提請就此問題審議並於一定期限內宣告。此項條文賦予憲法委員會扮演更積極的角色。2009年12月10日有關憲法委員會施行細則的組織法中規範了，任何一個面對司法或行政訴訟之當事人有權就該案所可能引發之合憲性問題向憲法委員會提請釋憲。[2]

　　2.憲法第62條第2項增加了，倘依第61條之1之內容被憲法委員會宣告違憲之法律應在一定期間內廢止。

五、最高司法會議的改革

　　原憲法第65條係有關最高司法會議的組織與分工，此次修憲中主要的變革有：

　　1.明確司法機關運作之獨立性：原條文中的第1項，「總統擔任『最高司法會議』主席、司法部部長為當然副主席並得代理總統主持會議」以及第3項、第4項有關最高司法會議法官組以及檢察組之成員部分包括總統、司法部部長皆全部刪除。換句話說，此次修憲中將總統以及司法部部長排除在外以強化司法運作的獨立性。

　　2.人民可向最高司法會議申訴：第65條中規定，任何一位司法程序之當事人得向最高司法會議提出申訴。此項規定已明定於2010年7月22日有關施行細則的組織法中，顯示出憲法重視人民在司法體系中的權益。

六、人民權益的重視與落實

(一) 人民權益的重視

　　1.憲法第1條增加第2項，法律應有利於女男同等比例參與各項選舉職務以及承擔專業與社會責任。

　　2.憲法第4條增加第3項，法律應確保多元意見之表達以及各政黨和政團公平參與國家之民主生活與機制。

2　可參閱Simon-Loius Formery, *La Constitution commentée* (Paris: Hachette, 14è edition, 2011), pp. 126-127.

　　3. 符合時代需要：憲法第十一章原「經濟與社會諮議院」改爲「經濟、社會與環境諮議院」。增加了環境保護的議題。另外，第69條中有關組織與職掌的規範中增加了老百姓可以經由請願的方式向此議院提出議題，同時諮議院也可將該院的結論提請政府或國會審理。

　　4. 保障區域語言：在第十二章有關地方自治團體的規範中，增加了第75條之1，「所有區域語言皆爲法國之資產」。

　　5. 增設人民權益保障獨立機關：爲加強保障人民的權益，憲法增例了第十一章之一並新增了「國家人權保障委員會」（Le Défenseur des droits）一獨立行政機關。依據憲法第71條之1的規定，國家人權保障委員會確保國家行政部門、地方自治團體、公共機關以及所有與公共事務相關之機構對人權與自由的尊重。第2項指出，任何人倘認爲被上述所列機關侵害，則可向人權保障委員會提出申訴。第3項規定，國家人權保障委員會成員係經由總統提名，並依憲法第13條之規定經國會同意後任命，任期6年不得連任。此外，國家人權保障委員會應向總統及國會提出報告。事實上，此獨立行政機關要等到2011年3月29日的組織法通過後才正式成立。第一任的委員長包迪斯（Dominique Baudis）於2014年4月10日過世，後由右派政治人物、前文化部部長杜彭（Jacques Toubon）擔任至2020年7月中旬6年任期屆滿。現任委員長爲艾東女士（Claire Hédon），2020年7月22日上任至今，現年62歲，記者出身，長年投入關懷弱勢與貧窮的族群，特別是非營利的ATD第四世界國際運動組織（ATD Quatre Monde），頗受馬克宏總統的肯定。依據組織法的規定，此獨立機關設委員長1人，3位副委員長。委員會下設有3個次委員會，分別是社會安全倫理委員會、兒童權益促進及保障委員會、平等促進及反歧視委員會，這3個委員會還包括了9位成員，而由3位副委員長擔任副召集人。另委員會下還設秘書長一職，綜攬各項行政庶務。由此觀察，此人權保障委員會的組織架構及業務可說相當龐雜，目前正式職員有250人，另分散在全國各界且與獨立機關業務相關的人員也約有400人左右。

參、綜合評析

　　由上述的分析觀察，此次修憲的重點爲加強國會在監督及立法方面的權限，特別是第五共和長久以來不但總統綜攬大權的發展模式影響甚大，同時行政權凌駕

於立法權的運作更是深根蒂固，造成人民對此憲政制度的認同日漸質疑，提升國會的職權有利於權力運作的平衡與人民的參與。其次，隨著時代的變遷，憲法的內容（如多元意見之表達、環保等文字）人民的參與（連署創制權以及請願權等）以及人民權益的保障都有相當調整的空間，此次修憲條文中不但強化了人民的參與和決策，同時「國家人權保護委員會」的創新更具有重要的意義。不過，誠如多位法國法政學者所評析的，由於此次修憲並未觸及參議院（一旦參議院反彈，則修憲案勢必無法通過）的選舉制度以及國會議員兼任地方民代或民選首長（如省、縣議員或省、縣民選首長）等重要改革，再加上長久以來，國會議員並不專心於問政、缺席率高且著重於基層經營與服務選民，因此，即使新的修憲內容積極強化了國會的功能，但是否國會議員能擅用這些職掌並有效發揮監督與立法的角色則尚待進一步觀察。

值得一提的是，在馬克宏總統的強力推動下，2024年3月4日法國國會兩院在巴黎凡爾賽宮舉行聯席會議並以780的票數過了「法律應保障女性擁有自願中止懷孕的自由權利」的修憲案。換句話說，此項權利已經列入憲法第34條內的保障。2024年3月8日，也就是在國際婦女節的當日，馬克宏總統正式簽署並發布生效。法國也成為全世界第一個將此權利入憲的國家。

第二篇

選 舉

壹、總統的選舉制度與規範

一、1962年修憲後的總統選舉制度

1875年第三共和成立之初，制憲者除了將總統的任期規定為7年之外，同時也將其選舉方式定為由國會兩院成員間接選舉產生。第四共和時期，總統的任期及選舉方式都沒有改變。[1]

1958年，戴高樂將軍（Charles de Gaulle）重返政壇成立第五共和時，為了強化總統的形象與民主的正當性，因而將原國會兩院的選舉人團擴大，大幅增加各級民意代表的參與，組成一個大約8萬人的選舉人團（如包括市長、市議員、省議員及縣議員等）間接選舉產生。1962年，戴高樂自認時機成熟，因而提議修改憲法第6、7條中有關總統選舉方式的條文，並由全民複決通過，從此法國政治制度邁向了新的里程。憲法第6條修正為：「總統由全民直接投票選舉之，任期七年。」[2]第7條則修正為：「共和總統須獲絕對多數的有效選票始為當選。倘此項絕對多數無法在第一輪投票中獲得，則於之後的第二個星期日舉行第二輪投票。在此情形下，僅有在第一輪投票中獲票最多之兩位候選人（票數雖高而自動退出之候選人不予計算）始得參加第二輪投票。」[3]由此，我們得知法國總統選舉是採全民直接選舉，兩輪多數決投票制的方式進行。

依據1962年11月6日有關總統直選的組織法（2006年4月5日予以增修），在候選人資格方面，每一候選人必須符合4項條件始得經憲法委員會（le Conseil consti-

---

[1] 參閱Jean-Jacques Chevallier (préface de Jean-Marie Mayeur), *Histoire des institutions et des régimes politiques de la France de 1789 à 1958* (Paris: Armand Colin, 2001), pp. 636-637.

[2] Maurice Duverger, *Constitutions et Documents politiques* (Paris: PUF, 1981), pp. 238-240. 不過，此條文在2000年9月24日的公民投票中調整為五年，並自2002年的新任總統生效且至多兩任（連任一次）。

[3] 皆可參閱憲法條文。

tutionnel）正式宣告成為候選人。第一是具法國國籍且享有公民權者；第二是年滿18歲之選舉人且完成或無需負擔國民義務者；[4]第三是身心正常；第四是獲得500位各級民意代表（包括歐洲議會議員、國會兩院議員、區議員、縣議員、市長、市議員以及海外省或領地民意代表或民選地方首長的連署支持（目前約有47,000人）。換句話說，前面三項條件是基本條件，實際限制候選人的是第4項，其目的是減少候選人的參選爆炸及過於浮濫，同時也考量到公共資源與社會成本的有效運用。此外，為了不讓連署簽名流於形式或造成偏狹的地域主義，選舉法對這500位連署者仍設有三個限制，一是這500位連署者必須分別來自至少30個縣（départements）的地方民選首長或民意代表；二是同一縣的連署人不得超過500人的十分之一；三是每位有資格的連署人只能連署（推薦）一位總統候選人，即使該位候選人因故退出選舉，也不能再替其他候選人連署。依據2016年4月25日最新的法律，每位有資格的連署人必須將個人的相關資料直接寄給憲法委員會並接受查核。憲法委員會也會在登記截止日前（3月20日之前）陸續公布連署名冊在網路上（每週至少兩次，分別在週二及週五）。值得一提的是，一旦經憲法委員會審核通過成為正式的候選人，則候選人也應立即向「公共事務陽光監督委員會」（la Haute Autorité pour la transparence de la vie publique, HATVP）至遲在第一輪投票的15天前提出一份財產申報書以及選後經費結報同意書。此外，若在第二輪中勝選則必需再度提出一份申報書作為政府公報出版之依據。

　　不過，上述所提連署人的制度隨著2007年、2012年、2017年以及2022年選舉的經驗也開始面臨到不少的抱怨與批評。主要的理由有三，第一，此項規範並無法達到減少或抑制參選人數的目標，2017年有11位候選人，2022年更有12位候選人；第二，若干有高支持度的候選人反而無法在地方上獲得民意代表的連署；第三，就全民直選的角度而言，此項規範似已失去作用；第四，此項規範時有容易流於政治交換的籌碼或受到若干形式的壓力而參與連署。[5]

二、有關傳媒、網路與民調之運用與規範

　　在選舉宣傳與媒體角色方面，1964年的行政命令帶給法國總統選舉兩項創

---

[4] 此項規定原來是23歲，2011年修改為18歲。
[5] 可參閱Pauline Türk, *Les institutions de la Ve République* (Paris: Gualino, Edition 2019/2020, 2019), pp. 39-40.

新。一是確保每位候選人在宣傳上的平等，尤其是在使用國營電視與廣播電台方面。二是國家補助每位候選人宣傳用的大型海報、傳單紙張及印刷費用，並提供公共場所張貼（通常在市、區公所或中、小學校）。[6]作為最高總統選舉的監督機關，「憲法委員會」強調了政治多元性為憲政法治進程中的基本原則。在此前提之下，成立於1989年1月17日的「國家新聞傳播委員會」（le Conseil supérieur de l'audiovisuel, CSA，其任務為確保法國新聞傳播的自由）會嚴格監督每位候選人是否能公平地分配到電視或電台宣傳的時間以及文字媒體的公平報導與訪問。2022年1月起改由「視聽及數位通訊委員會」（Autorité de régulation de la communication audiovisuelle et numérique-ARCOM）此一獨立行政監督管理機構負責辦理。

競選期間，所有電視或電台媒體應遵守公平性之原則。此項公平原則可經由最近的選舉結果以及民意調查之結果所展現出的候選人之代表性為基礎。其次，自候選人正式公告起直到第一輪投票前夕午夜止，電子媒體應遵守並執行候選人享有平等的時間公開表達或是相同的曝光時間。此外，自2012年1月起，總統在電視台或電台的出現以及與選舉相關之曝光皆會有所記錄，特別是有關內政方面的宣言或訪問必會視為選舉之造勢及曝光。

基本上，文字媒體並不受電子媒體的嚴格規範，但規定所有每日發行之報紙或雜誌不得在投票前一日或投票當天刊登任何一位候選人的專訪。再者，隨著網路的發達及其展現的傳播效果，所有候選人皆可架設選舉網路進行宣傳，但在投票前夕或投票當天不得再更新或修改網路訊息。

有關民調公告或選舉預測方面，1977年7月19日曾就選舉民調與預測之公開及發行立法規範。2002年2月19日以及2016年4月25日又通過了新增修的法律，同時由「民意調查委員會」（la Commission des sondages）負責相關的監督與執行的工作。該項法律中特別規定，在總統選舉投票日的前夕及當天，所有有關總統選舉的民調、投票意向等相關報導都不得以直接或間接的方式予以公布、發行或是評論。各項選舉預測或民調可於晚間8時投票所關閉後再行發布。此外，選舉法規第52條之2再度指出，在投票所結束投票關閉之前，任何以電子訊息方式傳送或發布各項選舉預測或民調皆屬違法。依據選舉法規第90條之1，若違反上項法律，不論個人或機構將處以7萬5千歐元（約新台幣250萬元）之罰款，情節重大者可依刑法追

6　可參閱Jean Massot, *La Présidence de la République en France* (Paris: La Documentation française, 1986), p. 89.

究。由上述的分析可知，法國總統選舉中對候選人的公平使用電視、電台等傳媒以及對民調預測公布的時機等足以對選舉產生重大影響的事宜確是做了比較嚴謹的規範。

三、有關選舉經費與國庫補助之規範

有關選舉經費以及政治獻金方面，嚴格說來，法國一直要到1988年開始制定且實施有關政黨補助與政治獻金的規範。此項名為「政黨財政與政治獻金法」最初是規定國家應該依政黨在選舉中的實力補助政黨，以提升政黨政治的良性運作與競爭。隨著時代的變遷，此項法律經過1990年、1995年、1996年、2013年以及2017年的增修實施至今且相關的內容也都更趨嚴謹。此項法律有四個重點，一是規範了民間公司或企業不得向政黨捐款；二是規定了個人政治捐獻金額的上限，每人在一年內的上限是7,500歐元（相當於新台幣25萬元），若遇各項選舉活動則每次可捐獻的上限為4,600歐元（相當於新台幣15萬元）；三是自2017年起政黨不得向非歐洲以外的銀行借款；四是國家設立一位財務管理長，負責提供政黨的財務諮商。

此外，為了使總統選舉具有較高的莊嚴性與實際性，並避免金權政治的缺失，1995年起，國家除了將選舉經費的捐獻、運用及上限做較嚴格的規定之外同時也大幅增加公費的補助。在選舉經費的上限方面，此項金額會隨經濟的情勢或物價而有所調整。依據2006年5月的規定，2007年總統大選每位參與第一輪投票候選人的選舉經費上限是1,548萬歐元（當時相當於新台幣6億1,900萬元），而參與第二輪的候選人經費上限則為2,076萬9千歐元（當時相當於新台幣8億3千萬元）。2011年11月20日的行政命令則規定了，2012年4月的經費上限分別是1,685萬1千歐元（當時相當於新台幣6億7,400萬元），而參與第二輪的候選人經費上限則為2,250萬9千歐元（當時相當於新台幣9億元）。2017年以及2022年的競選經費並未改變。

在公費補助上，為了減輕候選人的財政壓力，一旦候選人的名單正式公告，則國家會先撥付每位候選人20萬3千歐元（相當於新台幣700萬元）的選舉經費供候選人運用，特別是印刷文宣以及郵寄等費用。在競選期間，為了考量候選人之間的公平競爭與公開表達的機會，國家負擔有關電視或電台的正式辯論，所有印刷費用及大型看板及海報的印刷及張貼等費用。及另外，依據2012年2月28日新增修的有關總統選舉經費補助之組織法規定，在選舉結束後，得票達5%以下的候選人可獲得上限經費4.75%的公費補助（大約為80萬歐元，折合約新台幣2,800萬元）。而得票超過5%的候選人可獲得選舉經費上限47.5%的補助（大約有800萬歐元，折合約新

台幣2億8千萬元）。至於參與到第二輪投票的候選人，最多也可獲得第二輪所定上限經費47.5%的金額補助，約有1千萬歐元（折合約新台幣3億5千萬元）。由以上數據可以看出，法國總統選舉對競選經費的規範是日趨嚴謹，而國庫對候選人經費的補助也算相當優惠。

　　為了統籌並規範選舉經費與核定事宜，法國於1990年6月19日成立「國家政治財政與選舉經費監督委員會」（Commission natioanle des comptes de campagne et des fianancements politiques, CNCCFP）。基本上這是一個獨立的行政機關，任務為，監督各項選舉中所有候選人的選舉經費運用之情形；必要時可要求司法警察進行各項資料之查證工作；有關候選人選舉經費申報之審查並做同意、修正或不同意之決議；將可能申報不實或情節重大案件提交權責檢察官調查追訴；確立候選人應有之補助金額等。此外，委員會也會就政黨之經費運用以及國庫之補助事項予以監督及審核。此委員會共有9位委員，任期5年，可連任，所有委員係經中央行政法院副院長、最高法院首席院長以及中央審計院首席院長提名，並由總理正式任命，通常由上述三位各提名3人，主席則由委員互相推選產生，主席並有權任命副主席一人。依據2006年4月5日新的組織法，委員會有權力針對不提交競選經費、超過競選經費上限或經費未被核可之候選人做出不予經費補助、繳回已撥出之款項或裁定一定之金額繳回國庫等之決議。

　　在選務機關的設置上，為了使選舉的各項活動在合法公平的情況下進行，除了有憲法委員會負責監督及依法宣告各項結果等事宜之外，另有任務編組性質的「國家選舉監督委員會」（la Commission nationale de contrôle de la campagne électorale）負責審核與監督各項選舉活動是否合於法規的問題。該委員會並非常設機關而是為總統選舉而組成，地點設在中央行政法院（le Conseil d'Etat），成員共有5位委員，其中3位當然委員即為中央行政法院副院長、最高法院（la Cour de Cassation）首席院長及中央審計院（la Cour des Comptes）院長，並由該三位委員自這三機關中選任另兩位委員。除了這五位委員之外，另外還包括來自內政、海外省、郵政及電信四部會的代表共同參與，而由中央行政法院副院長擔任此委員會主席之職。1981年的總統大選中，該委員會曾經禁止左派激進黨的候選人克雷波（Michel Crépeau）的選舉傳單公開張貼，因為依規定，傳單上只能放置一張候選人的照片，而克氏卻放置了兩張照片，該委員會也可要求並監督各國營電視台或電台傳播媒體確實公平分配時間予各個候選人。而隨著現代傳播資訊的迅速發展，此委員會的角色也愈形重要。

　　另外，在選舉活動期間，每一縣也設有一「地方選舉監督委員會」（les Commissions locales de contrôle），其成員包括1位法官（由縣高等法院院長任命並擔任主任委員）及3位公務員組成，其中這三位公務員分別由中央官派縣長（le Préfet）、縣主計局局長及縣郵電局局長指派。該委員會之主要工作是分發各候選人的基本文宣給所有選民、寄送各候選人的選票到每一市政府、審核並簽發各候選人的相關文宣，以及提報全國選舉監督委員會有關違反選舉法規的所有事宜。換句話說，這個委員會主要是監督及辦理各縣的選務。由以上的分析可以了解到，近10年來法國在有關總統選舉過程中的相關法規與制度皆愈來愈嚴謹。2007年的總統大選中，委員會皆認可所有的候選人都能依規定辦理而沒有任何異議。但2012年總統大選中，候選人薩柯吉的競選財務結報則未被接受。委員會更認定其主要的缺失有三，第一，超過競選經費之上限；第二，若干經費並未被納入競選期間之經費；第三，若干確屬選舉活動之經費支出並未被計算在經費支出之項目而有虛報之嫌。2013年7月4日，憲法委員會正式裁定薩氏之申報資料不實而遭退回。當然薩柯吉則辯稱指出，競選期間是以一年為計算時間，所有開支皆與選舉相關，認為並無不當。有鑑於此，2016年4月25日所通過的新組織法中特別規定要求候選人必需提出足以佐證的相關文件或資料。此項進一步的規範顯示出，法國有關總統選舉的規定愈來愈嚴格，主要就是希望避免選舉經費的浮濫或虛報。

貳、歷屆的總統選舉

　　法國第五共和自成立以來，一共舉行過11次全民直接選舉，分別為1965年、1969年、1974年、1981年、1988年、1995年、2002年、2007年、2012年、2017年以及2022年。以下先就前五屆選舉的主要重點加以分析，1995年以後的大選則討論於後。

一、1965年的選舉（12月5日至12月19日）

　　此次選舉乃是第五共和首次經由全民直接投票來選舉總統，因此具有特別的意義。當時左派的共產黨和社會黨採取「左派聯合」（Union de la Gauche）的策略，共同支持親社會黨的候選人密特朗，他們最主要的目的是與右派戴高樂總統抗衡。此項左派聯合也是由於1962年共產黨與社會黨人士在國民議會選舉中聯合助選，且

獲得不錯的成績而繼續運用之策略。此次選舉共有六位候選人，在第一輪投票中，戴高樂獲得44.6%的選票，密特朗獲31.7%的選票。另外「人民激進黨」（Mouvement Radical Populaire）的勒卡呂埃（Jean Lecanuet）得票率為15.8%，「獨立人士」（Les Indépendants）的馬奇拉西（P. Marcilhacy）有1.7%的選票，極右派的狄西爾（J. L. Tixier-Vignancour）以及一位無黨籍人士巴布（Marcel Barbu）各獲5.2%及1.2%的選票。在第二輪的投票中，戴高樂以55.2%的選票擊敗密特朗44.8%的選票而當選。

此次投票由於是第五共和首次全民直接投票之故，因此投票率也是歷次選舉最高的一次，第一輪的投票率為84.7%，而第二輪亦為84.3%。[7]此次選舉還有另兩項創新，正如同夏布薩教授（Jacques Chapsal）和藍斯羅教授（Alain Lancelot）所指出的，一是電視傳播的廣泛利用，二是民意測驗的影響，已將法國總統選舉帶進了現代化的階段。[8]

二、1969年的選舉（6月1日至6月15日）

1969年4月24日，戴高樂所提的改革參議院法案在交付全民複決時，遭到選民的否決。為此，戴高樂自動辭職，以示對選民負責，因而舉行選舉。此次選舉之初，法國共產黨就改變了左派聯合助選的策略。另外，社會黨的正統主流「法國工人國際分部」（Section Française d'Internationale Ouvrière, SFIO）第一書記莫萊（Guy Mollet）也不贊成左派聯合推舉一位候選人的做法，而希望支持一位中間派人士當選，也就是參議院議長波埃（Alain Poher）。在此策略下，社會黨仍於第一輪投票中推出當時擔任馬賽市長的德費爾（Gaston Defferre）為候選人，以分散其他黨派的注意力，不會去抵制波埃，如此方可在第二輪中出奇制勝。此次莫萊等社會黨人士支持波埃的主要原因是，因為這些人並不贊同戴高樂修改憲法致使總統權力日形加強的政治體制，而希望回到第三、四共和時代的傳統內閣制度，因此推舉二位較無權力慾望且中間溫和的總統。

此次選舉共有七位候選人，戴高樂派的龐畢度、參議院議長波埃、社會黨的德費爾、「統一社會黨」（le Parti Socialiste Unifié, PSU）黨魁羅卡（Michel Ro-

[7]　Maurice Duverger, *Institutions politiques et droit constitutionnel* (Paris: PUF, tome 2, 1979), p. 144.

[8]　Jacques Chapsal et Alain Lancelot, *La vie politique en France depuis 1940* (Paris: PUF, 1979), p. 571.

card）、極左派的克里威（Alain Krivine）、共產黨的杜克勞（Jacques Duclos）及無黨派的杜卡得（Louis Ducatel）。在第一輪投票中，他們的得票率分別是44.46%、23.3%、5.01%、3.61%、1.05%、21.27%及1.26%。[9]如此的投票結果，顯示了社會黨莫萊和波埃的策略完全失敗。因為一方面龐畢度仍獲許多選民的支持，另一方面共產黨的選票竟然與波埃的選票相差不遠。在此情況下，第二輪投票則由龐、波兩氏對壘，由於共產黨採取棄投而不願支持波埃的立場，使得龐畢度以得票率58.21%大勝獲41.78%選票的波埃而當選為總統。根據夏布薩和藍斯羅教授的分析，龐畢度能贏得選舉，最重要的原因是：一方面，龐畢度獲得戴高樂派選民的絕對信心，使得波埃的中間偏右人士的票源大幅減少；再方面，左派社會黨與共產黨之間的分歧，無法像1965年一樣地聯合起來專門與戴高樂抗衡。

三、1974年的選舉（5月5日至5月19日）

　　此次選舉是由於龐畢度總統在其任期內病逝而舉行的。在這次選舉當中，爭論的重點已不再是有關政治體制或總統權力範圍大小的問題，反而是經濟與社會問題。選舉之初，社會黨與共產黨再度採取「左派聯合」的策略，共同推出於1971年重組後的法國社會黨第一書記密特朗為候選人來和右派競選。而此次選舉，右派內部卻產生嚴重的分歧，戴高樂派的夏本德瑪（Jacques Chaban-Delmas）曾任總理，其資格較老，堅持出馬競選，引起該黨少壯派領袖席哈克不滿，轉而支持中間派的季斯卡，使得夏本德瑪在第一輪投票中落敗，而無法進入第二輪選舉。

　　第一輪投票中共有12人參加競選，可以說競爭相當激烈。他們的得票率分別為：密特朗43.24%、季斯卡32.6%、夏本德瑪15.1%、杜爾市長羅爾（Jean Royer）3.17%、強調生態保護但無黨籍的杜蒙（René Dumont）1.32%等，其他候選人的得票則微不足道。此次投票反映了兩個現象：一是候選人的個人化，每位候選人都淡化其所屬之政黨，而強調個人的形象與宣傳；二是民意測驗調查的影響益加重要，夏本德瑪得票低落的原因，也就是民意測驗顯示他根本無法與密特朗抗衡，使得右派選民轉而極力支持季斯卡，以期使季氏能在第一輪投票中超前而與密特朗一決勝負。

　　5月19日的第二輪投票中，由於左右兩派勢均力敵，競爭尤為激烈，投票率也

9　Jean Massot, *La Présidence de la République en France* (Paris: La Documentation Française, 1986), p. 108.

打破歷屆的紀錄，高達87.33%。選舉揭曉，季斯卡以得票率50.8%險勝獲49.2%選票的密特朗。此次選舉結果對法國第五共和的政治有很大的影響，如同馬索教授（Jean Massot）所分析的，一是法國政治左右派兩極平均化的選舉現象，二是戴高樂派的衰弱，1962年以來，戴高樂派不但在選舉中屢戰屢勝，同時也握有國家權力的核心，然而此次選舉之後，雖然該黨仍在國會中扮演決定性的角色，但卻失去了總統寶座，法國政治運作也因此項改變而進入另一個階段。[10]

四、1981年的選舉（4月26日至5月10日）

此次選舉結果，左派贏得勝利，造成第五共和成立以來，左派首次贏得總統選舉而執政，在法國政治史上，具有相當重要的意義。選舉之初，左右兩派內部都發生了一些衝突。在右派方面，自1976年以來，席哈克即與季斯卡交惡，貌合神離；在左派方面，自1977年共產黨與社會黨的「左派聯合執政」計畫失敗後，密特朗與馬歇之間也僅是維持選舉上必要的合作而已。事實上，他們四人都是各懷鬼胎，互相抵制，在此背景下，左右派的政黨都自己參選，一方面都抱著姑且一試的心理，另一方面則是了解該黨的選舉實力。

第一輪投票結果中，最令人訝異的是共產黨的選票一落千丈，僅得15.34%的選票，比其平均選舉得票率少了五個百分點。這個情形顯示出，選民不再恐懼社會黨與共產黨可能的聯合執政，大力支持密特朗，而得到26%的選票進入第二輪決選；其次，值得注意的是，雖然季斯卡以28%的選票居於領先，但卻比他在1974年第一輪投票中低了五個百分點，這對季氏而言是有些不利的。根據一般觀察，競選連任者較其他候選人占有優勢，這就是所謂執政優勢。此外，席哈克獲得18%，生態黨獲3.9%，其他的候選人，如前總理戴布雷也都沒有超過2%的選票。第二輪選舉中，季斯卡與密特朗使出渾身解數，密特朗批評季斯卡的經濟政策每下愈況，季斯卡則聲稱，密特朗當選後勢必會與共產黨聯合執政，後果堪憂。投票結果，密特朗獲51.8%的選票，擊敗了獲48.2%選票的季斯卡，當選為法國第五共和第五任總統。

---

[10] Jean Massot, *La Présidence de la République en France* (Paris: La Documentation française, 1986), p. 105.

五、1988年的選舉（4月24日至5月8日）

1988年，總統選舉的第一輪投票日期為4月24日。而密特朗總統一直等到3月22日，才在一次「真理時間」的電視訪問中，正式表明競選連任。

此項決定對右派候選人時任總理席哈克及前總理、財經專家巴爾造成很大的衝擊。基本上，密特朗再度出馬的原因有二：一為密特朗是法國總統選舉之識途老馬——第五共和自1962年總統改為全民直接選舉以來，共舉行過四次選舉，而密特朗曾參加三次並進入第二輪決選。第一次是1965年，在社會黨與共產黨「左派聯合」的策略下與戴高樂總統在第二輪對壘。當時雖然落敗，但以其第一次參加競選且能獲得44.81%的選票已是相當難得。第二次是在1974年，密特朗再度採取「左派聯合」的策略，在第二輪以49.19%的微差，敗給了中間右派的季斯卡總統，其競爭之激烈由此可見。第三次就是1981年，密特朗終於以51.75%的選票擊敗了競選連任的季斯卡，也造成第五共和以來左派的第一次執政。

由以上觀之，密特朗再度參加總統選舉可以說是駕輕就熟。二是密特朗是左派政治領袖中，唯一能與右派最具潛力之候選人席、巴兩氏抗衡者。長久以來，各方民意皆顯示，倘使社會黨推出該黨另一強人——羅卡（Michel Rocard）為候選人的話，那麼右派不論席哈克或巴爾皆能夠輕易地在第二輪擊敗羅氏。根據1988年1月份法國《快訊週刊》（L'Express）的一項民意測驗調查顯示，巴爾可以58%對42%贏得羅卡，而席哈克則以55%對45%的選票贏得勝利。在此情況下，密特朗之競選連任似乎也是時勢所趨。

自密特朗宣布競選連任以來，各項民意測驗顯示，他可在第二輪投票中獲勝。根據4月份法國《快訊週刊》的另一項民意測驗調查指出，密特朗不但可在第一輪獲得28%的選票，並能在第二輪以56%及55%的選票分別擊敗巴爾或席哈克這兩位候選人。[11]根據4月24日第一輪投票選舉得知，社會黨密特朗總統獲得34.1%的選票，右派「共和聯盟」席哈克總理獲得19.9%的選票，右派「民主同盟」巴爾獲得16.54%，極右派勒彭（Jean-Marie Le Pen）獲得14.39%，法國共產黨拉左尼（André Lajoinie）得6.76%，另外，脫離共產黨而自行參選的朱甘（Pierre Juquin）則得2.01%。[12]

根據憲法第7條的規定，只有在第一輪中得票最多的兩位候選人始能參加兩個

---

[11] L'Express, 4 avril 1988, p. 10.
[12] Le Monde, 26 avril 1988, p. 1.

星期之後的第二輪決選。因此，由以上的結果顯示，5月8日的第二輪決選由密特朗與席哈克對壘。

　　第一輪投票結束，密特朗與席哈克的選戰立即展開。密特朗仍以法國「大團結者」及大眾利益的「保護者」的姿態出現。在5月2日的一次演講中，密特朗還強調，希望非社會黨的中間人士或願與社會黨合作的選民能夠一起來為建設法國而努力。而席哈克也不甘示弱，一方面積極地動員右派的選民，再方面亦批評密特朗過於年老且其政見流於空泛。5月3日的演講中，席哈克再次確定右派的政見，如社會安全、家庭觀念、自由和社會正義等，和極右派的主張是完全不同的。席哈克的目的是在與極右派「國家陣線」保持距離，以免影響到右派的選民。4月28日，席、密兩氏的電視辯論可以說將此屆的總統大選帶進最高潮。此次電視辯論的重點包括了極右派「國家陣線」的興起、社會治安、外籍移民、法伊斷交、法國在中東的人質、國際恐怖主義，以及新喀里多尼亞省自治的問題。雙方都針鋒相對，互揭瘡疤，毫不相讓。[13]值得一提的是，由於左右兩派在經濟方面都無法提出有效的措施，因此雙方對經濟問題皆避重就輕，在大約兩小時的辯論中，雙方只用了兩分鐘來說明「失業」的問題。根據法國「索佛雷斯」（SOFRES）民意測驗機構的一項統計中，有42%的人認為，密特朗在此次辯論中獲勝，而有33%的人，認為是席哈克。[14]

　　5月8日的第二輪決選中，密特朗終於以54.02%對45.98%的選票，擊敗了席哈克而當選連任。大體來說，此結果並不十分意外，選前的多項民意測驗，都已顯示密特朗可以大約十個百分點取勝。此次的投票率與歷屆總統選舉一般都算是相當的高。第一輪的投票率是81.37%，第二輪的投票率是84.06%。

　　此次選舉是自第一次世界大戰以來，左派執政者能夠在位直到任期結束而面臨改選。1924年，由社會黨及左派激進人士組成的「左派聯合」（Cartel de Gauche）政府，僅在位2年就因財經政策失敗而下台。1936年，社會黨、共產黨及激進人士等左派勢力聯合成所謂「全民陣線」（Le Front Populaire）政府，然亦因經濟政策不彰而於13個月後失敗。1956年，社會黨領袖莫萊於國民議會改選後擔任總理，仍因財經問題及阿爾及利亞獨立問題而於1957年5月辭職。[15]密特朗不但是1958年第

---

[13] Le Monde, 30 avril 1988, pp. 8-11.

[14] Le Monde, 2 mai 1988, p. 5.

[15] Olivier Duhamel et Jérôme Jaffré, *Le nouveau président* (Paris: Seuil, 1987), p. 80.

五共和以來第一位左派總統，同時也是1962年法國總統改為直接民選以來，第一位競選連任成功的總統。

參、國民議會的選舉制度

法國國會是由參議院及國民議會兩院組成。由於長久以來，參議院僅以區域代表性為主，且又是間接選舉產生，故角色與功能日益減弱，因而一般研究立法部門與政治運作的學者，都以國民議會為主體。

法國自1848年實施全民選舉以來，迄今約有160年的歷史。最初僅有男性擁有投票權，1944年4月21日通過一項法令，女性始享有投票權，並於1945年10月正式實施，另外，自1974年起，法國公民投票權由原來的21歲降為18歲。[16]值得一提的是，2011年4月21日的組織法修定了年滿18歲就擁有被選舉權，也就是候選人的資格。在這漫長的歲月中，其國會選舉制度及政黨政治也歷經了多次的調整與變革。1958年以來，國民議會選舉是採取與總統選舉相同之方式，亦即兩輪多數決投票制。此項制度曾於1985年經執政的社會黨改為比例代表制。1986年3月國民議會選舉中，右派兩黨獲勝，得到多數席位，再度透過立法程序將選舉法改回原先的兩輪多數決投票制。

行政上，自2016年起法國共分為18個「大行政區」（Région，13個在法國本土，5個屬海外領土），101個「縣」（Département，96個在法國本土，5個海外領地），之下還有「縣、市轄區」（Arrondissment）、「鄉鎮區」（Canton），最後再有34,934個（依據2024年1月的資料中）市鎮（Commune），居民則由500人到100萬人不等。而在如此的地方制度之下，又以縣市鎮為地方政治活動的重心。

1848年，選舉在法國初行之時是以省為選區單位，依照該選區應選出之名額，每位選舉人在所有候選人當中圈選應選出之名額，候選人則依得票數之多寡及在規定名額之內依名次當選。第三共和時，除了修改一、二次外，選舉制度是採用兩輪單記多數決投票制。也就是說，除非某一候選人在第一輪投票中就能獲得過半數的選票而當選外，否則須進行第二輪的投票，在此情形之下，得票最多者即可當

---

[16] Jean-Marie Cotteret et Claude Emeri, *Les systèmes électoraux* (Paris: PUF, Que sais-je, 1983), pp. 15-20.

選。[17]1905年左右，當時社會黨人士勢力較弱，因此強烈反對兩輪投票制而主張比例代表制。1919年及1924年，當時勢力龐大的激進黨人士（les Radicaux）將選舉法修改爲同1848年的方式。兩次的選舉結果，激進黨人士都獲得了勝利。

　　然而，1927年時，爲了因應當時的選舉情勢，激進黨人士與社會黨又聯合起來將選舉法改回兩輪投票制。第二次世界大戰結束之後，第四共和期間，選舉制度再度改爲以「省」爲選區單位的比例代表制。由於選舉結果對共產黨、社會黨及人民共和運動黨（le Mouvement Républicain Populaire, MRP）較爲有利，因此遭到成立不久的戴高樂派的反對。根據葛羅塞教授（Alfred Grosser）的分析，由於比例代表制通常是由各政黨推出選舉名單，使得各政黨對候選人有較直接的影響力，而這種分配席位的方式，也致使各政黨多會利用策略，儘量與政見相似的其他黨派候選人聯合，共同競選，而爭取較多的席次。在這種情況下，國會中較缺乏穩定且堅強的多數黨，當然聯合政府也就容易分裂更迭，形成政策無法推行的局面。[18]

　　1958年，第五共和成立之初，戴高樂即針對第四共和體制上的若干缺失而加以調整，以行政命令修改選舉法爲第三共和時期的兩輪單記多數決投票制。而其中與第三共和時期所不同的是，在國民議會選舉中，採行一般所謂單一選區兩輪投票制。所謂單一選區就是將法國本土及海外領地劃分爲552個選區（法國本土465個、海外省16個、阿爾及利亞71個），以便選出552位議員。1986年，由於若干縣的人口增加而將選區做些微的調整並增加議員的名額，而成爲577個單一選區，換句話說，就是應選出577位議員（法國本土有570位，海外省選出7位），平均每8到10萬人口選出一名國會議員。隨著人口的變遷以及因應2008年人口普查的結果，2010年2月23日通過了新的選區劃分法，以每12萬5,000人口爲基數，仍舊以國民議會577個席位劃分爲577個單一選區。換句話說，法國本土以「縣」爲單位共劃分爲539個選區，海外行政區域19個，法屬新喀里多尼亞以及其他地區共分爲8個選區，另外，海外僑民則有11位議員名額（依2010年2月23日之法律，6位選自歐洲、美洲2位、非洲2位、亞洲1位）。

　　值得一提的是，此項選舉也參考總統選舉的制度，於第二輪時設有門檻的規定，也就是說，在第一輪投票中的候選人必須至少獲12.5%有效選票始得參加第二輪的競選（此項選票限制最早是5%，1966年修改爲選舉人總數10%，1976年又提

---

[17] Maurice Duverger, *Eléments de droit public* (Paris: PUF, 1985), p. 60.

[18] Alfred Grosser, *La politique en France* (Paris: Armand Colin, 1984), pp. 70-71.

高為12.5%）。此一規定目的在減少激增的候選人數，並避免小黨林立的現象，進而有利於國會多數黨的組成與穩定。

如此的單一選區兩輪多數決的選舉制度，對法國的政治產生了下列三種影響：

一、代表性的不公平

兩輪多數決的結果造成了代表性不公平的現象，也就是說，通常獲勝一方的所得席次比率是遠超過其得票比率。如1968年的國民議會選舉中，戴高樂派以43.7%選票而獲得了73%的席位，左派社會黨與共產黨兩黨以36.7%的選票卻僅獲得了19%的席位；同樣地，左派社會黨在1981年6月以37.8%的選票獲得了58.9%的席位。由此可知，這種選舉制度可以造成某一政黨在並未獲得過半數的選票下，卻能取得過半數的席位，而得以組成一個穩定的政府來推行政策。

二、聯合競選的策略

在此種選舉制度下，左右派的各兩大黨必須聯合起來互相輔選方可獲得勝利。倘使左右派兩黨的其中之一在第二輪投票中拒絕與另一黨聯合，那麼，拒絕的這一黨必會損失慘重。譬如在1958年的國會議員選舉中，共產黨在第一輪投票中獲得18.9%的選票，而在第二輪中拒絕與社會黨聯合競選。因此，投票結果僅得到2.2%的席位。然而在1962年的第二輪投票中，共產黨與社會黨重新聯合，互相輔選，結果兩黨以同樣的得票率（34%）而比1958年多贏了65個席位；反之，右派戴高樂雖然得票率提高許多，由18%增加到32%，但也只多贏得5個席位而已。1981年6月左派在國民議會選舉的獲勝，1983年3月右派在全國市鎮選舉中領先，2001年3月左派社會黨贏得巴黎市長的選舉，乃至於2012年6月社會黨與左派激進黨的勝選等，都是與聯合競選策略有非常密切的關係。

三、穩定的國會多數黨

如上所述，此項選舉方式雖然會造成一般所謂代表性不公平的現象，但卻會有一個穩定的國會多數黨來支持政府政策的推行。許多法國法政學者及政治人物，如前憲法委員會委員羅勃教授（Jacques Robert）、前總理戴布雷（Michel Debré）及前社會黨總理羅卡等都非常贊成此種選舉制度。正如同杜偉傑在其所著《法國人的共治》（La Cohabitation des français）一書中所再度強調的，唯有這種多數決的選

舉制度，才能產生一個眞正具有代表性且又有效而穩定的政治制度。[19]

肆、1986年3月的比例代表制

　　1985年4月，執政的社會黨爲了兌現其競選承諾，透過立法程序將國民議會選舉方式改爲比例代表制（1981年總統大選時，密特朗將此項改革列爲重要政見）。此項法案當時在法國政界造成了很大的震撼與爭論。當時擔任農業部部長的羅卡也因持反對的意見而辭職，他認爲社會黨將會使第五共和又回到第四共和時期多黨且政治不穩定的情況。此項制度就是當時將全國以95個縣及6個海外領地作爲選舉單位，每個選區依選民的多少而訂出應選的名額。根據各縣所分配的名額，大體上是5萬至7萬選民就可以有一位國民議會議員，經調整後，國民議會議員總數增加到577名。候選人多由各政黨或政治團體以名單的方式推出，然後依所得選票的多寡及比例，以最高平均數來計算席位。

　　1986年3月16日的國民議會選舉的結果如表5.1。

表5.1　1986年國民議會選舉結果

政黨	得票率%	所得席位
法國共產黨	9.69%	35
社會黨人士	31.61%	212
右派兩黨聯合	42.03%	286
國家陣線	9.8%	35
無黨籍人士	6.87%	9

　　由以上的選舉結果，我們可以有三點觀察：

　　1. 比例代表制依據得票數分配名額的方式，可以避免選民與當選人比例不平均的現象。例如在兩輪多數決的選舉方式下，在巴黎選區，差不多7萬人可以選出一國會議員，而在艾森（Essonne）選區中，卻是24萬人才選出一位。

---

[19] Maurice Duverger, *La cohabitation des français* (Paris: PUF, 1987), p. 224.

　　2. 比例代表制能正確地反映出分歧的政治意見。此種依照各個政黨或政治團體得票比例多寡來分配席位的方式，以代表性的觀點而言，這是相當公平和民主的。我們看到極右派國家陣線（le Front National, FN）獲得35個席位。

　　3. 誠如杜偉傑教授所分析，這種選舉制度對一般小黨或是主張較極端的政黨較為有利，極右派國家陣線在此次選舉中就獲得了將近10%的選票。在此情形下，國家容易造成多黨林立，國會也難有穩定而有效的多數黨，這對民主政治的運作而言，並不是很有利的。3月的選舉結果，我們可以看出右派兩黨共得了42%的選票，但卻只獲得勉強近半數的席位（286席），倘若以原有的二輪選舉方式，則右派應能獲得更多的席次。[20]

　　如同前述，法國的選舉制度是可以透過行政命令（1958年的選舉制度）或立法程序（1985年的選舉法案）來修改。由於每種選舉制度皆有其利弊得失，因此，事實上，選舉制度也成為政治競爭的工具。1985年4月，社會黨修改選舉法的原因，一方面是為了實踐密特朗總統在1981年競選時所做的承諾；再方面是欲藉比例代表制而使處於劣勢的執政的社會黨，在1986年3月的國民議會選舉中能少輸一些。社會黨如此策略的運用，使得右派兩黨在贏得國民議會選舉後不久，再度將選舉制度改為原先的兩輪單記多數決投票制。

　　由以上的分析，我們可以了解到目前總統選舉與國民議會選舉都是採取兩輪多數決的制度，此種選舉制度也構成了法國政治的特色之一。一般而言，法國人對總統選舉制度已達成了一種相當高的共識。然而，國民議會選舉方式的問題較有爭議，基本上，右派政黨人士多贊成兩輪多數決制，而左派社會黨、共產黨，以及極右的國家陣線則較主張比例代表制。近年來也有若干人士主張參考德國模式，將若干名額改為政黨比例產生。雖然2007年7月，薩柯吉總統曾經承諾將會儘快研商並修法實施。但在2008年7月的修憲改革中卻沒有將選舉制度納入議題。2012年5月上任的歐蘭德總統在選舉期間曾經承諾要在現行選舉制度中納入一些比例代表制的制度。2017年5月馬克宏上台後也有提出此項構想，但至今並未有進一步的作為。

---

[20] 有關歷屆總統及國民議會之得票數據可參閱附錄二、三兩項資料。

　　美國學者巴特勒（David Butler）以及藍尼（Austin Ranny）在1994年所出版有關公民投票的研究中強調，自1978年以來，公民投票已被許多國家廣泛實施，其經驗與結果值得探討。[1]瑞士學者左格（Serge Zogg）在1996年的著作中也指出，近年來，隨著歐洲整合的進程，西歐國家實施公民投票的次數明顯增多。[2]同樣地，法國第五共和自1958年成立迄今已超過60年，在這期間共舉行過九次的公民投票，相較於其他民主先進國家的實施次數而言可算是名列前矛。[3]就議題而言，其中包括了修憲、阿爾及利亞獨立、國際條約以及行政改革等問題；就投票率而言，有1958年9月的85%，也有2000年9月的30%；就政治效應而言，1969年4月戴高樂總統（Charles de Gaulle）因結果失利而主動請辭；而龐畢度（Georges Pompidou）、密特朗（François Mitterrand）以及席哈克（Jacques Chirac）三位總統則各有不同的考量與做法。因此，法國第五共和實施公民投票的方式及經驗為何，其所產生的意義及影響為何即為本章的主要目的。本章首先就法國實施公投的歷史沿革及法源基礎加以探討，而後就第五共和下歷次實施的方式與經驗，以及其在憲政制度中所產生之效應予以分析，以期對法國的公投有更深入的了解。[4]

---

[1] 參閱David Butler and Austin Ranny, *Referendums around the World: The Growing Use of Direct Democracy* (Washington, D.C.: AEI Press, 1994), p. 11；以及Kiris W. Koback, *The Referendum: Direct Democracy in Switzerland* (UK, Aldershot: Dartmouth, 1993), p. 5。另外，法國學者Laurence Morel在1992年就公民投票的民主意涵及研究現況所撰寫的文章中也持同樣的看法，參閱Laurence Morel, "Le référendum: états des recherches," *Revue française de science politique* (Paris), Vol. 42, No. 5 (Octobre 1992), pp. 835-864.

[2] 參閱Serge Zogg, *La démocratie directe en Europe de l'Ouest* (Genève: Centre européen de la culture et Actes Sud, 1996), p. 11.

[3] 根據統計，實施公民投票次數最多的民主先進國家依序為：瑞士、義大利、澳洲、愛爾蘭、丹麥、紐西蘭、法國、瑞典及奧地利等國。可參閱David Butler and Austin Ranny, Op. cit., pp. 265-284；以及Francis Hamon, *Le référendum* (Paris: La Documentation Française, 1997), p. 4.

[4] 本文「公民投票」（法文le référendum，英文referendum）係指廣義的全體公民就一項議案或決定表達贊成或反對的投票方式。換句話說，它也包括了創制與複決的內容。參閱David Butler and Austin Ranny, Op. cit., p. 1; Kiris W. Koback, Op. cit., p. 4; Serge Zogg, Op. cit., p. 19;

壹、法國大革命以來的歷史沿革

就現代的意義而言，法國實施公民投票的概念及經驗可源自於法國大革命時期。1793年6月24日，國民公會（la Convention）通過新的憲法，並於7月舉行公民投票表決憲法，開啓了實施公投的首例。當時選舉人的總數約700萬人，但只有190萬人參與投票，其中贊成者約有186萬票，反對者僅13,000票。不過，此部憲法尚未實施就因爲政爭而終止。1795年10月，督政府（la Directoire）提出另一部新憲法並經由公民投票通過後實施（在96萬的投票選民中有約91萬人贊成，4萬人反對）。

1799年，在拿破崙（Napoléon Bonaparte）的主導下再度制憲，並於1800年初經由公民投票的方式通過（約300萬的選舉人同意，僅1,600人反對）。憲法第95條還特別強調，新的憲法將於人民同意後實施。由以上三次實施的經驗來看，這三次主要是對新憲法的公投，雖然選舉人的資格有許多限制，但對法國民主政治的發展而言有相當重要的影響。[5]

1802年到1815年拿破崙執政時期又曾舉行過三次的公民投票：1802年5月，拿破崙以「是否同意其爲終生總統」之議題交由公民投票；1804年5月將「共和國改名爲帝國」以及「是否同意其爲世襲帝王」之議題提交公投；1815年4月，拿破崙

John T. Rourke, Richard P. Hiskes, Cyrus Ernesto Zirakzadeh, *Direct Democracy and Intertional Politics: Deciding International Issues Through Referendums* (London: Lynne Rienner Publishers, 1992), p. 7; Markku Suksi, *Bringing in the People: A comparison of Constitutional Forms and Practices of the Referendum* (The Netherlands, Dordrecht: Martinus Nijhoff Publishers, 1993), p. 5；以及藍尼（Austin Ranny）在1996年刊登於法文《權力》（Pouvoirs）季刊一文中所做的定義，參閱Austin Ranny, "Référendum et démocratie," *Pouvoirs* (Paris), No. 77 (avril 1996), p. 7；另外，Francis Hamon, *Le référendum, étude comparative* (Paris: L.G.D.J., 1995), p. 15; Michèle Guillaume-Hofnung, *Le référendum* (Paris: PUF, 1994), p. 16；還有法文憲政辭典 Olivier Duhamel et Yves Mény, *Dictionnaire constitutionnel* (Paris: PUF, 1992), pp. 867-868。這些作者都採相同的論點。另外，也可參考中文，行政院研究發展考核委員會，《公民投票（創制複決）制度比較研究》（台北：行政院研考會，民國86年1月），頁5-6；有關名詞的界定亦以廣義爲之。再者，有關「公民投票」的優劣分析，可參閱Ian Budge, *The New Challenge of Direct Democracy* (UK, Cambridge: Polity Press, 1996); Robert Dahl, *Democracy and its Critics* (New Haven: Yale University Press, 1989); Giovanni Sartori, *The Theory of Democracy Revisited* (Chatham: Chatham House, 1987); Laurence Morel, "La pratique dans les démocraties libérales," *Pouvoirs* (Paris), No. 77 (avril 1996), pp. 21-40; Henry Roussillon, "Contre le référendum!," *Pouvoirs,* No. 77 (avril 1996), pp. 181-190。

[5]　參閱Jean-Jacques Chevallier et Gérard Conac, *Histoire des institutions et des régimes politiques de la France de 1789 à nos jours* (Paris: Dalloz, 1985), pp. 65-116.

再以公投的方式修改憲法。雖然，拿破崙在此三次公民投票中都能獲得壓倒性的支持，但由於此三項公投之議題皆以個人權力的運用為主軸，因而對這時期的公投解讀為，對人的一項信任投票（le plébiscite）並具有負面的意涵。

同樣地，1848年到1870年拿破崙三世（Louis-Napoléon Bonaparte）執政時期也曾實施過三次的公民投票。第一次於1851年12月，就是否同意建立共和並由拿破崙三世出任總統進行制憲予以公投。在980幾萬的選民中，贊成者以740萬票，反對者僅64萬票而通過。不過，由於此次公投是在拿破崙三世的強力運作及軍人積極參與下完成，故被詮釋為是一項「政變」，而這項投票行為也被視為是一種針對個人的信任投票。[6]第二次是1852年11月，拿破崙三世經由公民投票建立第二帝國並擔任皇帝。投票結果與前次相差不多，贊成者有780萬人，反對者僅25萬人。第三次是在1870年5月，受到在野主張共和體制人士不斷批評皇帝有權無責的壓力之下，拿破崙三世遂進行另一波的修憲，並將新的憲法提交公民投票。投票結果，贊成者有735萬，反對者則增加為150萬。不過，1870年9月，法國被普魯士打敗，帝國瓦解，此項憲法也就毫無用武之地。

我們可由以上的分析了解到，法國自1789年大革命以來就有實施公民投票的規範及經驗，與其他西歐民主國家相比起步相當早，但是受到兩位拿破崙先後對實施公投所造成的負面影響，以及長久以來「直接民主」與「代議政治」兩種觀念的爭辯之下，1870年到1875年這段制憲期間，乃至於1875年至1940年第三共和時期這65年間，憲政體制及政黨政治是朝向「代議政治」及「內閣制」的理念發展與運作，憲法中並未有公投的規範，更無實施公投的做法。[7]

第二次世界大戰後，戴高樂將軍組成共和國臨時政府，並負責國家的延續與權力的重整。1945年10月，在戴高樂的堅持及積極推動下，除了女性獲得選舉權外，法國也再度建立公民投票的制度，並經此方式改選新國會、制定新憲法。同年10月21日，法國政府舉行了兩個公民投票，第一個問題為是否同意新改選的國會為制憲國會，第二個問題為是否同意在新憲法制定之前，暫依所附之憲法草案所規定之權力架構運作。公投結果，兩個問題分別以1,790萬以及1,200萬的贊成票通過。

由於此次公民投票是長久以來的第一次，加上婦女及軍人也都有權參與投

6　參閱Maurice Agulhon, *1848 ou l'apprentissage de la République 1848 -1852* (Paris: Editions du Seuil, 1973), pp. 205-206.

7　參閱Raymond Huard, *Le suffrage universel en France 1848-1946* (Paris: Aubier, 1991), pp. 186-188；以及Francis Hamon, *Le référendum, études comparatives* (Paris: L.G.D.J., 1995), pp. 76-78.

票，因此對法國民主政治的發展而言具相當重要的意義。法國知名憲法學者布雷勞（Marcel Prélot）亦特別強調，1945年的公投可說是法國有史以來最開放、最自由的一項投票。[8]1946年1月21日，由於戴高樂將軍所主張的預算案及若干制憲原則與國會的草案不合，因此主動宣布辭職。

　　1946年5月5日，法國舉行新憲法的公民投票，在2,000多萬的選民中，反對者以1,058萬的票數（53%）對贊成者945萬的票數（47%）否決了「憲法草案」。1946年10月13日，法國再度舉行新憲法的公投，結果是贊成者以929萬票（53%）多於反對者850萬票（47%）而通過，但其中棄權者亦高達850萬（約所有選舉人的31%），顯示了第四共和在成立之始就已存在的認同危機。[9]雖然第四共和憲法第3條、第27條及第90條已就公民投票行使的範圍及程序加以規定，但實際上，在第四共和制憲公投之後到1958年這段期間，並未有任何一次的公投。

貳、第五共和公民投票的法理基礎

　　1958年6月1日，戴高樂臨危授命出任總理，在相當授權之下，開啓一系列的憲政改革與危機處理。同年9月28日，在戴高樂的積極推動下，法國人民再次進行制憲公投。此次投票中選民的反應相當熱烈，投票率高達85%。公投結果，贊成者以1,766萬的票數（79%）對反對者462萬的票數（21%）通過，第五共和正式成立。[10]

　　如前所述，戴高樂將軍是主張人民有權行使公民投票。1946年6月16日在貝葉市（Bayeux）的談話中，戴高樂將軍就指出了全民才是最高的決定者。1958年9月4日，戴高樂在宣布制憲公投的演說中還特別強調了總統有權訴諸民意行使公投，他說：「在國家所有的政治紛爭之上，應該有一個代表全國的最高仲裁者，他經由人民選出，秉承民意之託付，不僅確保政治體制之正常運作，且有權訴諸全民公投，並於緊急危難之際致力維繫法國的獨立、榮譽、領土完整，以及共和國之精

8　Marcel Prélot et Jean Boulouis, *Institutions politiques et droit constitutionnel* (Paris: Dalloz, 11ème édition, 1990), p. 545.
9　Jacques Chapsal et Alain Lancelot, *La vie politique en France depuis 1940* (Paris: PUF, 1979), p. 131.
10　有關第五共和之各項投票數據係參閱Alain Lancelot, *Les élections nationales sous la Ve Républi-que* (Paris: PUF, 3è édition, 1998).

神。」[11]由此可以了解戴高樂對公民投票的認知與企圖。

　　第五共和憲法第3條第1項規定：「國家主權屬於國民全體，經由其代議士及公民投票方式行使之。」此項內容提供了實施公民投票的基本法源。憲法第11條第1項規定：「共和國總統須依政府在國會開會期間所提建議、或國會兩院所提聯合建議（並於政府公報刊載），得將有關公權組織、國家經濟和社會政策之改革、公共服務部門之改革或國際條約之批准等任何法案，雖未牴觸憲法但可影響現行制度之運作者，提交公民投票。」同條第7項：「公民投票贊同通過一項草案或法律提案時，共和國總統應於結果公告後的十五日內簽署公布。」此條文主要是就公民投票實施的方式及範圍加以規範。事實上，此條文原先的內容，就實施的範圍規定是比較窄化的，尤其是有關民生福祉的議題皆被排除在外，直到1995年8月4日的修憲案中，除了增加「有關國家經濟或社會政策及公共事務之改革」這樣的範圍之外，同時也將總統依法公布的時間加以明確規定。

　　另外，憲法第89條則是就修憲公投予以規定。條文指出：「憲法增修案由共和國總統依總理之建議，或由國會議員之提議予以進行。憲法增修草案或提案須以同一內容並經由國會兩院表決通過。憲法增修案須經公民投票同意後，始告確定。共和國總統如將增修案提交國會兩院聯席大會議決，則該增修案無須交付公民投票，在此情況下，增修案須獲聯席大會五分之三有效票數，始得通過。國會兩院聯席大會之秘書處由國民議會之秘書處擔任。國家領土完整遭受危險時，不得從事或繼續進行憲法增修之事宜。政府之共和政體不得作為修憲之議題。」也就是說，修憲可經由公投程序或由國會兩院聯席大會通過。

　　值得一提的是，憲法第53條第2項規定：「領土之讓與、交換及歸併，非經當地人民之同意，不生效力。」事實上，此項條文主要係針對法國的海外省及海外領地所考量，雖未有明確規定公民投票的行使，但實際上所謂之同意，通常就是必須經由公投來決定。1974年葛摩伊共和國（Comores）以及1977年吉布地共和國（Djibouti）兩國就是在此架構下，經由兩國人民公投正式獨立。

　　我們由以上條文的相關規定可了解，第五共和下有關公民投票的實施，主要是依據憲法第11條及第89條的規定辦理。一方面，總統可就國家公權組織、經濟社會與公共政策之重要改革，以及國際條約的同意等議題，提請人民公投表決，在這情

---

[11] 引自 Charles de Gaulle, *De Gaulle a dit: L'essentiel de la pensée de Charles de Gaulle* (Paris: Plon, 1989), p. 76 et p. 84.

況下，總統通常握有主動權，因爲這項決定並不需要總理的副署；二方面，在有關修憲的議題上，除非是經由國會兩院共同表決，否則必須以公投方式表決，在這情況下，總統與總理，甚至國會的協調便相當重要，因爲這項決定需要總理的副署。通常，如果總統與總理是屬於同一政黨，則問題會以實施的時機、議題及目的爲核心；如果總統與總理不屬同一政黨，也就是所謂「左右共治」下，則問題較以兩者的權力互動爲主要考量。

　　至於在公民投票的進行過程，以及結果的公告等事宜，則是由憲法委員會（Le Conseil constitutionnel）負責監督辦理。憲法第60條規定：「憲法委員會依第十一條、第八十九條以及第十五章之規定監督公民投票之正常運作。憲法委員會並宣布其結果。」此外，1958年11月「憲法委員會組織法」第七章也特別就此事項做較明確的規範。「憲法委員會組織法」第46條指出，政府應就辦理公民投票相關事宜諮詢，並立即知會憲法委員會。第48條到第51條則進一步規定了委員會的主要職掌。大體而言有以下三點：一是憲法委員會有權指派代表監督整個投票過程的合法性；二是委員會負責審理及裁定所有與投票相關之爭議或訴訟，必要時甚至有權宣告所有或部分之投票結果無效；三是委員會依法宣告投票之結果並送請總統於時限內公布生效及實施之相關事宜。[12]

參、公民投票的實施經驗及其意義

　　第五共和成立至今，除了1958年9月的制憲公投之外，共舉行了九次全國性公民投票，分別於1961年1月8日、1962年4月8日、1962年10月28日、1969年4月27日、1972年4月23日、1988年11月6日、1992年9月20日、2000年9月24日以及2005年5月29日所舉行。在這九次的公投當中，戴高樂總統任內舉行過四次，龐畢度總統任內舉行過一次，季斯卡總統任內並未施行公投，密特朗總統在第二次的任期內舉行過兩次，席哈克總統任內舉行過兩次，薩柯吉總統及歐蘭德總統任內皆未舉行過公投。值得一提的是馬克宏總統執政之下則持續推動新喀里多尼亞的獨立公投。以下我們將分四個階段依序加以分析。

---

[12] 參閱Journal Officiel, *La Constitution* (Paris: Journal Officiel, 1999), pp. 176-177，有關憲法委員會職掌之條文。

一、戴高樂總統執政時期的公民投票

如眾所周知，第五共和成立之初所面臨最嚴重的危機之一，就是阿爾及利亞的獨立問題。爲了解決阿爾及利亞獨立問題，戴高樂總統決定於1961年1月8日舉行第五共和成立後的第一次公民投票。公投的議題是，你（法國人民）是否同意戴高樂將軍所推動的阿爾及利亞政策，以及在未來阿省自決方式中所隨之而來的相關事宜？換句話說，就是法國人民是否同意戴高樂所推動的阿省獨立政策。投票結果是在將近2,400萬的投票選民中，贊成者以1,744萬的票數（75%）對反對者581萬的票數（25%）通過。[13]

基本上，戴高樂總統也希望經由公投來了解選民對自己的支持度。從投票率（74%）及贊成票的比率來看，此項公投的順利通過也代表了戴高樂的勝利。不過，由於反對者仍有500多萬票，也就是說，他們仍支持阿爾及利亞應屬法國一省，顯示出阿爾及利亞問題的嚴重性。

事實上，1961年的公投並無法有效解決阿爾及利亞獨立問題，4月22日，以夏爾將軍（le général Maurice Challe）爲首的若干軍事將領，甚至企圖在阿爾及利亞發動政變，情況反有升高的趨勢。在經過長久的折衝以及多次的秘密談判，1962年3月18日，戴高樂與阿國臨時政府（le Gouvernement provisoire de la République algérienne, GPRA）終於達成協議，並簽署《艾維昂停火協定》（L'accord d'Evian），主要內容就是法國同意阿國邁向獨立之路。在此同時，戴高樂宣布將此協定提交公民投票，並於4月8日舉行。3月26日，戴高樂並公開呼籲，希望法國人民務必要支持該項協定，也就等於是對戴高樂的支持與信任。[14]由此可見，戴高樂總是將其個人進退作爲籌碼的領導風格。

在4月8日的投票結果中，投票率達75%，在2,000多萬參與投票的選民中，除了仍有100多萬的棄權票之外，贊成者以1,788萬的票數（91%）對反對者僅有180萬的票數（9%）順利通過。此次公民投票是第五共和下的第二次公投。此項結果不但顯示出大多數的法國選民都能面對政治現實，讓阿爾及利亞的問題終於有所解決，同時也因對戴高樂政策的支持而奠定了戴高樂總統的強勢領導地位。正如法國

---

[13] 有關第五共和歷次公民投票的選舉結果，請參閱本書表6.1，表中之各項數據係依Alain Lancelot, *Les élections nationales sous la V République* (Paris: PUF, 1998)書中之資料及法國憲法委員會公告再行整理而來。

[14] 參閱Jacques Chapsal et Alain Lancelot, Op. cit., p. 452.

史學教授畢爾斯亭（Serge Berstein）所分析，阿爾及利亞的悲劇不但引起法國的動盪不安，同時也造成1958年第五共和憲法中權力架構的失衡，而有利總統朝擴權的方向發展。[15]

1962年4月8日的公民投票之後，爲了因應新的局勢，戴高樂總統決定任命龐畢度爲新總理，並進行政府改組。由於龐氏原爲戴高樂長期的得力助手，曾任其辦公室主任，而非出自於國會議員，與政界淵源不深，許多國會議員認爲，龐氏可能僅爲戴氏之執行長，無法獨立負責施政，再加上龐畢度所提出之歐洲整合政策也遭受到國會的質疑，因此，龐畢度政府上台之初就與國會的關係相當緊張。7月間，國民議會（l'Assemblée nationale）進而以過半數的表決明確反對政府的歐洲政策，實際上就是反對戴高樂的政策。此時，在了解無法掌握國民議會穩定多數的情況下，戴高樂已開始思考提出新的作爲。8月22日，戴高樂在一恐怖暗殺事件中倖免，但卻促使戴高樂加緊改革的步伐。

1962年9月12日，戴高樂在部長會議中宣布，欲透過公民投票的方式將總統選舉制度修改爲全民直選，並訂於10月28日舉行。由於戴高樂總統聲稱是依據憲法第3條及第11條，有關「公權組織」的規定，以公投的方式直接修憲，而反對人士，特別是社會黨和共產黨籍的國民議會議員則認爲，憲法增修應依照憲法第89條的規定來行使（事實上，戴高樂知道，若以第89條的方式進行，則第一關就無法在國會通過），因而造成國民議會在10月4日以不信任案將龐畢度政府倒閣。不過，戴高樂總統也不干示弱，立即依憲法之職掌宣布解散國民議會，並訂於11月18日及25日舉行改選。

面對朝野如此緊張的局勢，戴高樂在10月18日發表演說中指出，如果你們投票的結果是否定的，甚至於公民投票結果中的贊成票並不夠多，或者只是險勝，那麼意味著我的職務將立刻結束且絕不重返。[16]由這段宣示可以看出，戴高樂仍是以其個人之進退作爲籌碼，換句話說，戴氏希望直接訴諸法國選民，並將公投的通過與否和選民的支持及信任劃上等號。當時在野的密特朗不但強烈反對戴高樂這種「個人化」的作風，同時也於1964年出版了一本名爲《永久的政變》（Le coup d'Etat permanent）一書，嚴厲批評戴高樂這種做法是將法國帶入一個專制獨裁的體

---

[15] 參閱Serge Berstein, *La France de l'expansion: la République gaullienne 1958-1969* (Paris: Editions du Seuil, 1989), p. 86.

[16] 參閱Charles de Gaulle, *Mémoires d'espoir* (Paris: Plon, 1970), p. 351.

制之中。[17]

　　在10月28日的投票結果中，在2,800多萬的選民當中，投票率為77%，贊成者以1,310萬的票數（62%）對反對者797萬的票數（38%）通過憲法修正案。從此，法國總統改由全民直接選舉產生。此次公民投票有幾點現象值得觀察，第一，此次投票率比前兩次高，顯示了這項議題的重要性；第二，雖然贊成者以62%的選票通過，但卻僅占所有選民的46%，顯示反對直選的聲浪也是不小；第三，投票結果除了再度肯定戴高樂總統的執政與個人領袖魅力之外，同時也奠定了戴高樂派人士，也就是「新共和同盟」（Union pour la Nouvelle République, UNR）在11月間國民議會改選的獲勝基礎。

　　1968年5月，法國爆發學潮，同時勞工團體也發動罷工抗爭，對龐畢度政府造成嚴重衝擊。在面對政府再度被倒閣的情形下，戴高樂決定解散國會，並於6月23日及30日改選。選舉結果，戴高樂派大獲全勝；7月11日，戴高樂總統決定將龐畢度總理換下，而由前外交部部長顧福戴木維爾出任總理。受到5月間學生運動之影響，戴高樂希望在大學教育改革的同時，進行相關的政治改革。9月上旬，戴高樂提出有關「區」（la région）政府自治，以及參議院選舉方式及組織架構的調整方案。1969年2月，戴高樂正式決定於4月27日舉行公民投票。這是第五共和成立以來第四次舉行公投，也是戴高樂任內最後一次公投。

　　同年4月10日，戴高樂再度公開表示，如果此項公投不能獲得多數選民的支持，他將立刻辭去總理的職位。同樣地，戴高樂總統又將公投案加入對其個人的信任投票。事實上，經過11年的執政，戴高樂自覺其領袖魅力日益滑落，加上1968年5月的學潮對其聲望也有不利之影響，因而希望再次透過公民投票的方式直接爭取選民的認同，以確立總統主導的憲政體制。

　　然而，此次投票結果卻未達到戴高樂總統的期望。在選民積極的參與之下，投票率高達將近80%，結果反對者以1,200萬的票數（52%）對贊成者1,100萬的票數（48%）否決了此項改革法案。我們若從總的票數來看，反對票只比贊成票多了100萬張，顯示出議題的爭議性及競爭的激烈。4月28日凌晨，戴高樂總統以新聞稿發表聲明，自當日中午12時起，本人將正式辭去總統之職務。[18]此次公投是第五共和下第一次遭選民否決的公民投票，而這也是第一次總統因公投失敗而負政治責任

---

[17] 參閱François Mitterrand, *Le coup d'Etat permanent* (Paris: Editions 10/18, 1993), pp. 304-306.
[18] 參閱Jacques Chapsal et Alain Lancelot, Op. cit., p. 610.

主動辭職。

二、龐畢度、季斯卡及密特朗執政時期的公民投票

1972年3月間，也就是龐畢度總統上任後的第三年，夏本德瑪所領導的政府，因少數執政黨人士涉嫌不當的利益輸送，而受到嚴厲的批評。為了避免左派在野黨的追擊，正好歐洲共同體（現為「歐洲聯盟」）又通過了英國、丹麥、愛爾蘭以及挪威四國的申請加入案（而戴高樂總統是強烈反對英國的加入，並一再行使否決權），龐畢度總統因此在3月16日的一場記者會中決定，就英國加入歐體的問題提交公民投票。龐氏的做法主要有以下的考量：

1. 龐畢度是被視為戴高樂主義的第一代接班人，也是戴高樂最信任的僚屬之一。在面對如此重大政策的改變，而且戴高樂又已過世的情形下，龐氏希望由選民來決定新的歐洲政策。

2. 轉移一下國人對政府不滿的情緒，並藉機調整人事布局。

3. 改變戴高樂總統執政下實施公投的作風，將公投的實施正常化並與個人的去留區隔。

4. 藉由公投來分化左派在野勢力（左派的共產黨與社會黨之間對此議題的立場並不一致）。

在4月23日的投票中（第五共和以來的第五次），由於這個問題基本上與法國人民沒有直接的關係，在野的社會黨又表態棄權，加上龐畢度總統也並未將該投票與個人信任及進退結合在一起，使得投票率大幅降低，只有六成左右。投票結果，贊成者以1,080萬的票數（68%）對反對者500萬的票數（32%）通過。就龐畢度總統而言，雖然這並不是一項信任投票，但由過高的棄權率來看，這似乎是龐氏歐洲政策上的失敗。[19]不過，從肯定的結果來看，龐畢度總統也達成了前述的目標，他不但在7月初將夏本德瑪予以免職，並任命在戴高樂執政時擔任國防部部長的麥斯梅爾出任總理，同時也開始積極參與和主導1973年初的國會大選。[20]

受到1969年公投結果的影響，季斯卡及密特朗兩位總統對行使公投都持相當

---

[19] 參閱Serge Sur, *La vie politique en France sous la V République* (Paris: Montchrestien, 1982), p. 433.

[20] 事實上，當時總統與總理的關係相當緊張，一方面龐畢度總統認為夏本德瑪總理在許多政策上不夠尊重總統，而且企圖與龐氏爭取戴高樂黨的領導權；二方面夏氏自認表現不錯並不願意辭職，而是在龐畢度的主動要求下提出政府總辭。

謹慎的態度。1974年5月到1981年4月，季斯卡執政的7年間並未舉行公民投票。1981年5月到1988年4月之間，也就是社會黨密特朗總統第一任執政時期，密特朗總統也未舉行公民投票。[21]雖然1987年9月13日在新喀里多尼亞曾依法在當地舉行過所謂「自決公投」，但因遭遇到當地大多數居民的杯葛，只有六成的投票率且有98%的選民反對邁向獨立。直到1988年的11月，密特朗總統第二任任期開始才將位於南太平洋新喀里多尼亞省（La Nouvelle-Calédonie）的自治問題提交全民公投。

事實上，早在1988年初，新喀省的獨立人士就陸續以各種抗爭方式來爭取更多的自治。當時因為總統選舉在即，「左右共治」也進入尾聲，所以席哈克政府並未做出積極的回應。4月下旬的大選期間，在一項救援人質的行動中，更因造成19位警民的死亡而輿論大譁。

1988年5月，密特朗當選連任，並任命羅卡為總理。羅氏上任後就致力於解決新喀省問題。1988年6月間，法國政府與新喀省的主要政黨人士達成協議，將於10年內籌備相關法案並邁向自治。10月5日，羅卡總理擬定了一項「新喀省自治草案」，亦稱「馬堤尼翁協議」（Accord Matignon）。此協議內容主要就是同意喀省可以享有更高的自治並邁向獨立。此協議經國會通過並提請密特朗總統依法提交人民公投。密特朗總統立即同意並決定於11月6日舉行。此項公投在行使的背景上有兩個特性：

1. 這是第五共和第六次的公民投票，也是自1972年以來所舉行的第一個公民投票，兩者之間已相隔16年。就民主的意義而言，密特朗的決定可說具有正面的影響。

2. 就理論上而言，總統係依總理或國會之提議發動公投，但實際運作的經驗都是由總統主導。不過，此次公投在程序上明顯是由總理提出，而後由總統同意行使，這是第五共和以來的首次。

同樣地，由於此次公投的議題與法國本地選民的利益不大，且不具爭議性，無法吸引選民的投票，因而只有37%（四成不到）的投票率。這個數據也創下了實施公投以來的最低投票率。投票結果，在1,237萬的總有效票中，贊成者以989萬的票數（80%）對反對者247萬的票數（20%）通過。我們看到正反比率的差距相當懸殊。雖然此項公投已與密特朗總統的個人聲望無直接關聯，且密氏也採取較低的姿

---

[21] 1984年間，密特朗總統曾經推動以公投方式來修改憲法第11條的行使範圍，但因參議院的反對而半途而廢。

態，換句話說，密特朗總統與龐畢度總統一樣，將公民投票定位於以憲法第3條爲基礎下的一項單純的民意表達，而非戴高樂式的將個人信任與去留結合的投票。[22]但就投票結果的政治意義而言，仍可算是密特朗的小成功。

1992年2月7日，原歐洲共同體的12個會員國在荷蘭馬斯垂克（Maastricht）簽署了一項名爲《歐洲聯盟》（l'Union européenne）的條約，也稱《馬斯垂克條約》，內容爲加速歐洲的整合。此項條約應在各會員國通過後於1993年正式生效。1992年6月2日的部長會議（le Conseil des ministres）中，密特朗總統決定舉行公民投票；7月1日，密特朗總統透過電視演說，正式宣布依憲法第11條將「馬約草案」提交公民投票，並訂於9月20日舉行投票。基本上，密氏選擇公民投票有以下幾點考量：

(一) 遵從憲政慣例

第五共和以來重大歐洲政策皆透過公投表決，同時已有許多政、學界人士（如前總統季斯卡及前總理羅卡等）相繼呼籲，密氏希望從善如流。

(二) 分化右派的力量

由於右派「共和聯盟」（RPR）與「法國民主同盟」（UDF）兩大黨內部對馬約的意見相當分歧，一旦舉行公投，會更加深右派自身的矛盾，並進而影響1993年3月的國會大選。

(三) 穩固總統的寶座

密氏連任進入第四年，但聲望卻日益滑落，社會黨在多項地方選舉也相繼失利，右派在野聯盟甚而提出要求密氏立即下台的口號。因此，密氏若能贏得公投則稍可扳回頹勢。

(四) 爲個人政治生涯留下歷史紀錄

第五共和歷任總統中，歐洲整合政策是非常重要的政績之一，將馬約交由公

---

[22] 可參閱Dominique Chagnollaud et Jean-Louis Quermonne, *La V République: le régime politique* (Paris: Champs/Flammarion, 2000), p. 184；以及 Francis Hamon, *Le référendum, études comparatives* (Paris: L.G.D.J., 1995), pp. 89-90.

投，不但符合民意與民主程序，同時也可在憲政史上記上一筆。

此次公民投票出現難得一見的拉距現象。誠如專門研究選舉的賈福雷教授（Jérôme Jaffré）在投票前所寫的〈拾回的公民投票〉（Le référendum retrouvé）這篇文章中所分析的，基本上，大多數的法國人（至少有60%以上）對歐洲整合的事務抱持樂觀的態度。但是，由於執政的社會黨無法有效解決經濟問題，導致聲望低落，許多選民因而有所猶豫，造成正反意見不相上下，投票結果難以預料的情況。[23]事實上，右派在野聯盟除了席哈克因政治理念與總統選舉的考量而採取個人消極的支持立場之外，主要領導人都積極動員投票反對。至於密特朗總統，除了一再呼籲選民支持歐洲整合的發展外，同時也強調無論結果如何都與總統的職務與任期無關。

9月20日的投票是第五共和成立以來的第七次公民投票，此次投票率提升到將近七成（69.7%），比1972年時同樣是歐洲整合（針對英國、愛爾蘭等團的加入歐體）的公投約高出一成，其中贊成者以1,310萬的票數（51%）對反對者1,260萬的票數（49%）通過。這是第五共和實施公投以來，第一次投票結果的差距是如此些微的情形。密特朗總統主導下的馬約公投雖然有驚無險，並有助於提升密氏的聲望，但卻仍無法扭轉1993年3月國民議會改選的逆勢。

三、席哈克總統執政時期的公投

席哈克總統執政期間共舉行過兩次公民投票，一次是縮短總統任期，另一次則是有關「歐洲聯盟憲法草案」。縮短總統任期的結果是同意，而歐洲新憲則被老百姓否決。法國總統的7年任期源於1875年第三共和成立之時，1946年第四共和成立，以及1958年第五共和成立之時都繼續延用。事實上，自1962年修憲將總統改為直選以來，若干政治人物就已提出縮短總統任期的建議，但卻無法具體推動。1973年4月，龐畢度曾向國會提出縮短任期的修憲法案，雖經國會兩院通過，但因無法確保獲得國會五分之三的多數而半途而廢。[24]1995年，喬斯班（Lionel Jospin）曾將總統任期縮短為5年納入總統大選的政見中。2000年5月10日，前總統季斯卡（同時擔任國民議會議員）向國民議會正式提出縮短總統任期的憲法修正案。

---

[23] 參閱Jérôme Jaffré, "Le référendum retrouvé," *Le Monde*, 11 septembre 1992, p. 1 et p. 9.

[24] 有關此項改革可參閱Chritian Bigaut, *Les révisions de la Constitution de 1958* (Paris: La Documentation française, 2000), pp. 47-49.

雖然是處在「左右共治」（la Cohabitation）的情況下，此項提案仍立刻受到喬斯班總理的認同，同時也希望席哈克總統能積極推動。2000年6月7日，席氏表態支持修憲案，並由政府正式提案送國會兩院審理；6月20日及6月29日，國民議會及參議院兩院陸續表決通過此項修憲案。該修憲案的內容是將第6條修改為「總統由全民直接投票選舉之，任期五年」。基本上，此項修憲案最後一個階段有公民投票或國會兩院聯席表決兩種方式，但大多數的政、學界人士希望舉行公投。同年9月6日，席哈克總統正式宣布此項修憲案由全民公投表決，並訂於9月24日舉行。為了營造左右對等的氣勢，席氏還特別強調，此次公投是總統主動依總理的建議所做的決定。[25]

事實上，此項議題已在6、7月間受到廣泛的討論。民意調查的結果也顯示大多數的選民皆同意此項修正案。大體而言，贊成者的論點有以下三點：

(一) 符合現代民主潮流

面對快速變遷的21世紀，國家領導人任期太長除了不盡符合現代民主精神之外，同時也難以因應新的政治形勢或人民的期待。此外，當前先進民主國家中，國家領導者的任期以4到5年為多。法國現行的任期7年，倘再加上不受連選得連任的限制，兩任14年（如前密特朗總統）實在是太長且守舊。

(二) 減少「左右共治」的局勢

雖然「左右共治」可以運作，但畢竟權責不清，非民主憲政的常軌，同時並不符合第五共和制憲者的本意（自1986年起自2002年為止的16年間，「左右共治」就遭遇到三次共9年），尤其是兩個多數相互制衡且矛盾的現象也不利於人民民主教育的培養。若將任期改為5年與國民議會相同則較可避免此種情形。

(三) 時機恰當

除了民調反應出有利意見之外，2000年6月到12月是修憲改革的好時機，因為2001年3月將有地方選舉，之後緊接而來的就是2002年3月及5月的國會及總統大選，這段期間皆不適合進行修憲事宜。[26]

---

[25] 參閱 Le Figaro, 7 juillet 2000, p. 6，席哈克總統電視演說之內容。

[26] 可參閱 Valéry Giscard d'Estaing, "Et maintenant, le quinquennat!," *Le Monde*, 11 mai 2000, p.

反對人士的理由則有以下兩點：

1. 憲政改革應有全盤規劃及配套做法（如強化國會立法及監督權、參議院任期的縮短等），僅是總統任期的縮短且又未有不得連選連任的限制，無法解決憲政的缺失。

2. 總統任期5年與國民議會任期5年相同的情形下，「左右共治」的機率減少，憲政運作又會多傾向「總統綜攬大權」的情形（總理為其執行長），這也不是理想的憲改方向。[27]

如同投票前大家所預料的，投票結果是贊成者以740萬的票數（73%）對反對者270萬的票數（27%）順利通過。不過，此次投票有以下幾點特色及問題值得觀察：

1. 此次公投是第五共和以來所舉行的公民投票中第一次總統依據憲法第89條來行使修憲公投（歷年來的公投都是依憲法第11條來行使）。

2. 此次公投是法國第五共和成立以來所舉行的第八次公投，但其投票率卻是歷來最低的，僅有31%的投票率，而且投廢票者也高達16%。換句話說，在所有3,800萬的選民中，只有1,180萬的選民參與投票，而其中還有將近兩百萬的選民投廢票。從這樣的投票行為來看，顯示出民眾對此次的議題及政治參與並不十分熱心。

3. 此次投票率偏低的主要原因是，一方面，大多數選民認為此案一定會通過而無須積極參與投票或動員；二方面，有些選民認為此項修正主要是現任總統席哈克及總理喬斯班兩人為下屆總統大選所採取的政治考量，故以事不關己待之；再者就是，受到石油漲價、內政部部長辭職、減稅政策不公、科西嘉島（La Corse）自治等政策的影響，選民也希望藉著冷漠來表達若干程度的不滿。

4. 如前所述，第五共和之下，公民投票通常會被國家領導者作為用以爭取或提高聲望的方式之一。事實上，在此次投票中，席、喬兩氏也都有如此的盤算，希望藉對縮短任期的支持來獲得民意的好感，但是以如此低的投票率來看，這兩位似乎並未占到便宜。

其次，此次公投在憲政體制方面也有一些影響。首先，此次修憲後將會帶動下

16，文中有關修憲的主要理由。

[27] 可參閱André Fontaine, "Un référendum pour rien?," *Le Monde*, 11-12 juin 2000, p. 13；以及 Jacques Barrot, "Les avantages du quinquennant," *Le Figaro*, 19 juin 2000, p. 17，文章中對縮短任期的疑慮。

一波的修憲，特別是參議院（le Sénat）的任期，可能將原9年之任期修改爲5年。
另外，國會的權力將會予以強化；其次，此次修憲後總統任期與國民議會任期相
同，加上2002年3月及5月將先後舉行國民議會及總統選舉，由於時間甚近，國會多
數應可與總統多數相同，在此情勢下，一方面「左右共治」將會結束，二方面憲政
運作將會再度向「總統綜攬大權」的模式發展。

　　2004年10月29日，隨著歐盟的東擴，歐盟會員國領袖於羅馬簽署了一項名爲
「歐洲憲法條約草案」（Draft Treaty establishing a Constitution for Europe）以建構
一個更民主、更透明且更有效率的歐洲聯盟。此外，會員國領袖皆同意此項草約預
計在兩年內、也就是2006年前完成各會員國的立法批准程序並付諸實施。[28]此項條
約草案內容除序言外，共有四大部分：第一部分是有關歐洲聯盟的目標及組織架構
的調整和變革；第二部分是有關歐洲聯盟基本權利憲章的內容與保障；第三部分是
有關歐盟內部各項政策的規範與協調；第四部分是規範會員國與歐盟之間的法律關
係。

　　依據法國第五共和憲法之規定，「歐盟新憲草案」是可以經由公民投票或國
會兩院修憲程序來批准立法。不過，受到來自朝野政黨、社會各界的壓力以及1972
年公投「歐體擴大案」、1992年公投「歐洲聯盟條約案」等實施經驗的影響，席哈
克總統於2004年7月14日國慶日的年度電視訪問中表達了要將歐洲新憲付諸公投表
決。2005年3月4日，席哈克總統正式宣布於5月29日舉行公投。依據法國憲法委員
會的正式公告，2005年5月29日的投票中在全國4,178萬的選民中有2,898萬的選民參
與投票，相當於69.37%的投票率（30.63%的棄權），其中有效票數爲2,825萬票，
1,280萬投贊成票，1,544萬投反對票。就整體比率而言，贊成者爲44.18%，反對者
爲54.67%，廢票有2.52%，也就是說此項草案被法國老百姓否決掉了。此項結果當
然重創席哈克的領導形象與執政成果，由於席哈克總統並未示與公投結果同進退，
因而在6月1日重新改組政府並任命其長期培養的政治伙伴及心腹，做過總統府秘書
長、外交部部長、內政部部長的戴維爾班擔任總理。

四、馬克宏總統與新喀里多尼亞獨立公投

　　薩柯吉總統與歐蘭德總統任兩位在任內的10年內都未舉行過全國性公投。馬克

---

[28] 參閱Ministère des Affaires Etrangères, *Traité établissant une Constitution pour l'Europe* (Paris: La
Documentation française, 2004).

宏總統上任後雖未推動全國性公投，但卻持續推動新喀里多尼亞的獨立公投。如前面所述，1988年11月6日密特朗總統推動了有關新喀里多尼亞邁向自決的全國公投並獲得支持後，一系列的憲法程序持續進行，只是時快時慢而已。1998年5月5日，在席哈克總統、喬斯班總理（當時是「左右共治」的期間）及熱心的新喀省獨派等各方勢力談判後共同簽署了《努美亞協議》（L'accord Nouméa，努美亞係新喀里多尼亞的首府），主要內容爲法國政府將移轉更多的自治權給新喀里多尼亞以享有更大的獨立自主權，唯國防、安全、司法及貨幣除外；另外應該持續在2014年到2018年間辦理喀省的獨立公投。依據《努美亞協議》，1998年7月20日，國會兩院聯席會議表決通過了有關新喀里多尼亞的憲法增修條文（Loi constitutionnelle No. 98-610 du 20 juillet 1998），增加了第十三章第76條、第77條有關新喀里多尼亞邁向自決的階段與規範。

在經過多年的延遲，特別是新喀里多尼亞內部統獨勢力缺乏在選舉過程上的共識以及前任政府抱持能拖就拖的想法，直到馬克宏總統上台並在菲利浦總理的協調之下，新喀里多尼亞議會終於在2018年3月通過於2018年11月4日舉行有使以來的第一次獨立公投（有些資料認爲是第二次，第一次是在1987年9月13日，官方說法是第一次的獨立公投）。基本上，馬克宏總統是支持新喀里多尼亞繼續留在法國。2017年5月5日，總統選舉第二輪投票前夕，候選人馬克宏曾表達希望新喀里多尼亞留在法國，如此才可以確保人民安全與未來發展。2018年5月5日，馬克宏總統於赴澳大利亞國是訪問後轉去新喀里多尼亞訪問，這是馬克宏上任第一次出訪此地（2003年7月24日，前總統席哈克也曾赴該地訪問），特別是在獨立公投前六個月，頗具象徵與政治意義。不過，在問及對11月公投的立場時，馬克宏總統表示沒有資格表達意見，但希望不要讓歷史倒退。此次公投的選舉人約有174,165人，投票率約爲81%，可說相當地激烈。投票結果是57%的選民反對獨立，43%贊成，因此無法邁向獨立。不過，由於法律規範了獨立公投失敗後兩年之內皆可再提，此外，議會中三分之一的議員連署提案也可要求國家舉辦獨立公投，2019年11月5日，菲利浦總理在協調新喀里多尼亞各方勢力之後宣布將於2020年9月6日舉行第二次獨立公投。事實上，此次公投是在2020年10月4日舉行，結果是仍有53%的選民反對獨立。2021年12月12日，新喀里多尼亞再次舉行獨立公投，結果更有96%的選民反對獨立自治。此項結果也代表著新喀里多尼亞的獨立自治問題將暫時告一段落。

肆、第五共和公民投票的特性與評估

由以上的分析，我們可以觀察到第五共和實施公民投票的經驗中有以下若干特性：

1. 法國實施公民投票的經驗源自法國大革命時期，受到拿破崙一世及拿破崙三世實施的負面影響，有相當長的一段時間都是乏人問津，直到第四共和成立時再度實施，但以第五共和下實施的次數最多，議題也較為擴大。

2. 就公投程序而言，第五共和的憲法中並沒有強制性公投的規定。換句話說，不論是憲法第11條的立法公投（le référendum législatif）或是第89條修憲公投（le référendum constituant）都是選擇性的公民投票。事實上，第五共和建立以來所實施的9次公民投票中（不包括第五共和的制憲公投），其中的7次都是引用憲法第11條的規定舉行，唯有2000年9月以及2005年5月這兩項修憲公投是依憲法第89條的規定辦理。

3. 就公投的範圍及內容而言，在1995年8月5日所通過的增修憲法第11條條文中，公投實施的範圍以公權組織、社會和財經重大議題，以及國際條約的批准等三大範圍為主。不過，由於「公權組織」的定義不清，造成實施上相當大的爭議（1962年總統直選的公投即為一例）。在9次公投中，有3次是有關領土及自治的問題（阿爾及利亞及新喀里多尼亞省），有3次是有關歐洲整合的問題（英國的加入、《馬斯垂克條約》與「歐盟新憲草案」），另外3次可說是與憲政機制有關（總統直選、參院改革及總統任期之縮短）。由此也可觀察到，幾乎所有的議題均與民生福祉毫不相關。

4. 就公投結果的政治意義而言，除了戴高樂執政時期曾舉行過四次公投，並都是以其正反結果來承擔去留，而同時成為一種信任投票之外（1969年戴氏就因公投議題遭否決而主動辭職），龐畢度總統及密特朗總統任內所舉行的公投，乃至於2000年9月「左右共治」下席哈克總統所舉行的公投皆已走向正常化而不再具有信任投票的意義。[29]此外，從公投的投票率日益低落的走勢（1988年有關新喀里多尼亞自治的公投案僅有37%的投票率），未來法國的國家領導人將會對公民投票的實施時機及議題設定做更嚴謹的評估。

---

[29] 有關戴高樂的主動下台，許多的學者將此作風形容為「戴高樂式的信任公投」（le plébiscite gaullien），可參閱Maurice Duverger, *Le système politique français* (Paris: PUF, 1996), p. 245; Marcel Prélot, *Ins-titutions politiques et droit constitutionnel* (Paris: Dalloz, 1990), p. 683; Jean Gicquel, *Droit constitutionnel et institutions politiques* (Paris: Montchrestien, 1987), p. 659.

　　5. 馬克宏總統執政至今並未舉行過全國性的公投，但卻持續舉辦了三次新喀里多尼亞的獨立公投，顯示出新喀里多尼亞的獨立問題具高度的政治性與爭議性，未來發展勢必會對法國國內政局產生重大衝擊。

　　6. 2008年7月的修憲改革中，特別將第11條做了大幅的增修。首先是議題的限制，第1項修改爲「共和國總統須依政府在國會開會期間所提建議、或國會兩院所提聯合建議，得將有關公權組織、國家經濟和社會政策之改革、公共服務部門之改革或國際條約之批准等任何法案，雖未牴觸憲法但可影響現行制度之運作者，提交公民投票」。換句話說，不是所有的議題皆可提交老百姓公投。雖然上述文字仍存有相當大的模糊空間，但至少相較於原條文則改善許多。

　　其次是增加了國會議員以及人民的提案創制權，第3項修改爲「國會議員五分之一成員得就第一項所提之相關議題創制並經由十分之一已登記之選舉人連署後提交公民投票。此項創制將以法律提案方式進行，但其主旨不得以廢除在一年以內所立法通過之法律。」此外，條文還增加了「倘創制提案無法經國會兩院在上述組織法規範之期限內予以審議，總統應將該案交付公民投票」以及「倘創制提案未經法國人民公投通過，在公投投票日的兩年期限之內，不得以同一議題提出新的公投提案」。如此一來，法國的公民投票兼顧了複決與創制的程序而更符合民主的潮流與正當性。

　　法國第五共和成立迄今已超過60年，這段期間一共舉行過九次的公民投票。基本上，法國的公民投票都具有強制的性質，其實施的程序及範圍皆依法由總統決定或其同意而提出。不過，從戴高樂執政時期的四次公投到密特朗執政14年實施兩次，乃至於到季斯卡、薩柯吉及歐蘭德執政時期都沒有舉行公投的情形來看，第五共和實施公投的次數與間隔並不規律，國家領導人對公投似乎也持相當保留的態度。此外，實施公投以來，所針對的議題都是以憲政架構及國際條約爲主，而與人民相關的社會或財經重大議題（如私校公立化的爭議、地方語言合法化、外籍移民投票權、是否同意安樂死等問題）並無直接關係，因而造成人民日愈冷漠的趨勢。展望未來，隨著2008年7月的修憲以及對公民投票的重視，法國人民仍會對公民投票制度持肯定的態度，但是在發動的程序及議題的選擇上將會更注意其多元性及現實性。

表6.1 第五共和期間九次公民投票的情形

公投時間	總選舉人數	總投票人數	投票率%	贊成票數	贊成率%	反對票數	反對率%	廢票率%
1961年1月8日	32,520,233	23,986,913	73.76%	17,447,669	74.99%	5,817,775	25.01%	2.22%
1962年4月8日	27,582,072	20,779,303	75.34%	17,866,423	90.81%	1,809,074	9.19%	4%
1962年10月28日	28,185,478	21,694,563	76.97%	13,150,516	62.25%	7,974,538	37.75%	2.02%
1969年4月27日	29,392,390	23,552,611	80.13%	10,901,753	47.59%	12,007,102	52.41%	2.19%
1972年4月23日	29,820,464	17,964,607	60.24%	10,847,554	68.32%	5,030,934	31.68%	7%
1988年11月6日	38,025,823	14,028,705	36.89%	9,896,498	79.99%	2,474,548	20.01%	4.36%
1992年9月20日	38,305,534	26,695,951	69.69%	13,162,992	51%	12,623,582	49%	2.37%
2000年9月24日	39,943,338	12,058,570	31.19%	7,407,993	73.21%	2,710,682	26.79%	16.08%
2005年5月29日	41,780,000	28,980,000	69.37%	12,800,000	45.33%	15,440,000	54.67%	2.52%

在經過1995年4月23日及5月7日的兩次投票後終於揭曉。右派「共和聯盟」的席哈克以52.64%對47.34%的選票擊敗了左派社會黨的喬斯班（Lionel Jospin）而贏得勝利。席哈克的當選不但意味著「左右共治」政局的結束，同時也由於社會黨密特朗總統的下台而將第五共和帶入一新的里程。本章首先就此次總統改選之背景及選舉制度加以分析，其次就選民投票行為做一探討，最後則就席哈克的當選及政局走向做一評估。

1988年5月，密特朗總統當選連任，並立即解散以右派為多數的國民議會（議員任期為5年），進而結束了第一次「左右共治」。1993年3月，國民議會改選，右派兩黨在選舉中大獲全勝，密特朗總統因而任命右派巴拉杜（Edouard Balladur）出任總理，造成第二次「左右共治」的局面。此次總統大選，一方面由於密特朗總統已不再參選連任，另一方面選舉的結果亦直接影響到「左右共治」的持續或結束，以及未來的政局走向，因而使得整個選戰格外引人注目。

壹、候選人之背景及選舉議題

如同歷屆的總統選舉一樣，不論大小政黨或輸贏與否都積極參選，造成候選人較多，票源分散的狀況。不過，這個現象似乎也說明了法國政治的兩個基本特性。第一是法國大革命以來思想自由與社會多元的理念影響，並進而發展出多黨林立的政黨政治；第二是選民可以透過為數較多的候選人，一方面得以選擇自己的政治取向，另方面也可藉此表達對執政者的不滿。[1]

此次大選的第一輪中，共有九位候選人，分別是：

---

[1] 可參閱François Borella, *Les parties politique dans la France d'aujourd'hui* (Paris: Le Seuil, l990), pp. 55-81.

1.席哈克：巴黎市長，也是「共和聯盟」的實際領導人，此次係經該黨正式提名而出馬角逐。

2.巴拉杜：時任總理，屬「共和聯盟」，嚴格而言，巴氏並非該黨所提名，而係因時位總理並有右派另一大黨且強調中間路線的「法國民主同盟」大力支持而決定參選。

3.喬斯班：曾任法國社會黨（PS）黨魁及教育部部長，喬氏是經社會黨正式提名而參選。

4.勒彭：為極右派「國家陣線」之現任黨魁。

5.于埃（Robert Hue）：為「法國共產黨」（PCF）之現任黨魁。

6.拉吉樂（Arlette Laguiller）：為法國「工人戰鬥黨」（la Lutte ouvrière, LO）之現任黨魁。

7.戴維里耶（Philippe de Villiers）：現為國民議會議員，原屬「法國民主同盟」成員之一，「共和黨」。後因反對《馬斯垂克條約》而自行脫黨，並另組「法國黨」（le Mouvement pour la France），而以該黨之名參選。

8.瓦內（Dominique Voynet）：以代表「綠黨」（Les Verts）的勢力參選。

9.謝米納德（Jacques Cheminade）：曾任職經濟部，以「歐洲勞工黨」（le Parti ouvrière européen, POE）法國分部秘書長的名義參選。

大體而言，代表政黨的候選人通常都是經由黨內提名制度及程序而產生。基本上，各個政黨都有一套總統候選人提名辦法，倘若沒有初選的制度，也須經過黨員代表大會或中央委員會的表決而正式提名。如此的運作方式，一方面藉以實行黨內民主的原則，二方面也得以凝聚黨員及選民的支持。

為了先聲奪人並提早準備，各政黨的正式提名通常在選前六個月就已定案。此外，為了勝選且反應各政黨的選舉實力，各政黨必然僅提名一位候選人，而不太可能出現一位以上的候選人自相殘殺。尤其是左派政黨，如社會黨及共產黨，若有第二位候選人執意參選，則意味著黨的分裂，該候選人也會被開除黨籍。1988年共產黨中的朱甘（Pierre Juquin）就在被開除黨籍的情況下自行參選。這九位候選人當中，有的是總統選戰中的老面孔，如席哈克、勒彭及拉吉樂，其他則是第一次參選。

就選舉的議題而言，由於受到經濟嚴重不景氣、失業人口增加的影響，每位候選人都提出以振興經濟、提高就業為最優先的課題，只是執行的方式較有差距。至於其他問題，如國防、外交（除了核武政策及歐洲統合事務上有少許的爭議外）

等則完全不受重視。事實上，對大部分選民而言，近年來，選舉政見似乎已不再是決定投票的因素。正如法國政治生活研究中心（le Centre d'étude de la vie politique française, CEVIPOF）主任貝里諾（Pascal Perrineau）在第一輪投票後所評析的，法國選民在第一輪投票中，基本上是對現狀不滿所發出的一種抗議性投票行為。[2]

貳、第一輪投票之結果與觀察

1995年4月23日第一輪投票的結果令人有些意外，主要是社會黨的喬斯班以23.3%的選票高於席哈克的20.84%而排名第一（請參閱表附3.6）。這項結果又與先前各種民意測驗的預估大有不同，因而造成選民與輿論的譁然。

綜合觀察，第一輪投票具有以下若干特點：

1. 從選票的分配來看，法國選民的結構基本上仍是呈現出左、右兩極化的取向。我們看到代表中間路線的巴拉杜總理與1988年總統大選中的巴爾一樣，都在第一輪中就被淘汰。事實上，這個現象也和法國大革命以來左右對立的傳統政治文化，以及第二輪只能有兩位候選人參加的選舉制度息息相關。[3]

2. 78.38%的投票率雖然不是歷屆總統選舉最低的一次（1969年的77.59%為最低），但與1974年、1981年、1988年三年的投票率（平均約81%至85%左右）來看則似乎低的多。這也顯示出不少的選民對當時政治的失望與冷漠。

3. 根據1977年7月有關民意測驗的一項法律，在投票日前的一個星期內，有關選舉的各種民意測驗都不得對外公布或刊登。其主要之目的是，一方面避免民意測驗機構的政治取向而對民意測驗調查產生可能的誤用或濫用，二方面是希望選民在最後的選舉時刻能不受各種預測或訊息之左右，而真正投出神聖且獨立的一票。喬斯班在第一輪中獲票第一而讓民意測驗專家及機構跌破眼鏡，也多少是受到這個因素的影響。

4. 極右派勒彭獲得15%的選票，令法國選民震驚，事實上，勒彭在1988年的選戰中就已有驚人的表現（14.39%的選票，排列第四）。此外，「國家陣線」在1993年3月的國民議會選舉中也有12.42%的選票。不過，從勒彭的得票也可了解到

---

[2] 參閱Le Monde, le 26 avril 1995, p. 10.
[3] 參閱René Rémond, *Le politique n'est plus ce qu'elle était* (Paris: Calmann-Lévy, 1993), pp. 11-54.

法國移民問題及社會治安問題的嚴重性。

5. 社會黨喬斯班在第一輪領先群雄的原因有以下幾點：

(1) 社會黨自1993年3月國會選舉失利以來，其力量持續衰退，密特朗亦因重病在身而無法有所作為。在此情況之下，整個總統選戰的過程及各種造勢活動幾乎是由右派勢力所主導，也因此讓社會黨的支持者產生了若干危機意識而有所動員。

(2) 密特朗總統在選舉前夕以哀兵及感性的態度呼籲選民支持喬斯班的做法產生了相當的效應。

(3) 事實上，自3月起，喬斯班在多項的民意測驗中就已領先了巴拉杜而居於第二位（席哈克則一直是處於第一的位置）。在4月15日選前最後一次民意測驗所公布的數據顯示，席哈克有26%的得票，排名第一，喬斯班則有19%的得票，排列第二，而巴拉杜是16%，已不甚樂觀。

(4) 巴拉杜的參選雖然主要有「法國民主同盟」的支持，但由於其黨籍為「共和聯盟」，且也有少數該黨重要人士的大力助選，如內政部部長巴斯卦（Charles Pasqua）、政府發言人薩柯吉（Nicolas Sarkozy）等造成黨內的分裂，而對席哈克的票源產生影響。

參、席哈克勝選與政局發展

在5月7日星期日的第二輪投票中，席哈克終於以15,763,027張的選票，52.64%的得票率擊敗喬斯班而當選總統（請參閱表附2.6）。

基本上，席哈克獲勝的原因有以下幾點：

1. 社會黨籍的密特朗總統在1981年5月當選總統，又於1988年5月打敗席哈克贏得連任，前後在位已有14年的時間，是第五共和在位最久的總統，選民對社會黨及密特朗感到厭煩。再者，在社會黨密特朗執政下，一方面失業人口居高不下，二方面社會治安與生活品質嚴重惡化，造成許多選民抱有求新求變，換人做做看的投票心理。

2. 這是席哈克第三度參選，前兩次分別是在1981年及1988年。其在1981年在第一輪投票中就被淘汰，1988年則是在第二輪中敗給了爭取連任的密特朗。席哈克因受戴高樂總統及龐畢度總理的賞識，從政甚早，在1962年出任龐畢度總理特別助理後，即於1965年當選為市議員，並在1967年當選為國民議會議員。同年，以35歲

之齡出任社會就業部部長。1974年到1976年間，以及1986年到1988年間更曾兩度擔任總理的職務。

　　席哈克不但政治經歷豐富，且自1976年及1977年以來就同時擔任「共和聯盟」主席，以及民選的巴黎市長之職。除了擁有長期以來經營的人脈與資源之外，更能掌握黨的選舉機器（這也是巴拉杜總理以及前總理巴爾在第一輪失敗的主因）。此外，近年來，席哈克也一改以往給予選民較為強勢專斷的形象，而以團結者、溫和改革者的風格為大選鋪路，並獲得不錯的評價。

　　3. 右派的選票能有效地凝聚，首先，在第一輪投票前，右派「法國民主同盟」主席，前總統季斯卡就已表明支持席哈克；其次，巴拉杜在第一輪投票失利後，不但立即宣布支持席哈克，並積極為席氏站台造勢，對突顯席哈克團結者的形象大有助益。此外，在第一輪中支持巴拉杜的「法國民主同盟」若干領導人士，如前教育部部長及前國防部部長也都公開表態支持席哈克，如此則有效地鞏固了右派陣營的票源。

　　事實上，根據選後的一項民意調查統計，在巴拉杜的選票中有85%的選票有效移轉給席哈克；在戴維里耶的選票中有71%的選票有效移轉給席哈克；甚至在勒彭的選票中也有39%的選票轉投給席哈克。[4]

　　4. 左派社會黨喬斯班的條件並不差，一方面喬氏曾在1981年到1988年間擔任社會黨黨魁（名為第一書記），二方面也曾在1988年到1992年間出任教育部部長的職務。我們看到喬斯班在第一輪投票中獲票最高，也了解社會黨所存在的潛力，對喬斯班而言，他也儼然成為社會黨世代交替中最有實力的領導人。

　　不過，由於法國社會黨近年來醜聞及貪污事件不斷：1993年5月1日前總理貝赫哥瓦（Pierre Bérégovoy）自殺事件更造成很大的衝擊，導致該黨的形象與實力大幅衰落。此外，由於社會黨內部派系的紛爭始終不斷，彼此缺乏共識，候選人難產。前「歐洲聯盟」（The European Union, EU）執行委員會主席戴洛（Jacques Delors）又堅拒出馬，更使社會黨陷入困境，在此情況下，喬斯班倉促成軍，起步較晚，終於造成後繼乏力的現象。

　　此次法國總統大選也顯示出法國選民文化的成熟及政黨政治的特性。雖然要舉行兩次的投票，但選民對選舉的意義相當清楚，且選民投票的自主性相當高，一方面沒有賄選的問題與困擾，再方面選民皆以黨的候選人為投票取向，也就是說重於

---

[4] 參閱Le Monde, 10 mai 1995, p. 12.

選黨而不選人。

我們知道，席哈克是前戴高樂總統及龐畢度總統一手提拔的嫡系子弟。1976年，席哈克在逆境中重組的「共和聯盟」，也就是承襲戴高樂主義的政黨。因此，席哈克的當選對其個人及該黨而言具有重要的意義。第一是對其個人而言，席哈克的從政歷程中有順有逆，有浮有沉，且在前兩次的總統選舉中都被擊敗。但席氏並不氣餒，憑其毅力與耐心努力經營，終於在第三次參選中獲得勝利，可說是「有志者，事竟成」的寫照。當然，席哈克的當選也為其政治生涯開創了最高峰。第二是對「共和聯盟」政黨而言，首先，席哈克將右派失去14年的總統寶座再度奪回，可說相當不易；其次該黨自1974年以來就喪失了總統寶座（季斯卡的當選是代表右派非戴高樂派系的勝利），席氏在經過21年的努力後贏得總統大選，可說為戴高樂派人士揚眉吐氣。

1993年3月國民議會改選中，右派兩黨獲得大勝並占有五分之四的優勢席位，同時也造成第二次「左右共治」的局面。因此，席哈克的當選也意味著兩年「左右共治」的結束。

事實上，法國第五共和總統除了經由過半數的選民直接選舉產生之外，憲法上也賦予總統若干重要且可獨立行使（指不須經過副署）的權力。此外，第五共和歷屆總統也都能在國民議會中獲得一個穩定且多數政黨或聯盟的支持（除了「左右共治」是特別的情況外），因而造成總統綜攬大權的憲政運作模式。同樣地，席哈克上台後也沿襲此種模式與作風。我們可從席哈克總統任命前外交部部長，同時也是席哈克競選總幹事朱貝（Alain Juppé）擔任總理而了解。

就內政而言，席哈克上台後立即面臨的棘手問題仍是經濟問題。席哈克在競選期間所出版的《建立全民的法國》（La France pour tous）這本算是其政見的書中，一再強調就業、社會治安、社會和諧，以及歐洲問題是法國當前最重要的課題。[5]因此，我們可看到在朱貝總理的施政報告中特別強調自由競爭、推動國營事業民營化、鼓勵創造就業機會、獎勵投資、減少社會福利及救濟為重要措施。

綜合而言，席哈克在經過長時間的努力而贏得總統寶座可說相當不容易。不過，面對嚴重的失業人口、財政赤字，以及外籍移民等問題，席哈克總統與朱貝政府雖然花了極大的心力加以解決，但似乎效果不彰。

5　參閱Jacques Chirac, *La France pour tous* (Paris: Nil Editions, 1995), p. 137.

肆、1997年解散國會及左派聯盟之勝選

　　理論上而言，1993年3月改選上任的國民議會議員應於1998年3月間任期屆滿而重新選舉。不過，由於右派朱貝政府在近兩年的施政中並沒有良好的表現，民間聲望低落，失業率居高不下，加上右派聯盟在歐洲政策上的嚴重分歧，導致許多配合措施無法推行。因此，席哈克總統在1997年4月21日透過電視轉播正式宣布解散國民議會，提前改選。席哈克總統在演說中表示，為了使法國能夠面對即將來臨的21世紀，必須要在社會、經濟、國防、文化等各方面進行大幅的改革。在此前提之下，法國需要一個堅定而有魄力的執政多數。

　　事實上，席哈克總統的此項決定還有另一個選舉策略的考量。我們知道，早在1997年初，席哈克就已憂心民意對政府的支持度而開始考慮解散國民議會，整頓執政聯盟（許多在1995年支持巴拉杜參選總統的議員時而扯朱貝政府的後腿，凝聚困難）。席氏經過多方之研究及評估認為，根據當時的選民意向，如果解散國民議會改選的話，右派聯盟仍可獲得絕對多數之席位，但若延遲至1998年3月再選，屆時必輸無疑。再者，法國社會黨在3月間也尚未整合成功（事實上，當時社會黨內部仍在研擬選舉政見及進行提名作業），解散國會亦可讓其措手不及。這些就是席哈克總統的如意算盤。[6]

　　所謂「人算不如天算」，經過5月25日以及6月1日的兩輪投票，以社會黨為首的左派聯盟以約47%的得票率，320個席位獲得勝利。在此情形之下，席哈克總統於6月2日中午發布命令正式任命喬斯班為總理，並開啟第三次「左右共治」之局。此次大選結果是第五共和歷任總統在依憲法職權行使解散國會權以來首次遭遇到失敗的案例（戴高樂總統曾於1962年11月以及1968年6月兩次解散國民議會並獲全勝，密特朗總統亦曾於1981年6月及1988年5月兩次解散國民議會並都獲得執政），不但立即衝擊到席哈克總統在「共治」中的形象與權力，同時對未來憲政發展也會有重要之影響。再者，此項結果也打破了席哈克總統原先「提前改選、少輸為贏」的策略，而造成一夕變天的局面。

　　綜合觀察，左派聯盟在這次選舉中獲勝的主要原因為：

　　1. 社會黨在喬斯班的努力下整合成功，除了積極提出經濟復甦政策（如設立青年就業基金、實施一週工作35小時、調高最低工資、重新審議重大民營化案件

---

[6] 可參閱Jean-Luc Mano, Guy Birenbaum, *La défaite impossible* (Paris: Ramsay, 1997), pp. 68-78.

等），並與法國共產黨簽署聯合競選公報，採取合作競選之策略。

　　2.喬斯班淡化意識形態之訴求，一方面不直接去批判席哈克總統，另一方面則強調一旦獲勝形成「左右共治」，勢必能與彼此有若干理念相同的席哈克和平共處，如此而有於吸收了不少年輕人及游離選民的票源。

　　3.法國共產黨能鞏固其原有的實力（約10%的選票），再加上與社會黨的聯合策略而獲得38個席位（原有24個）。

　　至於右派執政聯盟失敗的主要原因有：

　　1.朱貝政府經過兩年的施政，但仍無法有效解決嚴重的失業問題及國家財政赤字，其聲望也日益大幅滑落。黨內雖有極力要求更換總理的聲浪，但因席哈克對其頗為欣賞倚重而猶豫不決，造成民眾的信心流失（朱貝總理在第一輪失敗後就主動表示將辭去總理職務，以有利右派第二輪的選票，但似乎為時已晚）。

　　2.右派聯盟雖有近480位議員，但因歐洲經濟及貨幣整合政策及社會福利政策造成內部嚴重分歧，席哈克總統及朱貝總理亦難以整合，形成選戰中派系領導人各自為陣的現象。

　　3.1997年2、3月間，受到極右派選民的壓力，右派政府所通過的移民法，不但缺乏共識，且具有排外的民族主義色彩，造成許多選民的反感與疑懼。

伍、第三次「左右共治」（1997～2002）

　　第三次「左右共治」初期，席哈克總統與喬斯班總理之間的互動關係算是相當平順。雙方似乎皆能本著「立場堅定」、「做法柔性」的原則來扮演自己的角色。我們可以兩者各自的作為來加以分析：

一、就席哈克總統的作為來觀察

　　雖然受到選敗而「跛腳」的影響，1997年6月7日，席哈克總統仍利用在里耳市（Lille）的一次重要聚會中公開強調，總統在共治期間的主要職責就是監督並確保國家的制度、共和國的固有精神、社會福利制度，以及法國的國家安全及國際地位。同時，席氏也呼籲，總統與總理這兩位行政首長（les deux pôles de l'exécutif）

應共同爲法國的整體利益而努力。[7]另外，席哈克總統也持續在外交及國防政策上面扮演積極的角色。一方面，他堅持裁軍及軍隊職業化的既定政策，再方面則馬不停蹄的參與各項國際重要活動。諸如6月中旬在阿姆斯特丹的歐盟高峰會議、6月下旬在美國丹佛（Denver）的七大工業國高峰會議、7月上旬在馬德里的北約（NATO）高峰會議、11月中旬在河內的法語國家領袖高峰會議、11月下旬在盧森堡的臨時歐盟高峰會議，以及12月中旬正式訪問阿拉伯聯合大公國並簽署200億法郎的軍事採購合約等。

　　不過，在重要人事布局、財經社福政策及歐洲問題上面，席哈克總統則很顯然地表現的相當妥協並讓喬斯班總理來主導，故未產生任何衝突的情形。我們看到，席氏不但完全同意所有內閣人選（事實上，席氏並不喜歡內政部部長以及三位共產黨籍的閣員，但未堅持換人），讓喬斯班在歐洲整合的政策上積極參與（在喬斯班政府的堅持下，《阿姆斯特丹條約》中增加了會員國應積極合作並具體解決大量失業人口的一章），同時並放手讓喬氏推動與右派理念不合的政策（如檢討民營化的政策、調高家庭補助費並限定低收入家庭、修正右派政府3月所通過的移民法等），而未採取抵制或分化的小動作。

二、就喬斯班總理的作為來觀察

　　爲了強化總理的民意基礎以及政府的凝聚力，喬斯班總理於1997年6月19日在國會所做的施政報告中特別強調，左派政府一定會實踐其在選舉時向法國人所承諾的政見，而絕不會因故中止、退縮或放棄。[8]另外，他也曾在3月間指出，一旦左派贏得國會改選，他將會朝向「合約式的左右共治」（une cohabitation de contrat）來努力，在此情形下，總統與總理應依憲法的規定行使職權並相互尊重，但在若干事務方面的職掌應是共同行使，甚至政府應更有發揮的正當性。[9]這些內容似乎透露出喬斯班對「左右共治」下施政的作風與執著。因此，右派的重要學者，如索爾孟（Guy Sorman）及卡薩諾瓦（Jean-Claude Casanova）皆撰文表示質疑與憂心。[10]

　　不過，實際上，從喬斯班總理的執政風格來看，他在處理與席哈克總統的關係

---

[7]　Le Figaro, 9 juin 1997, p. 6.

[8]　Le Figaro, 20 juin 1997, pp. 5-7.

[9]　Le Figaro, 5 mars 1997, p. 5，喬斯班以社會黨黨魁身分接受該報訪問之內容。

[10]　可參閱Guy Sorman, "Une trop grande distanciation," *Le Figaro*, 9 juin 1997, p. 8; Jean-Claude Casanova, "Parler d'une seule voix," *Le Figaro*, 9 juillet 1997, p. 2.

上表現出相當的智慧與穩當。我們由以下幾個事例可以看出：

1. 1997年6月2日上午，喬斯班在與席哈克總統會面之後表示，雙方會談的氣氛非常好，他深信未來的「左右共治」必會順利進行。這個說法有助於雙方互信的建立。再者，總理辦公室主任與總統府秘書長也建立起隨時溝通的管道，如此避免不必要的傳話或猜疑。

2. 同年6月10日左右，喬斯班主動宣布不會參加七大工業國高峰會議，這對席哈克而言可說是一個善意的表態（1986年6月，席哈克總理因堅持參加東京會議而產生諸多困擾及負面影響）。

3. 喬斯班雖急於推動政策，但也強調溝通與共識的重要。因此，喬氏從未要求由席哈克總統簽署「總統行政命令」來加速改革，以避免雙方之間的緊張關係（第一、二次「左右共治」期間，席哈克及巴拉杜兩位總理皆因要求密特朗總統簽署「總統行政命令」而造成雙方的不滿與誤會）。

4. 喬斯班在國防事務仍遵循席哈克的政策，而在外交事務上，除了對重回北約有些許歧見外，對席哈克的對外作為也相當尊重而從未顯出功高震主的情形（事實上，喬斯班總理在這段期間除了與歐盟會員國領袖的定期會面之外，只有在10月30日赴莫斯科做三天的正式訪問，以及12月17日到非洲摩洛哥、塞內加爾及馬利三國訪問），因此，席哈克對喬氏在外交上的活動與分寸的拿捏也相當放心。正如外交部部長魏德林（Hubert Védrine）在接受法國《快訊週刊》（L'Express）專訪中所強調的，在有些問題上面，總統會考慮到總理及政府的立場，而在另外一些問題上面，總理也一定會考慮到總統的立場，到目前為止，大家都有很高的共識。

當然，席、喬兩人的關係並非毫無問題。1997年7月14日國慶日之時，席哈克總統就利用電視演說的機會，一方面再度強調總統在憲法上仍擁有最高的決定權，二方面則批評喬斯班政府的政策不合實際。11月20日晚間，席哈克總統在盧森堡參加歐盟高峰會議時，批評喬斯班政府推行一週工作35小時的政策。席氏認為，這項決定不但缺乏共識且沒有其他的配套措施，因此只會造成更多的失業人口。[11]12月10日，席氏更利用主持部長會議之機會再度表達反對的立場，尤其是政府所擬採取的強制性的做法。不過，喬斯班也不干示弱並於11月23日社會黨全國代表大會中鄭重聲明，他將依選民之付託及既定原則來推行各項政策。不過，根據法國「IFOP」及「BVA」兩家民意調查公司先後在11月及12月就喬斯班總理民意支持

---

[11] Le Mond*e*, 22 novembre 1997, p. 2.

度所做的結果顯示，約有五成以上（51%及54%）的受訪者對喬氏的施政感到滿意。對歷屆的總理而言，這是一個相當受肯定的數據，因此，喬斯班在共治之初有相當大的施政空間。

　　1997年5月到2002年5月這段期間的第三次「左右共治」係因總統主動解散國民議會而造成，換句話說，總統等於被選民投了一個不信任案，總統的聲望與角色大幅削弱，權力運用的空間也相當受限，憲政體制的運作實傾向「內閣制」。不過，由於總統在憲政制度與慣例中仍有重要的權力，因此，總統及總理的互動關係除了考量憲法條文及法令規範外，實際上的政治運作與行事風格，甚至內外環境的變遷都會產生不一樣的影響，到底是「和平共存」或是「同床異夢」？確是讓人眼花撩亂，這也是觀察「左右共治」的侷限。[12]如同第一、二次的「左右共治」經驗一樣，第三次「左右共治」也隨著2002年總統及國會的改選而結束。

---

[12] 前總理巴拉杜在其1997年8月的新書中也一再批評「左右共治」下這種雙頭馬車的亂象。參閱Edouard Balladur, *Caractère de la France* (Paris: Plon, 1997), pp. 72-76.

2002年是法國大選年，一方面是總統修憲改任期的第一次選舉，二方面則是國民議會的任期屆滿，先後改選也可避免「左右共治」的可能性。法國總統大選經過兩輪的投票之後，現任總統席哈克（Jacques Chirac）在全國一片反「勒彭效應」的風潮中以82%對18%的選票獲得連任。

壹、總統選舉背景

此次選舉是席哈克總統7年任期屆滿而舉行。不過，為了解決長久以來總統任期過長的爭議，並降低「左右共治」的可能性及頻率，2000年9月下旬在席哈克總統及喬斯班總理的推動下，以公投的方式將總統的任期改為5年，並自2002年開始實施，因此，2002年當選的總統任期為5年，但在投票的方式上並未改變，就是採全民直接選舉，兩輪多數決的選舉制度。

貳、投票結果及其所顯示之意義

此次選舉可說是參選爆炸，第一輪投票中從極左到極右共有16位候選人。第一輪中各候選人得票率依序為：席哈克（右派「共和聯盟」）20%；勒彭（極右「國家陣線」）17%；喬斯班（左派「社會黨」）16%；貝胡（François Bayrou，右派「法國民主同盟」）6.8%；拉吉樂（Arlette Laguiller，極左「工人奮鬥黨」）5.7%；謝維尼蒙（Jean-Pierre Chevènement，左派「公民運動黨」）5.3%；馬梅爾（Noël Mamère，左派「綠黨」）5.3%；馬德蘭（Alain Madelain，右派「自由民主黨」）3.9%；于埃（左派「法國共產黨」）3.4%。由以上的得票率可以看出票源

的分散。綜合而言，第一輪投票有以下兩點特色：

一、政黨候選人參選爆炸

此次選舉中參選人眾多，在第一輪中共有16位各黨派之候選人參加，是第五共和總統選舉以來候選人最多的一次，除了左右派皆有4位以上的候選人之外，連極右陣營都有兩位候選人，造成票源嚴重分散（1965年有6位；1969年有7位；1974年有12位；1981年有10位；1988年有9位；1995年有9位）。

二、選民卻政治冷漠

由於選前的半年多以來，特別是受到911恐怖事件影響，在內政方面，法國的經濟情況再度呈現下滑的趨勢，除了經濟成長率向下修正、失業率高升之外，所提議的減稅計畫及一週工作35小時的政策也遭遇到許多阻力，甚至被批評為選舉的政策買票。另外，隨著歐盟整合與國境的自由開放，都會的生活品質下降，治安持續惡化（青少年犯罪日益嚴重、毒品更是日益氾濫），巴黎近郊南特市（Nanterre）的議會槍擊慘案更令法國選民疑慮政府的施政策略及能力，如此造成選民對左派喬斯班聯合政府的失望。外交方面，911事件中，美國主導全球反恐戰爭，成為超強，法國及歐盟完全沒有角色，選民對席哈克及喬斯班過於親美，且積極推動歐盟制憲及東擴的政策產生疑慮。此外，隨著2001年底以、巴衝突的升高（法國政壇雖有強大的親以色列勢力，但大部分的選民則是同情巴勒斯坦人民），美國明顯支持以國的立場，以及法國在反恐戰爭大架構下的無力感，也造成法國選民對外交事務的失望。換句話說，在面對左右執政者內外政策的無能之際，大部分的選民對總統選舉感到冷漠。

在此背景下，第一輪中極右的勒彭將左派的喬斯班擠下，頗令大家跌破眼鏡，究其主因有以下幾點：

一、兩輪投票制所衍生的選民特殊投票行為

由於選舉制度有利大黨，且長久以來皆是在第二輪左右對決的情形，因此若干選民認為第一輪只是形式意義，或讓小黨測試國會選舉實力，等到第二輪的投票中再積極動員。在歷屆的總統大選中，除了1969年之外，第二輪的投票率都較第一輪的投票率高出三到六個百分點。許多社會黨的選民掉以輕心，認為喬斯班一定可以

過第一輪,想說去投第二輪即可。

二、傳統選民政治冷漠造成投票率低,對大黨不利

此次第一輪的投票率只有71.6%,是歷屆總統選舉以來最低的一次(1988年有81.37%、1995年有78.38%)。從過去投票行為觀察,投票率低對大黨不利。

三、候選人過多,票源分散

特別是左派陣營方面,聯合執政的四個政黨,社會黨、綠黨、共產黨及公民運動黨(事實上,該黨是社會黨所分裂出來)皆分別推出候選人(1995年之時左派僅社會黨及共產黨有候選人),造成選民猶豫,票源分散。事實上,綠黨、公民運動黨及共產黨共獲約10.5%的選票,倘若社會黨及喬斯班能有憂患意識,積極整合左派勢力則可能不會意外出局。換句話說,喬斯班在選舉策略上過於樂觀也是致命傷。

四、國家陣線的選舉策略與動員成功

必須一提的是,雖然國家陣線在國會中並沒有席位(單一選區兩輪多數決的選舉制度有利大黨),但在地方政治上皆占有相當大的影響力(平均約15%的力量),且勒彭在1988年及1995年的總統選舉中皆分別獲有14%及15%的選票,實力原本不容忽視。此次選舉中極右派利用特殊的國內外環境,提出簡化且具激情的主張(如法國優先、管制移民、亂世用重典、反對美國偏以色列政策等),不但穩固了傳統票源,還開拓了2%的票源,而以1%些微的票數排擠掉喬斯班,打入第二輪。

5月5日的第二輪投票中,席哈克以82.21%歷史性的得票率獲勝(戴高樂總統是在1965年以55%的選票獲勝,龐畢度總統在1969年時是以58%的選票獲勝,密特朗總統則是在1988年以54%的選票獲勝,以左右對決的選舉而言,上述結果已是不錯的成績),其主要原因有:

一、中間理性選民的自覺

「國家陣線」的勒彭及該黨之主張雖相當具有吸引力及煽動性,但因大多數的選民皆認知到,勒彭這種主張基本上是過於極端且違反民主,並將其形容為「21世紀的希特勒及法西斯」,因此一般選民皆不願意看其壯大甚或執政(一連串反極右

的街頭示威與遊行就是表達不滿之意），必會積極動員參與第二輪投票。我們看到第二輪的投票率高達約79.71%，比第一輪高出8%，可見第二輪投票的重要性（參閱表附3.7）。

二、席哈克的整合角色獲得肯定

在第二輪的選戰中，席哈克不但以第五共和民主憲政的捍衛者自居，同時也呼籲非極右的所有選民共同支持他。此項策略對吸引中間選民產生效果。

三、左派選票的移轉成功

就左派陣營而言，由於喬斯班已被擠下，左派選民實處在兩難之際，一方面原本就因理念不合而不可能投票給席哈克，二方面卻因勒彭的出線而使法國民主憲政面臨危機，又必須有所作為。在此情況下，左派的許多選民在「兩害相權取其輕」的考量下投票給席哈克。事實上，喬斯班在選前也公開呼籲左派選民採取所謂「有效投票」的策略，換句話說，就是投給最有希望當選的席哈克。

參、國民議會選舉與政局發展

法國選民在2002年6月9日及6月16日，繼總統大選後進行了國民議會的兩輪投票。投票結果，支持席哈克總統的右派陣營大獲全勝，以近358席大幅過半的成績（總數為577席位）取得執政主導權，同時也結束了5年的「左右共治」。以下將就此次選舉的議題與策略、選舉結果，以及所顯示之意義加以分析。

一、選舉議題與策略

依憲法規定，國民議會任期為5年，此次選舉係因1997年5月所改選的國民議會任期屆滿而舉行。由於此次國會改選是在總統大選之後隨即展開，因而各主要政黨在選舉議題的訴求上與總統選舉時大同小異（如治安與失業的問題），倒是在策略的運用上則是左右有別。

就整體的選舉氣氛而言，受到總統大選時選民冷漠，但又對現狀極端不滿的情緒下，除了極右派的選民較為激情外，左右兩派陣營都感覺到選民的冷漠，並進而擔憂會出現總統大選中的「極右效應」。事實上，依據法國「索佛雷斯」（SO-

FRES）民意調查研究中心在5月28日所公布的一項調查顯示，有高達28%的受訪者認同極右派「國家陣線」所提出的理念及選舉政見（更有40%的受訪者認同其在治安及司法改革上的主張），可見該黨的影響力不容忽視。不過，在同一個調查中也有70%的受訪者認為極右派也會帶給民主政治一個極大的危險。[1]由此可見，此次國會改選可說是處於一個相當不確定的選戰氣氛之下。

　　值得一提的是，此次選舉中可說是參選爆炸，在應選577位的席次下，共有8,455位候選人，而其中共有32個政黨推出50個以上的候選人（其中以環保為選舉訴求的就有8個政黨）。我們看到，除了左右派各推出約1,200位及1,500位候選人之外，連極右「國家陣線」及綠黨陣營也各推出約1,150位及1,500位候選人，這個情形也是第五共和從未有的現象。進一步而言，這次候選人參選爆炸的主要原因是政黨為了要獲得國家提供給政黨的經費補助。依據政黨補助法的規定，只有在國會選舉中能提出50位候選人參選的政黨，始可依其在第一輪投票中的得票數獲得該次選舉及年度性的經費補助，因此各個政黨（特別是小黨）為爭取補助而儘量提出人選；另外，為了鼓勵兩性平等的參政權（其實主要是女性的參政權），政黨經費補助也視所提出之候選人男、女性的比例而有所增減（兩性候選人的比例差額不得超過20%，否則將扣減政黨補助費用10%），換句話說，女性候選人若偏低則會影響經費補助，因此，許多政黨（包括大黨）也顧不得勝選與否，刻意增加提名女性候選人，造成政黨普遍超額提名的現象。[2]

　　就右派陣營而言，挾著總統勝選後的餘威，總理哈法漢（Jean-Pierre Raffarin）及「總統多數聯盟」（Union pour la Majorité Présidentielle, UMP）黨魁朱貝（Alain Juppé）仍以席哈克總統的競選政見為主軸，並呼籲選民做出明確的選擇，除了終結「左右共治」之外，更得以讓總統的政見順利推行。席哈克總統除了在選戰期間一再聲明，保證不與極右派妥協，以及希望法國選民能夠帶給他一個「明確而且整合的國會多數」（une majorité claire et cohérente）之外，臨在投票前夕，席氏在接受法國第三頻道電視台的訪問中，仍再度批判「左右共治」只會讓國家的資源與發展一事無成，並期望選民能讓總統在國會中獲得一個「真正的多數」（une

---

[1] 參閱Gérard Courtois, "Plus d'un Français sur quatre adhère aux idées de l'extrême droite," *Le Monde,* 29 mai 2002, p. 7.

[2] 可參閱Patrick Roger, "Un mode de financement qui favorise l'inflation des candidatures," *Le Monde*, 2-3 juin 2002, p. 7.

vraie majorité）。[3]此項策略似乎對右派產生了若干穩定的效應。

　　就左派陣營而言，受到總統大選失利及前總理喬斯班退出政壇的影響，左派社會黨、共產黨及綠黨都面臨相當大的壓力。為了達成少輸為贏甚至反敗為勝的目標，社會黨黨魁歐蘭德（François Hollande）不但強烈批評席哈克的虛偽道德形象（席氏牽涉多項政商醜聞），並且呼籲選民為了避免權力集中，可支持左派獲得多數並延續「左右共治」的政局。社會黨籍的巴黎市長戴拉諾埃（Bertrand Delanoë）還特別撰文表示，為了不要讓權力過於集中，以及國家需要有一個強而有力的監督機制而免於走入極端，因此選民可以再給左派及社會黨一個機會。[4]歐蘭德甚至於在選前表示，倘若左派贏得國會多數，他將很樂意地出任總理的職務。至於法國共產黨黨魁于埃則表示，法國共產黨能夠保有20席而在國會中組成一黨團就算不錯了（依規定，同政黨的議員需有20人以上始可組成黨團）。

　　就極右派而言，受到總統大選異軍突起的激勵，極右許多人士都認為這是繼1986年以來，能夠在國會中贏得席次的最好機會。這種想法並非空穴來風，一方面極右派在總統大選中已有18%左右的得票率，這個票源已大幅超過國會選舉中第二輪的12.5%門檻；再方面左右兩派陣營的候選人都參選爆炸，造成票源分散，很容易在第一輪中被淘汰出局，如此而有利極右候選人進入第二輪。諸如在尼斯、史特拉斯堡等選區，右派候選人就可能因候選人過多，自相殘殺而遭淘汰。

　　就選舉的議題而言，此次選舉除了延續總統大選時所提出的「治安」及「失業」兩大問題之外，受到若干企業因關廠所造成的大量裁員並進而衍生出工作條件及保障的問題，使得勞工權益及企業資遣的相關議題成為焦點。一方面，左派陣營不再堅持全面實施工作35小時的範圍及時間表；二方面，右派政黨也同意對於企業裁員或資遣應事先提報核准，以避免企業惡性倒閉，嚴重影響法國經濟與勞工權益。值得一提的是，右派健康事務部部長馬迪（Jean-François Mattei）於6月5日與醫師公會達成協議，同意自7月1日起提高所謂一般門診費用為20歐元（原為18.5歐元）而結束了長達7個多月的爭議（左派政府因此舉將增加政府約2億5千萬歐元的年度預算而拒絕）。不過，左派陣營則立刻批評此項做法純粹是選舉策略下的「政策買票」。

3　Le Monde, 7 juin 2002, p. 6.
4　參閱Bertrand Delanoë, "Lointain 21 avril...," *Le Monde*, 5 juin 2002, p. 18.

二、選舉結果之研析

法國國民議會選舉係採單一選區兩輪多數決的制度，在經由6月9日及6月16日兩輪投票之後，右派以支持席哈克總統的「總統多數聯盟」大獲全勝，不但結束了長達五年的「左右共治」，同時也對法國的憲政運作及政黨政治產生很大的影響。就選舉結果而言，可有以下幾點觀察：

(一) 投票率再創新低

此次改選中的投票率創下第五共和歷屆國會改選最低的新紀錄。6月9日的第一輪投票率為64%，比1997年5月的68%及1993年3月的69%為低，甚至於比1988年6月的66%還要低一些。而6月16日第二輪的投票率更低，僅有60%（以法國約4,000萬的選民計算，有1,500萬的選民沒有投票），顯示出法國選民對法國政治的不滿，而表現出「沉默抗議」的投票行為（請參閱表附4.12）。

(二) 「總統多數聯盟」大獲全勝

事實上，這個聯盟是由「共和聯盟」轉型而成，聯盟選戰目標及策略就是希望在國會中贏得過半席位，以推動落實席哈克總統的政見。挾著總統勝選的氣勢，該聯盟在第一輪投票中就以33%的得票率取得優勢，並贏得46個席位，在第二輪投票中亦以47%的得票率贏得309席，一共掌握約358個席位，大幅超過國會過半所需的289個席位，如此也奠定了右派五年執政的雄厚基礎。正如哈法漢總理在贏得勝利時的聲明，此次勝選代表了席哈克總統的政策獲得選民的信任與認同，同時我們也有責任不讓選民失望，因此從現在起就應趕快行動。[5]

(三) 左派政黨重挫

受到總統大選慘敗（喬斯班在第一輪中意外地被淘汰出局、共產黨候選人僅有3.37%的低得票率）、喬氏退出政壇而導致群龍無首的影響，以及以「左右共治」為選戰主軸的不利情勢等因素（喬斯班在總統選舉中的競選重點就是要當選總統並結束「左右共治」，但喬氏並未當選，卻企圖又再以贏得國會選舉實施「左右共治」為選舉主軸的策略，造成左派選民進退維谷的局面），左派社會黨在兩輪投票

5　參閱Le Monde, 18 juin 2002, p. 2.

中分別以23%、35%的得票率保住138個席位（比原有的243席少了將近100席）。此外，同屬左派陣營且在國會成爲黨團的「極端共和黨」（PR，以謝維尼蒙爲首）、「綠黨」以及「左派激進黨」都面臨慘敗的命運。至於法國共產黨的情形是每下愈況，第一輪的投票中僅有4.9%，創下有史以來的最低點，連黨魁于埃也無法連任，所幸由於其票源集中，以及左派聯合競選的投票策略，因此在第二輪中以3.2%的得票率取得21個席位，而能繼續在議會中保有一個黨團的局面。

(四) 極右政黨仍被選民排拒

由勒彭所領導的「國家陣線」雖然在總統大選中造成相當大的震撼，弄得人心惶惶，但在此次選舉中分別以11%及1.8%的得票率並未贏得任何一個席位。當然，這個結果除了來自兩輪多數決的選舉效應之外（候選人須獲12.5%的選票始能進入第二輪投票），同時也是因爲總統選舉中的「賭爛」情緒並未在國會改選中發酵。爲此，極右黨魁勒彭還發表聲明，除了批評這個選舉制度不合時宜且違反民主之外，同時指出，這個新國會所代表的民意不到法國人口的50%，所以不必期望會有好的表現。

肆、選舉結果所顯示之意義與影響

這次國會選舉所顯示的意義，以及其對未來法國政局的影響，可有以下幾點觀察：

一、右派重掌政權

右派在贏得總統寶座後，又立即贏得此次國會選舉（總統與國會任期皆爲5年），進一步地確立未來5年的執政主導權。這是自1981年左派密特朗當選總統以來，右派第一次將可連續且穩定地執政5年（因爲1981年到2002年間，右派每次掌握實際執政權的時間都未超過2年，全部加起來共爲6年）。[6]

---

[6] 1986年到1988年是爲第一次「左右共治」，1993年到1995年爲第二次「左右共治」，1995年到1997年爲席哈克總統的右派執政，因解散國會而結束。

二、總統綜攬大權

以支持席哈克總統爲主的「總統多數聯盟」，該黨在國會中占有358個席位的絕對優勢。這個情形是第五共和成立以來第三次出現，第一次是在1968年戴高樂總統執政時期的「擁護共和同盟」（Union pour la Défense de la République, UDR），第二次則是在1981年密特朗總統當選執政之時的法國社會黨。在此情形下，法國憲政體制應會再朝向「總統綜攬大權」的模式發展。我們看到，哈法漢總理在7月3日向國民議會所提出的施政報告中就一再強調其施政方針及重點，主要是爲落實總統的政策與競選政見。

三、政黨生態的改變

此次改選後，法國政黨勢力出現重組的現象。就國民議會的組合而言，右派原有兩大政黨聯盟的情形不再，「共和聯盟」被「總統多數聯盟」取代，而「法國民主同盟」僅有27個席次，形成一大一小的態勢；左派也由原一大兩小（社會黨、激進—公民—綠色聯盟、共產黨）轉變爲一大一小（社會黨及共產黨）的情形。換句話說，新的國民議會中僅有四個黨團，而且是左右兩極、兩大兩小的政黨生態。

壹、選舉背景與情況

　　此次法國總統大選係因席哈克總統於2002年連任成功後，並適用五年條款任期屆滿所進行的改選。依據憲法規定，法國憲法委員會為負責監督總統選舉事宜之最高機關。2006年10月24日，部長會議在與憲法委員會達成共識下決議，並經由內政部公告2007年法國總統大選的時間。此次總統大選的兩輪投票分別於4月22日（星期日）及5月6日（星期日）舉行。在第一輪投票中共有12位候選人獲得資格，比2002年時少了4位（當時有16位）。事實上，還有若干候選人是因無法獲得500位民意代表的連署而無法參與角逐。

　　這些候選人分別為，右派執政聯盟中「人民運動聯盟」的薩柯吉（Nicolas Sarkozy）、「法國社會黨」的賀雅（Ségolène Royal）、屬右派執政聯盟中「法國民主同盟」的貝胡（François Bayrou）、極右派「國家陣線」的勒彭（Jean-Marie Le Pen）、「革命共產主義聯盟」（Ligue communiste révolutionnaire, LCR）的伯桑斯諾（Olivier Besancenot）、「法國運動黨」（Mouvement pour la France, MPF）的戴維里耶（Philippe de Villiers）、「法國共產黨」的布菲女士（Marie-George Buffet）、「綠黨」（Les Verts）的瓦內女士（Dominique Voynet）、「工人奮鬥黨」（Lutte ouvrière, L.O）的拉吉樂女士（Arlette Laguiller）、「全國農民工會聯合會」（la Confédération paysanne）的包威（José Bové）、「全國狩獵、捕漁、自然及傳統聯合會」（Chasse, Pêche, Nature et Tradition, CPNT）的尼胡（Frédéric Nihous）以及「勞工黨」（le Parti des travailleurs, PT）的史基瓦迪（Gérard Schivardi）等。[1]

　　在第一輪的投票中，法國人展現了民主大國的風範與成熟度。特別是選民的

---

[1] 選舉過程中候選人貝胡一再強調自己所代表的「中間勢力」、「第三勢力」、「中道力量」，也就是一般所謂「中間派」（Les Centristes）的選民。

投票率相當高，約有84%（83.77%），幾乎與1965年法國第一次舉行總統直選的投票率一般，這也顯示出法國人對此次選舉的重視。這12位候選人的得票可參閱表附3.8。

由表附3.8中可以看出，其中薩柯吉獲31.18%的選票、社會黨籍賀雅獲25.87%、所謂「中間派」貝胡獲18.57%、極右派勒彭獲10.44%，其他小黨之候選人分別得票自4.08%到0.34%不等，共約14%的選票。換句話說，這次選民的投票行為似乎著重於「有效投票」的觀念，不希望自己的票被浪費掉。值得一提的是前三位候選人的總得票率就已超過了75%，更顯示出選民對大黨候選人的期待。

法國共產黨再度遭遇到重挫，顯示出冷戰後共產主義的式微，該黨也可能面臨泡沫化的危機。此次黨魁布菲女士代表參選僅獲1.93%的選票，比2002年時于埃的3.37%還少（事實上，于氏在1995年第一次參選時還有8.64%的得票）。

2007年5月7日法國總統的第二輪投票中，右派「人民運動聯盟」候選人薩柯吉以53.06%對46.94%的選票壓倒社會黨候選人賀雅女士當選法國總統。此次第二輪投票中，法國選民表現出比第一輪還高的熱情參與度，積極投票，讓投票率高達83.97%，創下法國第五共和以來的歷史紀錄。此項數據也顯示出此次大選的重要性。第二輪的投票結果亦可參閱表附3.8。

貳、人民運動聯盟薩柯吉勝選

一、薩、賀兩位候選人進入第二輪決選之原因

1. 此次選舉具世代交替的重大意義，特別是左右兩大陣營都提早準備並推舉新人競選。此外，法國多項選前的民調都反應出對此次大選的熱心，換言之，選民對未來當選人具有相當高的期待，投票率之高也創下第五共和總統選舉之少見。

2. 2002年總統大選時，當時選民對法國政治的老化（總是同樣的面孔與老掉牙的政見）、經濟持續低迷（失業率居高不下）以及社會治安的惡化感到反感，在首輪投票中除了採取消極棄權之外（第一輪投票率僅71.6%），同時也進而採取所謂「抗議性」投票（就是所謂的「賭爛票」的意思），如此造成左派候選人在第一輪就已敗選而由極右派勒彭得以進入第二輪的情況，導致大部分選民認為是一種民主的倒退，甚而影響到法國在國際上的聲譽。有鑑於此，此次法國選民希望以較正

面的角度來看待與因應，期望選舉回歸到理性與政見的辯論及選擇。換句話說，此次選舉中，選民再次選擇了第五共和總統選舉的基本面，給予大黨候選人較多的期望與機會，深恐2002年「政治地震」及「勒彭夢魘」再度上演。事實上，我們從勒彭在第一輪僅得10%的選票中可以了解。

　　3. 左右派兩位候選人之條件皆相當優秀。薩、賀兩人不但是第二次世界大戰以後出生的中生代（50歲出頭），形象清新、有親和力之外，同時兼具選舉的爆發力。[2]此外，薩、賀兩人也都接受法國第五共和下菁英教育制度的洗禮與政治歷程（巴黎政治學院、國立行政學院、律師、地方行政首長、部長等要職）。再者，薩、賀兩人也是第一次參選，給選民有耳目一新之感，故能爭取到相當多年輕選民的票源。[3]

　　4. 左右派兩位大黨候選人在提名過程中，以及整合黨內或相關左右派政黨與政治團體的支持中算是相當成功。兩位候選人的得票皆比上屆同黨候選人高出許多。右派薩柯吉是戴高樂派自1981年席哈克領導參選以來在第一輪中得票最高的一次（31.18%）；左派賀雅則是繼1995年喬斯班領導社會黨參選以來得票最高的一次。[4]

　　2002年右派的候選人中，除了「共和聯盟」的席哈克、「法國民主同盟」的貝胡之外，還有屬「法國民主同盟」的夥伴政黨「自由民主黨」（Démocratie Libérale）的黨魁馬德蘭（Alain Madelain）也跳出來參選（2002年5月接任總理的哈法漢就是來自於這個政黨），導致右派的票源相當分散。左派的候選人中，喬斯班雖經社會黨正式提名為黨候選人，但同黨重量級人物謝維尼蒙（Jean-Pierre Chevènement）卻違紀參選，嚴重影響團結與票源。另屬聯合政府且與社會黨為兄弟黨的「左派激進黨」（le Parti Radical de Gauche, PRG）候選人陶碧拉（Christiane Taubira）也出來參選，造成喬斯班在第一輪就已落敗。此次大選中，左右派這兩位候選人雖在黨內初選中仍遭遇到許多挑戰，但最後皆能擺平黨內競爭，順利代表政黨來參選。

　　5. 此次投票率能創新高，且由左右大黨兩位候選人進入第二輪，顯示出以下

---

[2] 選戰期間，若干媒體並評論此次大選為帥哥美女的競賽。

[3] 薩柯吉的父親是匈牙利人，1949年移民至法國。薩氏曾是法國最年輕的市議員及最年輕的市長；賀雅則是法國社會黨有史以來第一位女性總統候選人。

[4] 席哈克自1981年以戴高樂派黨魁身分參選總統以來，其歷屆在第一輪投票中的得票率分別為1981年的18%、1988年的20%、1995年的21%以及2002年的20%。

意義：

（1）法國選民對政治的理性與熱情以及對政治求新求變的迫切期盼。此次投票中，除了候選人減少之外（2002年有16位候選人，2007年有12位候選人），選民似乎相儘量避免極端，而邁向中間。我們看到，薩柯吉、賀雅以及貝胡這三大黨候選人就已涵蓋了將近四分之三的選票（約75%之多）。此外，由勒彭得票的大幅下滑更可驗證此一趨勢。誠如法國《世界報》的社論所云，這次選舉不但是法國民主的勝利，也是法國避開極端、走向中道理性的勝利。

（2）第五共和以總統兩輪直選所發展出的憲政制度，仍爲大多數法國人民的接受與肯定。特別是總統兩輪多數決的制度，以及之後舉行的國民議會改選（也是兩輪多數決的制度）將會有利於政黨結盟並形成多數治理以及兩極化的政黨制度。此次選舉結果大體上仍呈現出兩極化的政黨制度，不過，由投票的結果來看，在左右兩極的陣營中將會成爲各一大黨（右爲「人民運動聯盟」、左爲「社會黨」）主導的態勢。雖然，「法國民主同盟」貝胡的成績相當不錯（2002年有6.84%的得票，2007年大幅增加到18.57%），顯示出選民對法國第三大黨的發展也有期待與空間，不過，如前所述，受到選舉制度的影響，所謂中間勢力的發展與實際影響力仍待觀察。

二、薩柯吉與賀雅第二輪的競選策略

依據選舉制度，只有在第一輪中獲票最多的兩位候選人始得進入第二輪，因此爲了勝選，僅以自身政黨的基本票源已不足以當選，必須採取若干開放及包容的策略。鑑於法國總統選舉第二輪中的不確定性，特別是第一輪中得票領先者不一定會在第二輪中能夠勝選，諸如1995年的喬斯班、1981年的季斯卡及1974年的密特朗等三人的經驗足以警惕兩位候選人。因此，薩、賀兩位候選人在第一時間皆會採取開放、哀兵及告急的策略。

其次，兩位候選人皆會積極整合或聯合與其理念相近候選人的票源。我們看到社會黨賀雅積極地爭取貝胡的支持，並運用與貝胡一對一電視辯論的方式（賀雅與貝胡在4月28日舉行了電視辯論會。貝胡原先也向薩柯吉提出一對一的電視辯論，但未被薩柯吉所接受）來提升媒體曝光率並吸引貝胡選民的支持。值得一提的是，這種做法也可能導致法國共產黨及若干左派政黨選民的質疑，造成減分的效果。因爲，在第一輪投票之前，社會黨的選舉文宣還一波波的發動攻勢，將薩柯吉與貝胡兩人併列在一起並批評其爲一丘之貉；如何能說服選民在一夕之間轉變投票偏好也

是一個很大的問題。另外，右派薩柯吉爲了塑造較爲包容的形象、爭取勞工階級的選票，也刻意安排到社會黨票倉且勞工人口多的選區及工廠與工人博感情，並宣布若干利多政策（如針對年輕人提出降低首次購屋之貸款利率、鼓勵勞工加班，所領取的加班費可以免報所得稅等）。

最後，薩、賀兩位候選人積極爭取若干資深重量級政治人物或政黨領袖的表態支持，除可提升媒體報導，並藉以擴大選民的支持，諸如，前總統季斯卡以及來自「法國民主同盟」的教育部部長戴羅班（Gilles de Robien）宣布支持薩柯吉，歐盟前執委會主席戴洛（Jacques Delors）則公開支持賀雅女士。

就選民的投票行爲而言，影響第二輪結果之關鍵因素有二：第一是左右派候選人各自努力合縱連橫的結果，特別是第三大勢力貝胡的選票以及極右派勒彭選票的走向。第二是5月2日晚間，兩位候選人在法國第一電視台舉行辯論會。這場電視辯論會的表現相當程度地決定選民的投票意願（可能會因此而棄權）。如1981年季斯卡與密特朗的電視辯論會中，季斯卡雖挾執政優勢及辯才，但因一副高高在上且其咄咄逼人的形象也造成許多選民的反感。再者，由於2002年係極右派勒彭進入第二輪與席哈克對壘，席氏堅決反對與勒彭同台，因而沒有舉行一對一的電視辯論；換句話說，此次一對一的電視辯論是12年來之首見，吸引了選民的關注。

三、薩柯吉勝選之原因

1. 薩柯吉投入總統大選的時間較早，早在2004年10月接任黨主席之時就明確表態將角逐總統大位，爲此還曾經造成與席哈克總統關係的緊張（一方面，席哈克認爲薩氏表態過早，不但不利於執政黨的團結與施政，同時黨主席也不適合兼任內閣閣員；另一方面，席氏也尚未決定是否繼續爭取三連任）。[5]不過，在薩氏的堅持下，不但繼續擔任黨主席，同時也相繼爭取出任財經及內政部部長的職位，展現其行政長才。換句話說，薩柯吉此次挾其擁有黨政資源的優勢下，相當成功地整合右派勢力。

2. 薩柯吉能夠善用時勢，掌握當前法國選民所關心的重要問題（如經濟上反對全面性35個工時、加強維護治安、嚴格的移民政策以及反對法國再投新憲、反對土耳其加入歐盟等），大膽而明確地採用若干極右派的強硬主張，甚而採取鐵腕的

[5] 可參閱Yves Bordenave, "Pour M. Chirac, M. Sarkozy ne peut rester ministre s'il veut présider l'UMP," *Le Monde*, 28 juin 2004.

措施，如此吸引了不少選民的支持。

3. 中間派「法國民主同盟」的棄保策略並未發酵，雖然第二輪投票前，賀雅試圖往中間派貝胡力量靠攏，並吸引中間選民的支持，同時貝胡也公開宣稱不投給薩柯吉。但是，一方面由於該黨許多正在參選的國會議員候選人（通常多爲黨的重要領導人）仍需要右派大黨的支持而得以當選，因此大多數的候選人並未追隨貝胡的策略，反而與「人民運動聯盟」合作以求當選。另一方面，賀雅的此項策略反而引起左派非社會黨陣營的不解與反感（2007年3月24日所出刊的《法國社會黨選舉週報》中特別將薩柯吉與貝胡的照片放在封面，並在專刊中大肆攻擊兩位候選人是來自同一陣營並分享同一理念，呼籲社會黨選民積極反制這兩位候選人）。

4. 2007年5月2日薩、賀兩人一對一的電視辯論會中，由於薩柯吉對所有國內外政策與議題的掌握度較佳，應答如流，所提的政見也比較具體，且始終保持高度的理性與冷靜。反觀賀雅，除了在若干議題上無法明確表達之外（如移民政策及土耳其加入歐盟問題），更因殘障學生入學之問題而有情緒性的發言。經由此畫面的傳送與對照，選民似乎認爲薩柯吉較爲冷靜與理性。

另外，在有關中國人權與北京奧運的問題上，賀雅也沒有掌握有利攻勢。賀雅批評右派在面對中國違反人權議題上並未採取任何措施，也不主張抵制中國奧運，而薩氏則反駁指出，右派執政黨關心中國人權的問題，但並不希望採取抵制的政策，而是希望經由中國的開放帶來民主自由的改善。薩氏進一步詢問，倘若左派社會黨的立場是如此明確，爲何尚未採取任何抵制措施？且賀雅還在2007年1月急著趕赴北京訪問？賀雅的回應竟然說是爲了替法國企業界了解廣大市場並尋找商機。就左派的選民而言，這個回答並不符合左派意識形態的基本價值，也顯示出賀雅對此問題掌握的不甚理想。換句話說，薩柯吉在這次有兩千萬人收看的電視辯論會中略勝一籌。

5. 由於此次選舉的高投票率，且薩柯吉的得票率是第五共和以來僅次於戴高樂總統（1965年的55.2%）以及密特朗總統（1988年的54%），排列第三的高得票率（若1969年龐畢度與中間派候選人以及2002年席哈克與極右派的對決不列入計算），在如此的背景之下，薩柯吉可說是獲得了高度的民主正當性，而有利於薩氏未來在推動政策與進行各項改革的空間。

6. 就社會黨而言，雖然賀雅的得票在第一輪中表現相當不錯，但在第二輪投票中卻未如預期的具有競爭態勢，且得票僅有46.9%，仍低於1995年喬斯班在第二輪敗給席哈克的得票率47.4%。在此情況下，社會黨將面臨一段內部路線爭辯的過

渡期（5月12日的中央委員會選舉檢討會議中，賀雅就指出，她在選戰過程中時常遭遇到自己人的批評）。換句話說，社會黨內部不夠團結也是失敗的原因之一。

參、新任總統之國內外政策取向

就內政方面而言，席哈克總統及其相繼所任命的哈法漢政府（2002年5月到2005年6月）以及戴維爾班政府（2005年6月到2007年5月17日）執政已有一段相當長的時間，經濟政策上較強調自由競爭與市場機制，社會保障制度應有一定的延續規範與發展，但卻不應該嚴重影響經濟的成長，特別是反對調高所得稅或遺產稅、全面實施35個小時的工作權等。

在移民政策上採取較為嚴謹保守的做法，除了嚴格打擊非法移民之外，並修改國籍法；在治安政策上則採較強硬的措施以打擊並遏止犯罪。不過，實際上，席哈克及戴維爾班政府在執行各項政策中仍有諸多考量及限制，因此所展現的效果有限。就薩柯吉而言，他希望在「重建國家價值」、「建立國家權威」、「強調個人能力及表現」及「提升經濟」等基礎上，採取積極而有效的措施。

事實上，我們看到薩氏上台後於5月17日立即任命競選團隊的核心成員，曾任教育部部長的費雍（François Fillon）出任總理，並於18日組成所謂「開放與多元」的內閣團隊，期待以嶄新的面貌推行政策。[6]內閣中除了強調開放與多元之外，也特別重視「兩性共治」的原則。一方面，內閣中邀請了社會黨籍的庫茲納（Bernard Kouchner）出任外交部部長、前社會黨籍的財經政策負責人貝松（Eric Besson）出任研考部部長以及原屬「法國民主同盟」副主席莫漢（Hervé Morin）

---

6 費雍總理係1954年3月4日出生於法國西北勒曼斯市（Le Mans），來自一個書香世家，母親為知名歷史學者。1976年獲法學碩士、巴黎政治學院博士候選人。1980年與英國威爾斯小姐結婚。費氏曾經擔任過法國國家通訊社實習記者，之後擔任國會議員助理以及國防部部長辦公室主任，如此也讓費氏邁向從政之路。費氏黨政資歷豐富，1997年曾任「共和聯盟」中央委員並主管地方黨部的組織與發展事務。自1993年起歷任巴拉杜政府中的高教與研究部部長（1993～1995）、朱貝政府中的交通及科技部部長（1995～1997）、哈法漢政府中的社會部部長（2002～2004）以及教育部部長（2004～2005）。2005年6月，戴維爾班出任總理，有鑑於費氏與薩柯吉的特殊關係，故未延攬費氏入閣，費氏失落之餘改而競選參議員並獲當選連任（2005～2007），也就是在這段時間積極參與及籌劃薩柯吉的總統之路，薩氏當選之後立即任命其為總理。

出任國防部部長；[7]另一方面則任命了7位（近半數的部長）女性部長，其中包括內政部部長、文化部部長、司法部部長、高教及研究部部長、住宅與市政部部長、健康、青年與體育部部長和農業及漁業部部長等，特別是司法部部長達蒂女士（Rachida Dati）年僅41歲，且父母親係來自摩洛哥及阿爾及利亞的移民後裔，更展現出新政府的特色。

　　費雍政府在第一時間即採取的重大政策有：推動社會福利的彈性化、男女薪資的平等、設立移民與國家認同部及永續發展部（集合了能源、交通、水利、生態保護等部門）、設立教育與文化部、成立修憲委員會以為總統未來能直接到國會兩院做施政方針報告。另外在經濟、治安及教育層面則有：稅制改革（加班費免稅、房貸得以折稅、調降遺產稅等）、司法改革（調降青年人累犯的刑事責任為16歲、設置特殊犯罪療養院等）以及教育改革（大學管理的鬆綁）。這些政策與措施將有效提升法國的經濟成長與競爭力，不過，同時也將嚴重影響原有的許多社會福利保障制度，特別是未具專長待業者、青年就業者以及中低收入之勞工階級。

　　在外交政策上，受到席哈克執政12年的影響，外交政策上採戴高樂主義以及務實的路線，強調世界多邊主義以及聯合國的安全和平機制、反對美國單極霸權主義、反對出兵伊拉克、反對片面制裁伊朗等。由以上所提的政策主軸來觀察，薩氏本身並不是熱心且熟悉外交事務，因此法國外交政策並沒有太大改變。事實上，我們由薩柯吉總統在新政府中任命社會黨的國際人道主義者庫茲納擔任外交部部長，並仍持續推動既有的中東政策可以了解。

　　在對美國關係上，雖然薩氏曾表示將與美國重修舊好，以維持良好夥伴關係，特別是在2007年8月間赴美國渡假，並接受布希總統邀請的私人訪問，但也強調反對伊拉克戰爭且希望美國在處理全球暖化問題上能發揮作用。在中東問題上，雖然薩氏對以色列表示支持與友好，但中東問題較為複雜且敏感，故相當謹慎因應。在歐盟統合問題上，薩氏支持27會員國通過一項簡化條約（主要包括歐盟主席的產生與制度、共同外交政策的強化以及條件多數的實施等），並在法國推動以國會立法的方式通過，以避免訴諸公民投票所可能遭遇的困境。不過，在土耳其是否加入歐盟的問題上，薩氏則明白表示了反對的立場。

7　貝松原係法國社會黨中央委員主管財經事務，同時亦負責總統候選人賀雅選舉中的財經政策。唯在2007年2月間，因與賀雅政策理念不合憤而辭職，並立即投靠到薩柯吉的陣營，造成社會黨內部的重大危機。2007年3月30日，貝氏更出版《誰認識賀雅女士？》（Qui connaît Madame Royal?）一書，內容對賀雅多所批評，對賀雅的選舉造成負面影響。

肆、「人民運動聯盟」獲得國民議會過半席位

　　根據2001年5月新訂有關國民議會議員任期之規定，2002年6月改選上任的國民議會議員任期應到2007年6月第三個星期二為止（亦即6月19日）。2006年10月24日部長會議確定了國民議會選舉的時間為2007年6月10日及6月17日。事實上，此項選舉是繼總統大選後的關鍵選舉。就右派而言，薩柯吉總統必須獲得國會的多數才有辦法推動與實施各項選舉政見與承諾；就左派而言，既然無法贏得總統大位，若能贏得國民議會選舉，即為有機會拿下總理職位，再度出現「左右共治」，如此也能扳回一城。

　　在經過兩輪投票之後，薩柯吉總統與費雍總理所領導的「人民運動聯盟」挾著總統勝選的餘威以及「開放與包容」的施政策略，獲得46.37%的選票，313個過半的席位。（請參閱表附4.13）另外，在總統第一輪投票之後，而脫離「法國民主同盟」貝胡的23位競選連任的國會議員，也以「總統多數黨」（la Majorité Présiden-tielle, MP）的名義參選，並在薩柯吉的支持下分別當選，更讓「人民運動聯盟」能在國民議會中取得高度的優勢。不過，令人意外的是，費雍政府中的第二號人物、永續發展部部長朱貝卻於經營30年的波爾多市選區輸給了社會黨候選人，令人跌破眼鏡，也引發朱氏的辭職，並宣告退出政壇。

　　值得一提的是，由貝胡所領導的「法國民主同盟」係以「法國民主同盟—民主運動」的名義推出候選人參選。不過，受到黨內菁英出走以及第二輪投票缺乏大黨支持的影響，造成該黨僅獲得0.49%的選票，只有3個席位的結果（包括貝胡本人的當選）。

　　在左派方面，法國社會黨在總統選戰中失利後，士氣低迷，內部檢討聲浪不斷，加上薩柯吉總統採取開放政策，甚至延攬社會黨重要領導人出任要職，的確讓社會黨內部團結及共識產生一定的影響。不過，黨主席歐蘭德（François Hol-lande）堅持選完再議的原則，以及採取哀兵的策略，呼籲選民給社會黨一個機會來有效制衡總統。事實上，這個策略似乎奏效，社會黨在得票率上獲42.25%，比2002年的35.26%多了近7個百分點，在席次的數量上也有展獲，共拿下186個席位，比2002年多了46個席位。換句話說，社會黨及左派（特別是共產黨）的選民在第二輪的投票中積極動員將票集中在勝算較大的社會黨候選人身上才有如此的結果。

　　這個發展也可說明了共產黨持續下滑的選情。此次選舉中共產黨的整體得票

率爲2.28%，比2002年的3.26%少了1個百分點，席位的數量也有所減少，僅獲15個席位，比上屆少了6位。同樣地，受到選舉制度的影響，由勒彭所領導的「國家陣線」雖然獲得了與共產黨相同的得票率，但卻一席也無法當選。綜合而言，由於右派「人民運動聯盟」與「總統多數黨」（已正式改名爲「新中間黨」）共同掌握了絕對過半的席位，除了支持薩柯吉總統之外，也積極與費雍政府合作。

　　2012年的總統大選在5月6日週日的第二輪投票中落幕。在野的法國社會黨候選人歐蘭德（François Hollande）以51,64%的得票率（18,000,668得票數）對48,36%（16,860,685得票數）的得票率擊敗了爭取連任的右派人民運動聯盟薩柯吉（Nicolas Sarkozy）當選下任總統。歐氏是繼1995年密特朗總統（François Mitter-rand）以來的第一位再次贏回執政的社會黨英雄。毫無疑問的地，此次法國大選不但牽動法國政經政策的發展主軸，同時對歐洲聯盟的未來發展也會產生重大影響。

壹、候選人與選舉過程

一、連署門檻產生爭議，第一輪共有十位候選人

　　爲了維持總統選舉的嚴謹性，並避免候選人的過於浮濫，1962年11月6日所通過的第62-1292號法有關總統直選的施行條列中特別規定了，所有有意參選的候選人必須還要附上500位民意代表的公開連署支持，並經憲法委員會審查通過後始得正式成爲候選人。

　　依據憲法委員會的說明，有符合資格的民意代表包括，市長（約有35,000個大小市鎮）、國民議會議員、參議員、歐盟議會議員、區議員、縣議員以及海外地區的民意代表共約42,000位。從數字的角度而言，候選人似乎並不難取得連署，但實際上法律就連署人的多元性也做了一定的規範。換句話說，連署程序規定了這500個民意代表不可以過於集中，必須分別來自至少30個縣或海外區的民意代表，而且同一縣或海外區的連署人不可以超過50位。

　　基本上而言，這項規定對於傳統上有地方經營基礎或是較大的政黨並不會造成困擾，但對小黨或是獨立參選人而言，這就構成了一大挑戰。另外，有些民意代表唯恐連署表態會影響自身的利益或政治前途，因而態度相對保守。法國「國家陣

線」長久以來雖在國民議會無法獲得席位，但在若干地方上卻有相當重要的實力，且屢次在總統大選中取得相當不錯的成果。此次總統選舉的初期階段，代表「國家陣線」的勒彭女士（Marine Le Pen，其父即爲前黨魁勒彭）以及代表「歐洲生態及綠色聯盟」的喬麗女士（Eva Jolly）就一直爲缺乏民意代表之連署所苦。爲此，勒彭女士還特別向憲法委員會就連署人的數量、民主性以及強制公開性提出違憲釋憲的請求。勒氏也提出論述指出，這項規定不但違反憲法第4條的民主與公平的精神，且許多連署人礙於大黨的壓力不願表態。不過，憲法委員會在2012年2月21日仍然做出合憲合法的裁定。

2012年3月20日，憲法委員會公告了10位候選人名單。分別是，爭取連任並代表「人民運動聯盟」（Union pour un Mouvement Populaire, UMP）的薩柯吉總統、代表社會黨（Parti socialiste, PS）的歐蘭德、代表「歐洲生態及綠色聯盟」（Europe Ecologie et les Vert, EELV）的喬麗女士、「國家陣線」（Le Front national, FN）的勒彭女士、「左派陣線」（Front de Gauche, FG）的梅隆雄（Jean-Luc Mélenchon）、「新興反資本主義黨」（Nouveau Parti anti-capitaliste）的葡杜（Philippe Poutou）、「工人奮鬥黨」（Lutte Ouvrière, LO）的阿爾都女士（Nathalie Arthaud）、「團結進步黨」（Solidarité et Progrès）的謝米納德（Jacques Cheminade）、「共和再興黨」（Debout la République）的杜邦艾尼安（Nicolas Dupont-Aignan）等共10位。從候選人的數目來看，2012年共有10位候選人，與2007相較少了兩位候選人，倘與2002年16個候選人相比則少了更多，顯示出有意或有能力參與總統選候選人似有減少的趨勢。

受到全球經濟不景氣的影響以及歐債危機的陰影之下，法國總統大選的選戰主軸仍圍繞在提升購買力（如，調高中低收入者最低薪資）；經濟與財稅改革（如法國優先、徵收海外所得富人稅、創造15萬個就業機會）；社會福利制度的調整（如改革退休制度、增建國民住宅）；治安以及移民管制等問題（如增加警力包括地方警察）等，至於國防與外交的問題，除了退出北約以及阿富汗撤軍的時間表有所爭議之外，此議題似完全不爲候選人所重視。

二、4月22日第一輪結果皆未過半

4月22日週日的第一輪的投票中，登記合格的選舉人共有46,028,542人，參與投票的共有36,584,399人，投票率爲79.48%。此次投票法國共設有約8,500個投票所，投票時間自早上8時至下午6時或8時。投票結果並無任何一位得票過半（投票

結果請參閱表附2.9）。

此次投票具有以下特點：

1. 此次選舉係第五共和直選總統以來第九次的總統選舉。就投票率而言，此次投票率（79.48%）與歷屆投票率相比算是相當熱烈，雖然比不上1965年（85.75%）、1974年（84.22%）以及2007年（83.77%）的高投票率，但卻比1969年（77.59%）、1995年（78.38%）以及2002年（71.6%）的投票率高一些。

2. 在野的社會黨歐蘭德此次以「改變就從現在起」（Changer, c'est maintenant!）作爲選戰主軸，以過去密特朗總統的理念與領導風格爲榜樣，雖起步較晚，但在社會黨團結的基礎上獲得第一高票，順利進人第二輪。值得一提的是，2002年的總統大選中，由於社會黨人士的掉以輕心，結果候選人喬斯班（Lionel Jospin）在第一輪中以些微的差距落後極右派「國家陣線」的候選人勒彭（Jean-Marie Le Pen）排名第三，無法進入第二輪，造成憾事。因此，此次選舉中，社會黨領人士採取積極動員，謹慎行事的策略。

3. 薩柯吉總統以現任優勢，特別在一個整體經濟不景氣的環境下，以「法國一定強」（La France Forte）的選舉口號及主軸，期望法國選民再投一次信任票。另外，薩柯吉也挾總統與候選人的雙重身分，加上強勢且具爆發性的風格，頗有連任之態勢，但在第一輪中卻未取得最高票的優勢，似乎已種下「時不我與」的敗選隱憂。

4. 極右派「國家陣線」候選人勒彭女士，獲得17.9%的選票，令人刮目相看。勒彭女士是前黨主席、歷屆總統大選的候選人勒彭的女兒，亦爲現任黨主席，雖然排名第三，但卻是有史以來總統選舉中得票最高的一次。勒彭先生曾分別在1974年、1988年、1995年、2002年以及2007年參與總統大選，最高曾經於2002年獲得16.86%的得票並參與第二輪的選戰。此次「國家陣線」仍以法國優先、改善治安、嚴格管制移民、退出歐洲聯盟及歐元區等相當直接且尖銳的政見方競選主軸，也獲得許多選民的迴響。

5. 「左派陣線」梅隆雄也獲佳績。2007年的總統大選中，代表共產黨的布菲女士（Marie-George Buffet）僅獲1.93%的選票，令支持者大失所望。2012年，自社會黨分裂出來的梅隆雄不但選上歐盟議會議員，同時也成功地整合共產黨的力量角逐總統選舉。梅氏的演說一流、頗具領袖魅力，其嚴屬的批判風格以及直接的改革訴求也吸引了許多選民的支持，因而獲得11.10%的選票，相當不錯的成績。

6. 若進一步觀察極右派勒彭女士18%以及左派陣線梅隆雄11%的選票觀察，顯

示出法國許多選民對現存左、右兩大政黨的不信任感,甚至於反感,但似又無力取得權力而得以改變的無奈,只好以一種「懲罰性」的投票行為來保護甚至於爭取權益。在此背景之下,未來總統在施政上將會呈受相當多的壓力與期待,倘若在短時間無法達到選舉承諾則可能很快就會面臨強大的指責。

7.「民主運動黨」貝胡勢力一落千丈。貝胡曾領導「法國民主同盟」參與2007年的總統大選,並在第一輪投票中獲18.57%的選票,排行第三,展現相當重要的實力。不過,隨著薩柯吉的執政以及積極整合非「人民運動聯盟」的右派領導人,「法國民主同盟」也於不久改組成「民主運動黨」。此次大選由於左、派兩大政黨皆相當團結且實力相當,造成強調傳統中間人士的力量受到嚴重的壓縮。貝胡雖然獲得了9.13%的選票,但與原先的預期差距甚大。

8.總統大選雖然有10位候選人,但實際上,最前面的5位候選人就已經占去了約94%的選票,除了極右的候選人之外,左、右兩派則各有2位最有潛力的候選人,顯示出總統選舉仍是以傳統的左右對決為基礎。

貳、社會黨歐蘭德勝選

由於上列候選人中沒有一人在第一輪中獲票超過半數,因此依據法國憲法必須於二週之後再行舉行第二輪的投票。當然,為了考量當選人需過半數之條件,憲法規定了只有在第一輪中獲得最多票的兩位候選人始能參加。換言之,就是歐蘭德和薩柯吉兩位。值得一提的是,此次總統大選的投票率雖比上屆2007年時為低(第一、二輪都有約84%的投票率),但也分別有79.48%和80.35%,顯示出此次總統大選的競爭激烈,同時法國選民仍對法國未來政經走向展現高度的關心。投票結果,歐蘭德以113萬選民的差距贏得勝利,形成17年以來的政黨輪替(投票結果請參閱表附3.9)。大體而言,兩位候選人的成敗因素如下:

一、歐蘭德獲勝之原因

1.法國人心思變,換人做做看的氣氛與心態成功發酵,左派歐蘭德的「改變就從現在起」的選戰主軸勝過了右派薩柯吉的「法國一定強」。事實上,面對國內經濟嚴重衰退、失業人口持續上升(法國的失業人口達10%之高峰、希臘的年輕人三分之一以上待業或失業)以及歐元危機的困境,法國、希臘選舉結果分別呈現換人

做做看、政黨輪替的情形，其實並不十分令人意外。法、希兩國候選人及政黨在選戰過程以及投票前夕的許多民調中出現對現任執政者不利之情形。

2. 團結的社會黨回應了許多選民的期待。歐蘭德黨內初選獲提名成功之後並未造成社會黨的分歧，反之，幾乎所有的社會黨大老（前黨主席、前總理等）皆全力支持並跳至第一線爭取選民認同，特別是初選的競爭對手，前歐盟執委會戴洛（Jacques Delors）的女兒歐布蕾女士（Martine Aubry），也就是現任黨魁、前總統候選人賀雅女士（Ségolène Royal）以及前總理法畢士（Laurent Fabius）也都相當積極的爲選戰奔波。

3. 第二輪投票前夕的選票轉移有利歐蘭德。第二輪的投票中，任何一位候選人皆希望獲得其他黨派或候選人選民直接或間接的支持以便開拓票源得以當選。投票前夕，算是長久以來中間偏右的民主運動黨魁貝胡（François Bayou）以其排列第四而有9.13%選票之實力卻公開表態以個人名義支持歐蘭德，的確產生了正面效應。

4. 5月2日的兩人電視辯論會上，歐氏較有備而來，表現穩健，風度大方，所提各項改革政見都能清晰表達，似獲得較多選民的認同。反之，薩柯吉表現似過於自信，極力展現強勢風格與現任優勢，造成許多選民的反感。

5. 歐蘭德提出重新談判《歐元財政改革條約》，反對過於嚴苛的緊縮政策，認爲此舉限制了經濟成長以及創造就業的機會。此外，歐蘭德在其選舉政見中提出了增加6萬名中、小學教師之職缺以及創造15萬人的就業機會給年輕人等，這些政策吸引了許多年輕人的選票。

二、薩柯吉敗選之原因

1. 薩柯吉執政5年並無法解決經濟問題，除了無法有效改革若干不合理的稅制以及貧富差異日增的問題之外，歐債危機更讓選民對薩柯吉失去信心。選舉前夕，經濟研究機構公布失業人口再次增加更令薩氏選情雪上加霜。

2. 執政風格過於強勢和自信，不尊重憲政體制，凡事事必躬親，綜攬大權，視其「總理」爲下屬，甚至於右派執政團隊皆有所埋怨。

3. 右派內部不夠團結，特別是前總統席哈克由在好幾個月之前就公開宣稱將投票給歐蘭德。

4. 4月23日至5月5日第二輪投票投票前夕，薩柯吉在造勢活動的場合中所發表的言論過於激烈，雖然想要吸引極右派的選票，但如此也嚇走了許多中間偏右的選

票。貝胡就是在此背景之下批評薩柯吉已脫離了傳統右派以及中間勢力的基本價值，進而轉向表態支持歐蘭德。這對薩柯吉造成極大的殺傷力。

5. 電視辯論表現不佳，一方面對政策的陳述過於分散，且侷限在自我辯護，而疏忽了未來的前瞻性；二方面態度上過於強勢，缺乏親和力，甚至於有時咄咄逼人，引起電視機前觀眾的反感。

參、歐蘭德展現新的領導風格

為了避免薩柯吉執政時期「事必躬親」、「全權在手」以及「強勢作為」的領導風格，並遭遇到許多的批評，歐蘭德上任時則特別強調了「回歸憲法」，希望嚴守分際，做一個「正常」的總統。歐蘭德總統還特別在2012年5月15日的就職演說中強調，總統會確立若干施政優先重點，但絕不會去做所有的決定，也不會去替他人做所有的決定，更不會在大小事務上去做決定。總統將會依憲法之規定，尊重政府制定並執行政策。[1]不過，誠如法國《世界報》（Le Monde）政治專欄評論家佛雷索女士（Françoise Fressoz）所撰〈不正常情勢下的一個正常總統〉（Un président normal dans une situation anormale）一文所分析的，雖然歐蘭德總統一再強調「正常總統」的自我期許與領導風格，但實際上，法國左派社會黨無論在國民議會或是參議院皆掌握多數，同時在地方行政權上也都取得多數的執政，換句話說，就是所謂的「全面執政」，在此情形下，歐蘭德總統的確是一個擁有龐大權力的總統。[2]

肆、社會黨獲國民議會選舉過半席位

2000年之時，在席哈克總統的主導以及各黨的共識之下，總統的任期被改為5年與國民議會的任期一致。在此情形之下，自2002年起，法國總統皆是於任期屆滿該年的4、5月間進行改選，同時也在總統選完的隔月，也是國民議會任期屆滿並進

---

[1] 可參閱歐蘭德總統的就職演說。La déclaration de l'investiture du 15 mai 2012.

[2] 參閱Françoise Fressoz, "Hollande, un président normal dans une situation anormale," *Le Monde,* 18 juin 2012.

行改選。這樣的修憲與選舉時程的先後次序主要考量到行政權的整合性與穩定性，避免「左右共治」發生的可能性及困擾。2002年5月當選連任的席哈克總統以及2007年當選的薩柯吉總統皆能在隨後的國民議會改選中獲得過半的執政優勢，也就是說法國選民傾向繼續於給予新總統一個過半數的國民議會，以順利任命總理並有效落實政見。

　　事實上，正當總統大選如火如荼展開的過程中，國民議會也依法舉行改選的相關事宜。首先，投票日期是在2011年5月11日的部長會議中所做的決議並由內政部公告。其次，憲法委員會於2012年4月25日以第2012-558號行政命令正式公告了6月10日以及17日為投票日期。國民議會的投票係將全國及海外區，甚至於包括海外法僑分為577個單一選區並選出577名國民議會議員。投票方式為兩輪多數決。換句話說，國民議會之選舉制度與總統選舉類似，除非是有一位候選人在第一輪投票中就獲半數選票而當選，否則就需於隔週週日舉行第二次投票（總統選舉係第二週），在此情況下，只有在第一輪得票12.5%以上的候選人始能參加第二輪選舉，倘若沒有一個候選人能達到12.5%這項門檻，則僅有第一輪得票最多的前兩位候選人始能參與第二輪，第二輪的投票結果中獲票最多的候選人為當選。

　　此次改選中共有約14個以上的黨派參與，當然還有許多無黨無派的獨立參選人（參閱表附3.14）。此次選舉的過程並不出人意外，總統選舉獲勝的社會黨挾著勝選餘威以及總統與新執政團隊的優勢獲得大多數選民的認同與信任，以258的席位結合左派小黨19位共計297席位過半並得以推動新政。值得一提的是，此項選舉的兩輪投票率都相當的低，第一輪為57.22%，第二輪只有55.4%，雖然第一輪已有候選人當選而稍有影響，但與2007年的60.44%以及59.99%相較還是有一定的差距。這個現象也顯示出兩個意義，第一，法國選民對歐蘭德總統的再度信任投票，藉由一個多數且穩定的聯盟讓總統得以透過所任命的政府團隊來推行新政與改革；第二，法國大多數選民的成熟以及對當前憲政體制的認同與共識，自2002年修憲以來，總統當選人及所領導的政黨與聯盟都能在國民議會的選舉中獲得多數並順利任命政府施政，而未出現所謂「左右共治」的分立情勢。

2017年的法國總統大選在經過4月23日以及5月7日兩輪的投票之後，強調無政黨身分而領導「前進」運動（En Marche）的馬克宏（Emmanuel Macron）以66%對34%的選票擊敗極右派「國家陣線」（Front national）候選人勒彭女士（Marine Le Pen）而當選。馬克宏總統以39歲年輕世代及清新形象獲得青睞，並成為法國第五共和以來最年輕的總統，可說深受老百姓的期待。

壹、第一輪結果令人跌破眼鏡

2017年之總統大選也是因歐蘭德總統任期屆滿而舉行，由於歐蘭德總統施政績效不佳，民意支持度差，因而在2016年12月1日決定不再爭取連任，也創下一個總統選舉的歷史新紀錄。在此情況之下，左、右派各主要政黨領導人士皆卯足全力以爭取大位。

隨著大選的起跑及加溫，除了極右派勒彭女士早於2016年2月份經黨提名宣布參選以及標榜超越黨派的馬克宏在2016年11月26日自行宣布參選以外，右派及左派陣營的共和黨及社會黨也相繼在2016年11月27日及2017年1月29日完成初選並推出候選人。事實上，在總統選舉的兩輪制度規範之下，為了避免歷屆總統參選人的爆炸，總統的選舉辦法中規定每位有意參選之候選人仍必需獲得500位法國各級縣、市長或各級民意代表的連署並經憲法委員會審查通過後始得成為正式候選人。不過，此次的選舉中仍有多達11位的候選人參與，除了呈現百花齊放、百家爭鳴的現象之外，也反映出法國民主的特殊政治文化。這11位候選人包括了，代表「前進運動」（En Marche, EM）的馬克宏（Emmanuel Macron）、「國家陣線」（Front national, FN）的勒彭女士（Marine Le Pen）、「共和黨」（Les Républicaines, LR）的費雍（François Fillon）、「左派陣線」（Front de Gauche, FG）的梅隆雄（Jean-

Luc Mélenchon）、「社會黨」（Parti socialiste, PS）的阿蒙（Benoït Hamon）、「共和再興黨」（Debout la République, DLR）的杜邦艾尼安（Nicolas Dupont-Aignon）、無黨籍（Indépendant）名義參選的拉薩爾（Jean Lassalle）、「新興反資本主義黨」（Nouveau Parti anticapitalisme, NPA）的葡杜（Philippe Poutou）、「共和人民聯盟」（Union populaire républicaine, UPR）的阿斯里諾（François Asselineau）、「工人奮鬥黨」（Lutte ouvrière, LO）的阿爾都女士（Nathalie Artaud）以及「團結進步黨」（Solidarité et progrès）的謝米納德（Jacques Cheminade）。此外，候選人的政見也是五花八門，從極右的法國優先、反對貿易自由化、加強邊境管制、緊縮外籍移民及難民、修改國籍法、強化國家認同、反對歐盟統合、退出歐元區等政策一直到極左的降低勞工時數、擴大社會福利措施、推動全民生活最低津貼等。不過，比較嚴肅的議題仍是經濟成長、高失業率、強化社區治安、打擊恐怖主義、提升政府效能、移民政策、勞動政策、教育改革、稅制調整以及對歐盟之政策等。4月23日的第一輪投票中，除了馬克宏領先的幅度較大之外，排序第二、三、四這三位候選人的得票數皆相當接近，可見競爭之激烈。依票數計算，由排名第二的勒彭女士有資格進入第二輪（請參閱表附2.10）。

綜合觀察，第一輪的選舉結果有以下特色：

1. 投票率創新低：此次投票率為77.77%，是第五共和成立以來僅高於1969年6月總統大選的77.59%。基本上，法國總統選舉的投票率皆相當高，2002年更有近84%的投票率，顯示出選民對此次總統選舉的關注與熱絡有所降低。

2. 傳統左、右派執政大黨受到排斥：在第一輪選舉結果中，右派候選人費雍以及左派社會黨候選人阿蒙分別排列第三和第五，尤其是阿蒙代表執政的社會黨參選卻僅獲6.36%的選票，下場悲慘，顯示出選民對傳統的政黨力量失望。

3. 馬克宏意外出線，人心思變：馬克宏代表年輕世代，努力經營基層，擅用網路媒體，選舉政見以「革命」為主軸，超越左右，獲得第一高票進入第二輪，顯示出法國選民的求新求變。

4. 極右派勒彭女士策略成功，氣勢提升：極右派候選人勒彭女士在選戰中持續調整策略，避免極端且呼應中下弱勢群眾，一舉衝出第二進入第二輪，這也是繼其父在2002年參與總統大選以來的最好成績。

5. 右派費雍從高峰跌落谷底，濫用公帑、借用人頭、虛報薪資以及個人奢華形象受到嚴厲批判，進而失去選民之信賴。顯示出法國選民愈來愈重視法國政治人物的操守與形象。

6. 執政的社會黨不但因施政無能而遭遇到選民「懲罰性投票」，同時又受到許多重要領導人物紛紛跳槽支持馬克宏造成雪上加霜，一敗塗地。

7. 左派陣線（原共產黨）在梅隆雄帶領之下，以「反體制」、「反歐洲」、「反全球化」、「反資本主義」的政見大受基層選民的青睞，在第一輪中排名第四，其票數差一些就可與排名二、三的一爭長短。此現象也反應出有許多選民對當前法國及歐洲政經發展的形勢非常不滿。

8. 就馬克宏與勒彭女士的得票分布觀察，馬克宏的得票集中在都會型市鎮，而勒彭則在外省鄉鎮地區較獲高度支持，顯示出兩人的選票社會背景有相當大的差異。

貳、馬克宏當選讓歐盟如釋重負

在經過兩週的激烈競選活動以及候選人面對面的電視辯論之後，代表「前進運動」的馬克宏以超過二千多萬，66.10%的選票大幅領先勒班的一千多萬（33.9%）的選票當選新任總統（請參閱表附2.10）。值得一提的是，第二輪的投票率仍然偏低，僅達74.56%，是第五共和以來少見，另總投票數中也將近有11.52%的廢票及棄權票，估計達400萬的選民，顯示出許多法國選民對政治及候選人的失望。

綜合觀察，馬克宏能在第二輪投票中脫穎而出當選總統，其主要原因如下：

1. 馬克宏現年39歲，屬年輕世代，形象清新，雖然在社會黨歐蘭德總統任內踏入政壇進而擔任財經部部長，但卻也敢於主動離職並走自己的路，一舉達成目標。馬克宏當選也改寫法國歷史的紀錄，他不但是法國第五共和以來最年輕的總統，同時也是法國歷史上最年輕的總統。

2. 馬克宏重視基層及地方民意，2016年8月30日請辭部長後就勤跑基層，取其姓名縮寫成立「前進運動」（En Marche），在全法國走透透並凝聚民意提出選舉政見，受到許多人的支持。有鑑於費雍及勒彭皆捲入不當利益輸送的漩渦及醜聞，政見中特別提出推動「政治陽光法案」，以加強對政治人物的監督與規範，確實獲得廣大的迴響。

3. 第二輪選戰策略成功，馬克宏有效獲得左、右派政黨領袖與選民的支持與票源轉移以便抑制極右勒彭的勢力。我們看到無論右派候選人費雍以及社會黨候選人阿蒙皆在第一時間公開表態支持馬克宏。

4. 5月3日兩位候選人面對面的電視辯論會中,馬克宏以態度沉穩、專業優勢獲得好評並產生加分的效果(特別是在雙方辯論歐元的存廢議題上,勒彭似居於劣勢)。此外,馬克宏支持歐盟的立場也獲不少中間選民的支持。

5. 反之,勒彭女士在第二輪投票前的選戰期間,其所採取的策略與作風似過於急躁且尖銳,除了嚇跑了若干原未參與第一輪投票的選民之外,同時更激發了許多傳統左、右派選民的危機意識,導致勒彭的選票完全不如預期(原先的許多民調估計勒彭女士可獲40%的選票)。

參、國民議會改選大獲全勝

馬克宏總統於5月14日正式上任之後就立即面臨了國民議會(Assemblée natio-nale)的改選(總共有577個席位),歷經6月11日及18日兩輪的投票,馬克宏所領導的「共和前進黨」(La République En March –LREM)以308席次獲得絕對多數並進而全面執政。共和前進黨大勝的主要原因是,第一,馬克宏總統的當選帶動並吸引許多候選人及選民的認同並期望完成改革,也就是俗稱之衣尾效應。第二是,新的選舉制度限制議員的兼職(如地方民選市長、民選縣長等不得兼任國會議員)以及要求男女一定的比例都有利於新生的政黨及政治人物的投入。第三則是單一選區兩輪多數決下選民棄保效應的獲利者;傳統左右政黨的選民為了避免極右國家陣線的候選人當選,因而寧願將選票投給共和前進黨的候選人,這也是國家陣線雖在總統大選中能獲上千萬的選票,但最終僅獲8個席位(包括勒彭女士的當選)。不過,值得一提的是,此次國民議會的兩輪投票中,其投票率皆創下歷史新低(第一輪48.7%;第二輪僅42.64%),似也顯示出法國人民對政治的冷漠。(請參閱表附4.15)

綜合觀察,馬克宏以年輕世代、溫和改革的形象以及跳脫傳統政治框架的主張當選法國總統,剛上任之初的確帶給法國人民不一樣的氣氛,除了在外交事務上,在面對歐盟政策、英國脫歐、美國川普總統以及爭取巴黎主辦奧運會等方面充滿自信且成為全球亮點(特別經常性的展現其英文溝通能力)之外,同時在國會改選之後的內閣改組更進一步排除操守受到質疑的部會首長,讓其聲望與支持度達到

高峰。[1]但是，由於馬克宏總統可能過於自信與強勢且其政府團隊也較缺乏執政經驗和良好的合作模式（重要部會首長仍是政治妥協與酬庸式的結果），造成馬克宏總統民意支持度下滑且對其執政不滿意度大幅上升的困境。依據「IFOP-JDD」所做的民調顯示，2017年5、6月間，馬克宏的民意滿意度有62至64%，不過，到了9月間卻大幅下降了20%，到達40%的滿意度。進一步而言，馬克宏一方面在人事上過於強勢而造成參謀總長戴維利葉（Pierre de Villiers）的請辭下台，嚴重影響其領導形象；二方面在所主導的改革第一波政策中又無法讓老百姓有感（如，社會福利稅、房屋稅的取消、「政治陽光法」、裁減個人房租津貼等），因而導致人民的疑慮與反感。2017年9月的參議院改選並未預期的成功，參議院多數仍掌握在右派領袖手中，顯示出馬克宏承諾要推動的新制改革仍將面臨許多嚴峻的挑戰，而法國人並不希望權力過於集中。

2016年11月24日馬克宏出版名為《革命》（Révolution）一書並提出參選政見。[2]馬氏在序言中指出，我們必需面對全球化這個現實才能再找回希望。此外，他說他要帶領法國人民進行一場「民主的革命」。馬克宏總統上任後積極推動改革，在經濟政策上，如放寬勞動法讓工時更且彈性、取消財富稅、取消房屋稅、法國鐵路公司民營化等。在政治方面，如通過「政治陽光法」禁止國會議員聘用家屬在國會任職、取消國會長久以來的特別保留預算、加速審理各項難民及庇護申請案件等。在環境保護方面，如立法規範在2040年之後將停止開發碳氫化合物同時將降低核能使用的比率50%（選舉政見為75%）。在社會及教育方面，如全國高速公路速限時速80公里、國民義務教育從3歲幼稚園開始。不過，也許因為馬克宏總統操之過急且政治閱歷不深，2017年6月21日的第二波內閣改組中就有四位重量級部長（包括「民主運動黨」主席貝胡）因操守問題及利益衝突而請辭，嚴重影響馬克宏的執政形象。[3]2018年7月開始，馬克宏總的執政面臨一系列的危機與困境，讓馬克宏與菲利浦總理疲於奔命，難以推行大政。首先是2018年7月18日馬克宏的身邊親信貼身安全官兼總統府機要室副主任班納拉（Alexandre Benalla）被媒體爆料濫用職權、非法參與街頭維安行動並暴力毆打示威群眾，造成輿論大譁，班氏被迫離職

---

[1] 可參閱Bernard Dolez, Julien Frétel, Rémi Lefevre (dir.), *L'entreprise Macron* (Grenoble: PUG, 2019), pp. 21-38.

[2] 參閱Emmanuel Macron, *Révolution* (Paris: XO édition, 2016).

[3] 也有一些政治觀察家認為馬克宏用人仍侷限於小圈圈，參閱Jean-Pierre Bédéi et Christelle Bertrand, *La Macronie ou le "nouveau monde" au pouvoir* (Paris: l'Archipel, 2018).

並移送法辦。[4]其次是2018年8月28日環保與能源轉型部部長俞羅（Nicolas Hulot）的辭職，俞氏是長久以來的環保大將、環保黨領袖，勝選後入閣有其政治象徵意義，但因馬克宏的環保政策與競選承諾不合，故不歡而散。2018年10月2日，重量級內政部部長柯隆博（Gérard Collomb）不滿馬克宏計畫於2020年3月的市政選舉培養並推舉自己屬意的人選去競選里昂市長，憤而辭職不幹，重回里昂市籌備競選連任。

　　最後就是2018年11月17日開始且名為「黃背心運動」（Mouvement des Gilets jaunes）的社會抗爭。2018年9月間，為了因應油價的上漲以及法國政府的能源與環保政策，馬克宏總統宣布將調高油價並附加徵收所謂的「能源稅」。此項措施引起許多在法國外省縣市跨區工作的小市民不滿，認為馬克宏的政策不但讓更多的中下階層小老百姓生活困難，同時也造成稅制的嚴重不公。隨著許多不滿人士利用網路社群媒體的反應及串聯，此項反對聲浪的力量一發不可收拾並共同號召於11月17日在全國各城市上街抗議。此項抗議示威活動不但有上百萬的人民參與，同時在巴黎更出現了多次嚴重且大規模的警民流血衝突，對馬克宏政府產生極大的影響。正如政治學者貝里諾（Pascal Perrineau）所分析的，這個社會運動並非由傳統的政治人物或工會團體所發動，但卻意外地產生如此大的迴響與震撼，顯示出法國小老百姓對稅制公平與社會正義的堅持與期待。[5]在面對如此龐大的壓力之下，馬克宏終於讓步並於12月5日宣布取消加稅、調高最低薪資以及研議50億歐元的減稅措施等。不過，黃背心運動並未接受政府的作為且持續不定期的，特別是週末假日發動街頭抗爭，讓法國警政單位也相當困擾。黃背心運動持續的抗爭行動一直到2020年3月隨著政府所採取的抗新冠肺炎緊急措施而暫告一段落。

肆、2020年7月內閣改組及其政局發展

　　隨著新冠疫情的暫時紓緩以及2020年6月28日市政選舉第二輪投票的結束，馬克宏總統在考量未來兩年的施政成效以及2022年5月的總統連任的因素之下，毅然

---

[4]　此事件牽連甚廣且餘波盪漾，可參閱Sophie Coignard, *Benalla: la vraie histoire* (Paris: L'Observatoire, 2019).

[5]　參閱 Pascal Perrineau, *Le grand écart: Chronique d'une démocratie fragmentée* (Paris: Plon, 2019), pp. 92-101.

決定請菲利浦總理提出內閣總辭並立即更換新的執政團隊。2020年7月3日任命政治知名度並不高的卡斯戴克士（Jean Castex）出任總理。綜合觀察，就菲利浦總理在位3年多的執政表現而言，雖然在第一階段的改革過程中面臨許多的困難與挑戰，但是就與馬克宏總統的互動與互信上可說是四平八穩，其施政滿意度也不差，尤其是在對抗新冠病毒疫情期間，菲利浦總理的聲望有時更高於馬克宏總統。不過，就重大政策推動上，馬克宏總統與菲利浦總理之間仍有諸多矛盾之處，特別是在以下四個政策方面：

1. 黃背心運動：2018年9月菲利浦總理提出增收「能源稅」、提高油價，同時更企圖立法限制高速公路的最高時速為80公里。事實上，此項政策並非馬克宏總統的選舉政見，比較是出自於菲利浦總理在地方執政的民意反應及壓力。[6]馬克宏總統在第一時間並未堅持反對此項政策，因此也造成「黃背心運動」的重大執政危機。2018年12月，菲利浦總理宣布暫停此項措施，並進一步研議後再決定。不過，總統府隨即回應指出將取消此項計畫。此外，有關時速80公里的議題上，2019年5月16日，菲利浦政府宣布暫不做硬性的規範，由各地方政府視狀況彈性辦理。

2. 退休年齡及基數：在退休與年金制度的改革上，2019年12月11日菲利浦總理在經濟、社會及環境諮議院（le Conseil économique, social et environnemental）上宣布，自2022年1月1日起，所有各行各業的退休年齡需滿62歲又4個月者始可享有1年多4個月的優退年金，到了2027年則需達64歲始可享有，換言之，就是希望勞動者延後退休。事實上，此項政策也並未在馬克宏的選舉政見中（有全面退休改革，但未如此細節）。由於受到法國工會的強烈反彈，馬克宏總統親上火線宣布取消此項計畫，並暫時規劃由工會自主的方式彈性處理。

3. 新冠疫情解封的立場：面對新冠疫情的威脅，法國在3月中旬才實施邊境管制、封城、封校以及禁止各項經濟活動，並於6月中旬開始展開解禁措施。基本上，馬克宏總統對新冠疫情的發展採取較為樂觀的看法，而菲利浦總理身處第一線則似乎較為嚴肅保守。2020年5月4日，菲利浦在面對參議員的質詢時表示，當前新冠疫情的威脅仍十分嚴峻，在這關鍵時刻我們不能掉以輕心。不過，馬克宏卻立即回應指出，希望解封能在一種平靜、務實且真誠的情況下進行。馬克宏希望只要解封的時機與條件成熟即可進行解封，而不需要有太多的顧慮。此外，在解封的立法

---

[6] 菲利浦同時是法國北部大港勒阿弗爾市（Le Havre）的市長。2020年6月28日的第二輪市政選舉投票中再以60%的得票率當選連任。

程序中，馬克宏總統希望能給予國民議會更多的時間討論，而菲利浦反而認為應該速戰速決以免夜長夢多。同樣地，2020年5月7日，菲利浦在面對國民議會議員質詢有關新冠疫情對經濟所造成的衝擊中回應指出，新冠疫情若持續發展將可能讓法國經濟面臨崩盤的情況。不過，馬克宏則回應表示，法國經濟應該不會出現如此嚴重的字眼。意指菲利浦總理似乎言過其實。

　　4. 環保與綠能議題：2020年6月28日的市政選舉第二輪的投票雖然在一片忙亂中完成（疫情衝擊下，投票率不到40%），但卻讓「歐洲環保與綠色聯盟」（EELV）成為大贏家。6月29日，馬克宏總統與菲利浦總理共同接見了來自「氣候變遷公民會議」（La Convention du Climat）的150位代表，席間馬克宏總統承諾將會採取更多的環保與綠能政策。事實上，若從政治生涯觀察，菲利浦總理長久以來並非是一位重視環保議題的政治人物，他曾擔任過法國核能公司（AREVA）的顧問，甚至於在在野黨時期投票反對社會黨歐蘭德執政時期所提出的「能源轉型法案」（2015年）以及「保護生物多樣性法案」（2016年）。2020年6月16日，菲利浦在一項有關環保議題的訪問中就表示，馬克宏總統非常了解他，知道他有可為及不可為，而且長久以來，他並不是一位「綠油油」的人士。由此觀察，2018年8月環保與能源轉型部部長俞羅的離職應與菲利浦的施政風格與政策取向有關。

　　此次內閣改組中，雖然卡斯戴克士總理擁有豐富的行政經歷與政治生涯，和馬克宏總統也早有共事的經驗，不過，從內閣名單中仍可以很清楚地看出馬克宏總統的主導與影響，特別是經濟部部長、內政部部長、環保與能源轉型部部長以及文化部部長等皆是馬克宏總統倚重與信任的人士。此外，為了展現包容與多元的政府，馬克宏總統還延攬了許多傳統左、右派的政治人物以及年輕世代（政府發言人僅31歲）入閣，讓部長的人數高達31位（菲利浦政府僅有19位部長）。因此，許多政治觀察家評論此次卡斯戴克士政府不但是馬克宏總統所期許的「任務導向」內閣，同時也是展望2022年5月總統大選的「選舉戰鬥」內閣。

　　綜合觀察，馬克宏總統的第一任期內同時也掌握國民議會絕對多數下確實推動了若干新政，如在稅制方面，取消富人稅、房屋稅以及預扣所得稅；在兒童與青少年政策方面，如增加強制注射疫苗11種、3歲義務教育（幼稚園）、取消小學留級制度、年青人提供免費假牙、眼鏡、滿18歲提供300歐元文化消費券等；在婦女政策上，補助婦女醫療補助生育計畫。不過，受到黃背心運動、新冠疫情以及烏俄戰爭的影響，馬克宏總統所提出的若干重大改革政策，如憲政體制、環保能源政策以及退休制度等皆無法順利進行。

　　2022年是法國的大選年，除了4月10日至24日之間舉行兩輪的總統選舉投票之外，6月10日至6月17日亦因國民議會任期屆滿而改選。此次選舉是在一個非常特別的內外情勢下來進行。首先是當時法國仍面臨新冠疫情的威脅之下，選舉時期與選務工作面臨諸多考驗；其次就是在2月24日的時刻俄羅斯總統普丁發動對烏克蘭的軍事攻擊，造成國際與歐洲安全局勢的混亂。總統選舉在經過兩輪的投票後，馬克宏總統以58.55%的選票擊敗對手勒彭女士41.45%的選票而當選連任。不過在國民議會改選方面，馬克宏總統所領導的「團結聯盟」僅獲得245個席次，並未過半，造成之後的治理危機。

壹、總統選舉投票之過程與結果

　　在新冠疫情衝擊之下，馬克宏總統仍於2021年7月31日的部長會議中決定2022年總統選舉時程。在此時程之下，各個政黨自2021年10月起就開始進行推舉候選人的作業。2022年3月7日，憲法委員會正式公告了12位候選人。包括了競選連任的馬克宏總統以及捲土重來的勒彭女士、梅隆雄和阿爾都女士等。候選人及所代表的政黨或政治團體名單如下：

馬克宏（Emmanuel Macron），共和前進黨（La République en marche）
勒彭女士（Marine Le Pen），國家聯盟（Rassemblement National）
梅隆雄（Jean-Luc Melenchon），法國不服從（La France Insoumise）
澤穆爾（Eric Zemmour），再征服（Reconquête）
貝克蕾絲女士（Valérie Pécresse），共和人士黨（Les Républicains）
雅多（Yannick Jadot），歐洲生態黨（Europe Ecologie Les Verts）

　　拉薩爾（Jean Lassalle），反抗聯盟（Résistons）

　　盧塞爾（Fabien Roussel），法國共產黨（Parti Communiste Français）

　　杜邦艾尼安（Nicolas Dupont-Aignon），重振法國黨（Debout La France）

　　伊達戈女士（Anne Hildago），法國社會黨（Parti Socialiste）

　　葡杜（Philippe Poutou），新興反資本主義黨（Nouveau Parti Anticapitaliste）

　　阿爾都女士（Nathalie Arthaud），工人奮鬥黨（Lutte Ouvrière）

　　受到兩輪投票制度的影響，第一輪投票的選舉動員中仍以大黨較為積極，以爭取獲得前兩名而進入第二輪。大部分的小黨候選人則是自我動員的測試，除了可展現第二輪投票中合縱連橫的潛在實力之外，同時更可掌握國民議會選舉中的實際影響力。4月10日的第一輪投票中由馬克宏及勒彭女士兩位分別以27.84%以及23.15%的得票數排列一、二，故將由這兩位進入第二輪投票並一決勝負。[1]此次第一輪選舉過程中，民眾所關心且重視的問題相當廣泛，在經濟民生方面，包括提高購買力、控制生活必須物價（電費、瓦斯、水費、油價等）、調整失業津貼、調高最低薪資及退休基本給付、重新檢討退休制度及退休年齡、恢復所謂富人稅、調降房屋稅、提高家庭津貼等。在社會議題方面包括促進安樂死合法化、是否強制人民施打疫苗、加重年輕人犯罪之罰則、檢討大麻合法化、提升教師及農民之待遇、正視女性遭遇暴力之有效防制、全面檢討移民法規及措施。在國防外交方面，包括烏俄戰爭的解決方案與立場、檢視法國與北約之關係、強化反恐措施（重視法治人權或禁止散播伊斯蘭主義等）、重新檢視多年期國防預算法並提高國防預算。

　　綜合觀察，第一輪投票結果所顯示出的特點如下：

一、整體投票率較低：此次投票率為73.69%，比2017年第一輪的投票率少了4個百分點（77.77%），但比2002年第一輪投票率（71.6%）還高，並非歷屆以來的最低。這個現象可能是一方面受到新冠疫情的影響，考量健康因素，許多民眾不太願意出門投票。另外一方面則可能是受到烏俄戰爭的持續影響，造成若干社會經濟的不安定感，民眾對於政治因而展現出較為冷漠的態度。

二、馬克宏明顯領先：馬克宏在第一輪投票中獲得27.84%的選票，排列第一。事實上，這個數字比2017年馬克宏第一次參選所得票數還多（約24%）。這個現象顯示出馬克宏的現任執政優勢。一方面馬克宏總統在新冠疫情期間，綜攬大

---

[1]　12位候選人的實際得票數，請參閱表附2.11。

局領導抗疫並獲得不錯的成績；另一方面這段期間剛好由法國擔任歐盟部長理事會輪值主席國，能見度與知名度皆有所提升。

三、極右「國家聯盟」勒彭女士以23.15%的得票排名第二，並如2017年一樣進入第二輪，比2017年的21.3%還高出一些，顯示出勒彭女士的力量隨著2019年6月歐洲議會的勝選態勢持續擴大。

四、此次代表「法國不服從」的梅隆雄以21.95%的得票率排列第三，雖然無緣進入到第二輪，但其得票率已高過於2017年的19.58%，顯示出梅氏的人氣不低且似已成為左派無法取代的重要領導人。

五、傳統左右派勢力持續衰退：代表右派「共和人士黨」的貝克蕾絲女士以及代表「法國共產黨」的盧塞爾和代表「法國社會黨」的巴黎市長伊達戈女士都僅獲5%以下的得票，呈現相當不理想的成績，反應出傳統左右政黨的式微。

　　4月24日第二輪的投票結果出爐，馬克宏總統以58.55%的得票率對勒彭女士41.45%的得票率勝出並當選連任。此次投票及馬克宏當選連任所顯示出的特點如下：

一、此次投票率為71.99%創下歷年來第二輪投票率的新低。上一屆2017年的投票率為74.6%、2012年為80.3%、2007年則高達84%。如此的現象顯示出法國民眾對此次選舉的持續冷漠且觀察到馬克宏的連任似不會逆轉。

二、馬克宏總統雖然有現任優勢（尤其在選戰期間遭遇到烏俄戰爭的緊張時刻以及同時擔任歐盟部長理事會輪值主席國，不但掌握話語權更可以達到媒體傳播上的效果）並在投票策略上獲得若干來自左右派選民的支持，但其得票率與2017年（66.1%）相較則少了約7個百分點，顯示出民眾對馬克宏的執政並未積極肯定。

三、勒彭女士雖然落選，但可以說雖敗猶榮，帶領極右派的勢力持續成長。勒彭女士的得票率41.45%比2017年第二輪時的得票率32.9%高出了近8個百分點。這個似乎也顯示了這些年來勒彭女成功地將極右派的形象「去妖魔化」。特別值得一提的是，勒彭女士在4月20日的一對一電視辯論會中，在馬克宏的強烈質疑之下鬆口回應並不反對歐元、也不會主張脫歐。當然，是否為選舉語言仍值得觀察。

貳、國民議會選舉結果與觀察

　　隨著總統大選的結束，國民議會也因任期屆滿而於2022年6月12日與6月19日舉行兩輪的投票。事實上，受到總統選舉的影響，各個政黨在國民議會選與中的策略也有所轉變。極左派梅隆雄在第一輪中表現不錯，主動和社會黨及生態綠黨等合作並採取聯合競選的策略。馬克宏更以「團結在一起」的口號希望選民再度支持他並能過半。勒彭女士則挾衝進第二輪的聲勢希望成為有力量的在野黨。綜合觀察，此次國民議會改選結果有以下特點：[2]

一、兩輪的投票率分別為47.51%、46.23%，仍然呈現較低的情形，顯示出許多法國選民持續對政治的冷漠及對政治人物的失望。

二、第五共和首次在非「左右共治」的情況下，總統雖有國會多數黨和聯盟支持，但並未獲絕對多數 （過半席次為289席），且差距很大，未來施政將面臨諸多不確定性。

三、馬克宏連任執政並未受選民普遍認同與支持。多位黨籍重要領導人物，議長、內閣閣員皆在選戰中落敗。

四、極左梅隆雄以其在總統選舉第一輪中的聲勢，主動結合社會黨、共產黨以及生態黨成立「新人民生態與社會」（NUPES）競選聯盟，進而獲得不錯的成果。

五、「新人民生態與社會聯盟」和極右「國民聯盟」強打民生議題，重視年輕族群失業問題與中低勞動階層之權益，深獲小市民的心聲。

六、極右「國家聯盟」一舉拿下89席，除了奠定該黨的半世紀以來的轉型成功，更讓勒彭女士的政治地位達到高峰（2017年始獲8席）。此舉也打破了長久以來國民議會採用兩輪多數決的選制並不利於小黨的政治的迷思。

七、傳統的左、右派政黨持續弱化。右派戴高樂傳承的「共和人士黨」僅獲61席，比2017年減少了將近一半的席次。而左派社會黨更只能落得與「法國不服從」領袖以及綠黨聯合競選始能苟延殘喘。

2　有關政黨的得票率及席次請參閱表附3.16。

參、少數聯合政府的施政困境（2022～2024）

2022年5月16日馬克宏總統任命前勞動部長博恩女士（Elisabeth Borne）為總理，主要是面對國民議會選舉前後的過渡階段並負責推動各項重大政策。[3]2022年7月6日，在國民議會新會期的開始，博恩總理援例向國民議會以及參議院兩院提出政府施政報告，但因未掌握國民議會過半席次故並未援例要求執政聯盟給予形式上的信任投票。值得一提的是，2023年9月23日參議院部分改選的結果仍然是傳統右派「共和黨」維持優勢，支持馬克宏總統的僅獲22席。換言之，馬克宏總統在國會兩院皆無法掌握絕對多數。

事實上，博恩政府所面對國民議會的挑戰是相當嚴峻的，雖然在選舉時以聯盟的方式獲得245席次為最大黨並取得繼續執政的位置，但國民議會實際運作中卻以黨團於核心，博恩政府除了要有自己的黨團支持之外，還要開拓並說服理念相同的黨團或議員支持，否則政府法案難以通過。當時國民議會共有10個黨團以及無黨籍議員，包括馬克宏總統所領導的最大黨「復興黨」（Renaissance）169席、勒彭女士所領導的第二大黨「國家聯盟」88席、梅隆雄所領導的「法國不服從」75席、右派「共和人士黨」61席、「民主運動同盟」（Démocrates - Modem et Indépendants）50席、「社會黨」31席、「地平線同盟」（Horizons et apparentés）31席、左派「生態同盟」（Eocologistes- NUPES）22席等。由以上的數據可以看出，馬克宏總統與博恩總理所能掌握的國會議員基本盤僅有169人，必須要靠「民主運動同盟」以及「地平線同盟」黨團的強力支持，還有許多的遊說與妥協才能讓重大法案通過。換句話說，馬克宏總統連任下因無法獲得穩定過半席次的支持，在推動重大政策上受到嚴重的阻礙。

就政府而言，由於博恩總理無法掌握穩定的過半多數，而為了強行通過法案，一再祭出政府的「殺手鐧」，可以避開國會的監督或可能的倒閣，卻非常違反民主協商價值的程序，很容易引起老百姓的反彈。上述所說政府的「殺手鐧」是指憲法第49條的第3項，總理得就通過財政法案或社會福利財政法案為由，經部長會議討論決議後，向國民議會提出對政府信任案以決定政府之去留。在此情形下，除非在24小時內，有倒閣提案之動議提出，並依第2項之規定進行表決，否則政府所提法

案即視同通過。值得一提的是，國民議會所提出的倒閣動議必須要獲全體議員的絕對多數始能成功，可以說是相當困難的程序。此項條文原意是希望提升政府施政效率，避免國民議會議員無限的杯葛或抵制，原始條文中並未限制法案的性質，2008年修憲才規定政府只有在與財政與社會福利相關的範圍始能提出。

2022年7月以來，馬克宏總統領導下的博恩總理團隊可說面臨第五共和憲政發展從所未有的困境。一方面，政府不但無法掌握國民議會過半席次的穩定支持且落差甚大（過去密特朗時期亦有不過半的情況，但差距較小）；另一方面，國會政黨生態完全改觀，極右與極左的影響力日益強化且不易妥協。在此形勢下，博恩總理於2022年年末在面對國民議會審查國家年度總預算時，強勢運用憲法第49-3條以對政府去留之信任案（engager la reponsabilité du Gouvernement）不需表決而逕行通過。值得注意的是，博恩總理自10月19日起直到12月15日為止僅2個月的時間之內竟動用了10次政府「殺手鐧」來完成政府總預算案，不但造成輿論譁然，同時也遭致在野黨強烈不滿。雖然在野黨皆相繼提出「倒閣動議案」（Motion de censure），但因亦無法獲得過半數的支持而總是無功而返。在這個階段，馬克宏所任命的博恩政府已經顯現無法尋求多方支持而掌握多數的困境。

就總統的角度而言，馬克宏總統為了實現選舉承諾並爭取施政績效，再度於2023年年初開始推動新世代的全面退休制度改革法案（此項法案在2019年菲利浦總理任內就曾提出，因立即遭遇到大規模反彈以及新冠疫情的衝擊而作罷），又立刻引發工會組織以及在野黨的反對。所有的工會並於2、3月間發動一連串的罷工、示威等大規模的抗議活動，甚至造成警民衝突不斷、嚴重流血暴力事件頻傳的情況。2023年3月20日，博恩總理仍然無法成功遊說若干議員以掌握過半席次，並在馬克宏總統的支持之下再度運用憲法第49條第3項強行通過退休改革法案，引發在野聯盟以及工運領袖的極度不滿，並誓言抗爭到底。隔日，3月21日三大在野黨團所提出的「倒閣動議」以9票（當時過半席次為287）之差無法讓政府下台。不過，這次的經驗也的確讓馬克宏總統產生危機感。根據統計直到2023年12月19日為止，博恩總理共使用了23次憲法第49條第3項以強行方式通過法律，特別是包括了一個極有爭議的「新移民法」以及「2024國家總預算案」。在野人士強烈批評，此項法案缺乏民主正當性，也讓國家處於發展停擺，憲政僵局的情勢。2024年1月8日，博恩總理請辭，馬克宏總統立即任命原教育與青年部長阿塔爾（Gabriel Attal）為總理。阿塔爾年僅35歲，為第五共和以來最年輕的總理。

2024年1月16日，參議院議長拉爾歇（Gerard Larcher）就公開向新任總理阿塔爾喊話，前一任博恩總理實在濫用憲法第49條第3項，希望新任總理能採取更多的溝通與對話。2024年3月27日，國民議會綠黨黨團會議中決議將提出廢止此項條文的修憲案。

肆、2024年國民議會的解散改選及其政局發展

事實上，阿塔爾總理於1月8日出任總理並負責組成政府開始，一直要到2月8日才算正式完成並改組，可見這位最年輕的總理似乎需要更多的時間來安排協調。在此同時，在野的「國家聯盟」、「共和人士黨」以及以梅隆雄為首的「左派聯盟」三大政黨也都虎視眈眈地嚴屬制衡並期待阿塔爾政府的快速下台。2024年1月30日阿塔爾總理援例在新上任時向國民議會提出「總體施政報告」，因無法掌握過半席次故未向國會提出信任投票。此項作為立即引發在野「左派聯盟」的不滿並於2月5日提出倒閣議案，雖然只有124票無法成立，但對馬克宏與新政府而言皆是相當困擾的問題。儘管面臨少數執政的困境，阿塔爾總理仍然積極提出若干改革法案，如放寬安樂死的條件、未成年犯罪案宜速審速決、取消若干社會特別津貼等，但因和在野黨的意見有許多落差而無法落實。勒彭女士甚至於公開呼籲希望馬克宏總統能解散國會重新改選以解決目前的憲政僵局。

2024年6月8日至9日法國舉行歐洲議會議員的選舉。此項選舉採取全國性政黨名單的登記方式並依比例代表的選舉制度以及百分之五的得票門檻來分配81個席次。此次選舉和歐盟未來的領導團隊與施政方向密切相關，各方皆積極投入選戰。在此背景之下，此次選舉的投票率為51.49%，比上次2019年時的50.12%高出一些。選舉結果，極右勒彭女士所領導的「國家聯盟」以31.37%的選票排名第一並獲得30個席位。馬克宏所領導的執政黨不但排名第二，而且僅獲14.6%的得票率，13個席位，顯示出選民對馬克宏執政的失望以及對歐洲未來發展的疑慮。實際上，此次歐洲議會選舉中共有約30個名單，但因大部分都無法獲得5%的選票而未能分配到席次。選舉結果與政黨實力如下：

政黨	得票率%	席次
國家聯盟（重建法國）	31.37	30
總統團結聯盟（需要歐洲）	14.6	13
法國社會黨（歐洲覺醒）	13.83	13
法國不服從（人民聯盟）	9.89	9
右派共和人士黨（表達心聲）	7.25	6
歐洲生態聯盟	5.5	5
再征服（法國驕傲）	5.47	5

　　我們知道，馬克宏總統是一個堅定的親歐派。他不但對歐洲整合深具信心，同時也不時地展現自己的理念與實施步驟。2017年5月上任之後就於9月26日在巴黎大學索邦校區（La Sorbonne）發表對「歐洲建設」的演說。馬氏在內容中強調希望重振歐洲，建立一個自主、團結且民主的歐洲。2023年4月11日，馬克宏在荷蘭進行國是訪問時在海牙的智庫發表有關「歐洲經濟安全與自主」的演講。馬克宏在演講中強調，未來歐洲應提升產業競爭力、建構符合歐洲戰略利益的保護機制以及基於互惠的合作原則。2024年4月25日，馬克宏再度於巴黎大學索邦校區發表演講。馬克宏總統指出，當前歐洲整合的成就係來自於歐洲的團結與自主。不過，歐洲目前也面臨生死存亡的關鍵時刻，人們必須做出最好的選擇。歐洲未來要減少依賴，積極建立能源、國防、數位、健康以及糧食等各方面之自主性。馬克宏並表達將儘速推動一項「歐洲戰略議程2024~2029」。2024年5月27日，就在歐洲議會選前10天，馬克宏總統還特地遠赴德國德勒斯登市（Dresde）和德國總統史坦麥爾（Frank-Walter Steinmeier）共同主持歐洲節的造勢活動，期間又一再呼籲選民支持歐洲整合。可惜的是，法國的選民並未認同馬克宏的理念。

　　面對歐洲議會選舉中的重大挫敗，馬克宏總統於6月9日選舉結果出爐的當下正式宣告解散國民議會並定6月30日及7月7日舉行兩輪投票。馬克宏在演講中指出，歐洲議會選舉的結果對致力於維護歐洲建設的政黨，特別是總統執政黨而言不是一個好的結果。然而，反對歐洲的極右派勢力卻獲得近40%的選票，這對我們主張建立一個團結、強大及自主的歐洲是非常不利的事。而我也必須要來面對解決。在此情況下，我決定依憲法第12條的權力解散國民議會，並希望法國選民能選出一個明確的執政多數以對歷史負責。此項宣告帶給法國政壇一個超級震撼彈，尤其是577

位國民議會都必須要回到自己的選區面臨嚴苛的考驗。

　　此次各個政黨或聯盟在這兩輪的投票過程可說經歷了搭乘雲霄飛車，上上下下、起伏劇烈，且最後看到一個似乎大家都不樂見的結果。換句話說，選舉結果呈現三黨（聯盟）不過半，也就是極右「國家聯盟」的125席、「馬克宏總統多數」的150席以及「左派聯盟」178席的局面，沒有一方能有足夠的多數組成政府，特別是因為彼此之間意識型態的嚴重分歧而無法順利組成聯合政府的情形，造成政治僵局。[4]

　　綜合觀察，此次國民議會選舉具有以下重要特點：

一、投票率大幅提高：此次選舉的兩輪投票率分別為66.71%以及66.63%，皆較2017年的48.7%、42.64%，以及2022年的47.51%、46.23%高出將近20個百分點，顯示出法國選民認知到解散國會選舉的政治意義與重要性。

二、「國家聯盟」在勒彭女士及黨魁巴德拉（Jordan Bardella）的領軍之下，並挾歐洲議會勝選的氣勢在第一輪獲得33.14%選票，排名第一，也拿下37個席次，甚至於被看好在第二輪結果中將獲絕對多數的席次而拿下總理的位子。

三、由「法國不服從」領袖梅隆雄所領導的左派「新人民陣線」（Nouveau Front Populaire- NFP）結合左派主要政黨聯合競選，此項選舉策略運用成功並在第一輪中獲得27.99%的選票，排名第二也拿下32個席次。

四、受到執政不佳的影響，選民在第一輪投票中對馬克宏總統所領導的「團結聯盟-總統多數」（Ensemble）候選人採取制裁投票（Vote de sanction）的心態，導致該黨僅獲得20.76%的選票，排名第三，僅獲2個席次，讓馬克宏總統感到錯愕且高度緊張。

五、傳統屬戴高樂主義的右派「共和人士黨」因內部是否與「國家聯盟」合作或反對的策略而產生分裂，甚至於黨主席被開除黨籍，造成選票流失僅獲39個席位（2022年有61席）。

六、此次第二輪的選舉結果完全改寫第五共和以來的選舉歷史，呈現逆轉且不確定的發展。一方面在第一輪投票中得票最多的極右「國家聯盟」不但完全無法獲得最多甚至於過半的席次（馬克宏總統所領導共和前進黨在2017年的國民議會選舉中第一輪獲得28.2%選票，第二輪選舉結果則獲308個且過半的席次）反而淪為第三；二方面由於選舉結果呈現三大黨或聯盟平分席次的局面，完全逆

---

[4]　有關國民議會選舉結果請參閱表附3.17。

轉了第五共和以來實施兩輪多數決制度中頗爲引以爲傲的「多數效應」（Le fait majoritaire）的政黨政治。

七、馬克宏總統的反極右派立場與第二輪推動棄保效應策略成功。馬克宏總統突然宣布解散國民議會的主要目的就是爲了反對極右的政策與勢力持續擴張，然而在第一輪投票下，此因素似並未發酵，甚至於差一點被邊緣化。但是在強烈的危機感之下，馬克宏總統利用第二輪投票前七天強力攻擊極右派可能執政所帶來的災難，以及主動採取所謂「棄保策略」並對左派聯盟釋出善意，這項選舉策略運用成功。

八、此次選舉中馬克宏總統所操作的「棄保策略」中雖然有效壓抑住「國家聯盟」的席次（125席），但自己的「團結總統多數」並未獲利（150席），反而是「新人民陣線-左派聯盟」漁翁得利（178席）。不過，如此的結果也造成新政府的難產，也讓法國政局出現前所未有的憲政僵局。

事實上，阿塔爾總理於7月7日選舉結果開出的當下就已向馬克宏總統提出辭職，但因馬克宏無法任命新的人選，只好以過渡時期處理日常政務爲由留任阿塔爾至奧林匹克運動會結束之後。在經過近一個半月的「奧運休兵」以及一週間的密集政黨領袖會晤，馬克宏總統終於在9月5日上午宣布由右派現年73歲的資深政治領袖巴尼耶（Michel Barnier）出任並立即生效。馬克宏總統並不希望將此項任命定位爲「共治」，而是一種「嚴謹性的共存」。初步觀察，馬克宏總統任命巴尼耶爲總理的考量有以下四點：

一、巴尼耶從政多年，行政經驗豐富（從地方民意代表嶄露頭角，做過4任不同職務的部長），且以擅長協調溝通出名。巴氏曾任歐盟執委會執行委員並負責英國脫歐談判重任且頗受各方肯定。馬克宏總統期望他能組成一個跨越黨派的「全民政府」。

二、政治上巴尼耶屬於右派「共和人士黨」（早年就追隨戴高樂的諸多政策理念與馬克宏相近，特別是支持歐洲整合）。此外，2022年4月的總統大選第二輪投票中，巴尼耶是公開表態並呼籲投票給馬克宏。

三、巴尼耶年紀已長，並已經在2022年總統選舉中角逐「共和人士黨」的初選中落敗。基本上，巴尼耶已經決定不會參與2027年的總統大選。

四、面對國民議會的三黨不過半，左派聯盟已經宣布將針對非左派陣營的總理立即進行「倒閣動議」的情況，馬克宏似乎獲悉極右「國家聯盟」領袖並不會於第一時間反制巴尼耶這個人選，故先放手一搏。

如眾所周知，巴尼耶政府的主要目標就是要擬定2025年國家總預算案並儘速送交國會兩院審議並通過。2024年10月10日，巴尼耶總理正式向國會兩院提出總預算案，其中特別強調要撙節600億歐元的財政支出（400億歐元減少公共支出，200億歐元來自增稅）以便將法國的財政赤字率降為5%並預計於2029年達成3%以符合歐盟的財政紀律標準。若更進一步探究，預算中有關增稅部分（調高能源物價）、退休金得依物價指數調漲以及健保醫療給付的範圍與對象（如是否繼續給予非法移民醫療照顧上的優惠）等面向皆未獲得國民議會反對陣營的「國家聯盟」和左派「新人民陣線聯盟」（le Nouveau Front Populaire – NFP, 包括法國不服從、法國社會黨、生態人士黨及法國共產黨）的支持。

2024年12月2日國民議會中的「新人民陣線聯盟」依憲法第49條第2項提出倒閣動議案，並於48小時後也就是12月4日進行表決。在勒彭女士領導的「國家聯盟」支持下，在野聯盟以331票（絕對多數為289票）通過倒閣案並迫使巴尼耶政府提出總辭。12月5日巴尼耶總理正式向馬克宏總統提出辭呈並結束短暫3個月的職務。此項結果不但是對馬克宏總統執政策略的嚴厲挑戰，也讓法國政局再度面臨困境。事實上，在野的兩大陣營希望藉此倒閣案同時要求馬克宏總統辭職並提前舉行總統大選以解決政治僵局，不過，馬克宏卻回應表示將會堅持在任直到2027年任期屆滿為止。

2024年12月13日在經過9天的諮詢時間後，馬克宏總統任命年73歲的資深政治人物、馬克宏的政治夥伴、曾經擔任過教育部長、司法部長、國會議員、市長等多個職務，現亦為「民主運動黨」（MoDem）黨主席貝胡（François Bayrou）出任總理。初步觀察，馬克宏總統任命貝胡為總理的主要考量亦有以下四點：

一、時效上的承諾與壓力：馬克宏總統在12月10日（週二）公開宣稱將於48小時內確定繼任人選。但在徵詢政黨與若干人選的過程中並不順利，甚至於曾試圖任命身邊親信更年輕一輩且僅38歲的國防部長勒科爾尼（Sébastien Lecornu）擔任，但因阻力太多而未成功，只好再回過頭來嚴肅思考選任第一時間的徵詢對象，所以拖延至隔天12月13日（週五）才正式宣布由貝胡接任總理。

二、可以信任的政治盟友：貝胡是法國政壇老將且為其政治盟友，強調中間路線，2017年全力支持馬克宏競選總統並當選。馬克宏總統上任時也立即任命其為司法部長。不過，1個月之後因涉及利用人頭詐領國會助理經費而被調查後自動請辭。馬克宏總統後又於2020年任命其為部長級的「高級國家發展計畫總署」（le Haut-Commissariat au Plan）總署長職務，可見馬克宏對其相當信任及禮

遇。

三、貝胡個人的強烈意願：貝胡投身政治已40多年且長期位居政黨領袖，政治經驗豐富，並曾於2002年、2007年以及2012年多次參與總統選舉，對於爭取國家領導大位皆展現出當仁不讓的立場。貝胡在尚未正式任命之前的媒體訪問中就表示，當前沒有人比他更了解法國的政治運作與所面臨的困境。

四、在野黨及聯盟勢力對倒閣議案的暫時休兵：馬克宏總統任命貝胡總理的同時，「國家聯盟」以及「法國社會黨」立即表示不會於第一時間提出對貝胡政府倒閣議案，要進一步觀察貝胡總理的表現而定。值得一提的是，貝胡與勒彭女士皆為資深政治人物，相互認識且在政治理念上有諸多共同點，諸如，建立比例代表制、小型政黨的財政補助與監督角色以及簡化總統選舉中候選人需要500位民意代表連署的程序等。2022年3月，總統選舉候選人登記期間，貝胡就曾以市長的身分為勒彭女士連署以便讓勒彭女士可以順利成為正式候選人。貝胡當時表示，替她連署不是意味著要投票給她，而是希望展現「民主制度下多元競選」的重要。事實上，馬克宏總統也是在考量這個訊息後立即拍板定案貝胡的任命。

　　貝胡總理在和卸任巴尼耶總理交接的致詞中指出，我非常清楚將面對的是如同要穿越喜馬拉雅山脈一樣的困難與挑戰，但會努力達成必要的妥協。另外，就有關未來總統與總理之間的權責關係，貝胡總理在接受媒體訪問時表示，他和馬克宏總統有著長久以來的私人情誼，和他共事是一件稀鬆平常的事，他將會扮演一個享有全權且與總統互補的總理角色。在貝胡總理籌組政府之際，除了要考慮聯合政府的平衡與穩定之外，最重要的就是要能夠儘速讓國會通過2025年的國家總預算案（包括引用「特別法」的程序）。不過，由於目前法國國民議會三大黨團或聯盟皆不過半，而且各自的意識型態與政策取向又相當分歧甚至於極化的現象，因此未來的政局發展仍有許多變數。

第三篇

政　黨

壹、前　言

　　美國名政治學者道爾（Robert A. Dahl）曾經指出，多元政治帶給一個政治系統更多的競爭性與包容性，而這樣的競爭與包容使得從政者會尋求政治團體的支持，而選民也會推舉與他們比較接近的候選人，如此而造成了政黨在結構、組織以及制度上的變遷。[1]就西方民主政治的發展而言，法國的政黨政治自20世紀初發展以來，亦有其悠久的歷史以及制度發展上的特色。[2]但是，在第三共和後期及第四共和期間，受到憲政體制傾向議會內閣制、立法權高漲以及比例代表制的選舉制度等因素影響，形成法國多黨林立、黨紀無法彰顯及聯合政府不穩定等問題，並進而導致國家危機。倘若僅就國會中的政黨數目觀察，1958年第五共和成立之前，國民議會（la Chambre des Députés）中有10個政黨黨團，每個黨團只要有10位議員就可正式登記運作。[3]此外，黨團在執行監督與立法的職權過程中，只有少數一、兩個黨團在必要時會行使黨紀，要求議員採取一致投票的立場。[4]再者，議員可同時兼任部長，造成政黨之間的合縱連橫完全以少數政治人物及政治利益為考量，也導致人民對第四共和政治制度的失望。

---

[1] 參閱Robert A. Dahl, *Polyarchy: Participation and Opposition* (New Haven and London: Yale University Press, 1971), pp. 23-25；或張明貴譯，《多元政治：參與和反對》（台北：唐山出版社，民國68年12月），頁22-24。另外，俄裔知名政黨學者奧斯特羅高斯基（Moisei Ostrogorski）在1920年之時就有如此的分析，參閱Moisei Ostrogorski, *La démocratie et les partis poli tiques* (Paris: Editions du Seuil, 1979), pp. 163-179.

[2] 法國第一個政黨「激進黨」（le Parti radical）成立於1901年。可參閱Madelaine Rebérioux, *La République radicale 1898-1914* (Paris: Editions du Seuil, 1975), pp. 49-56。另有關法國政黨政治的發展可參閱張台麟，〈法國政黨政治發展及其特性〉，《美歐月刊》（台北），第十卷第二期，民國84年2月，頁85-96。

[3] 第四共和時期的國民議會（下議院）法文為「la Chambre des Députés」，第五共和起則改為「l'Assemblée nationale」，實際上都是指全民直選所產生的國會。

[4] 如法國共產黨以及法國社會黨的前身「SFIO」。

　　1978年之時，也就是第五共和成立20年之際，法國仍然是多黨的形式，但在國民議會中已發展成四大黨團聯盟。[5]這些黨團聯盟首先是以左右派意識形態的差異，以及其所延伸出來的政策方向爲合縱連橫的基本策略；其次再以執政或在野組成聯盟。在如此的背景下，左右聯盟通常都採行相當嚴格的黨紀，以確實扮演執政或監督的角色，特別是在面臨國家重大改革議題或是財經施政法案之時，朝野聯盟的立場可說是壁壘分明，進而發展成「四大兩極化」的政黨制度。[6]1981年、1986年及1988年法國政治經歷了若干次關鍵性選舉，政黨重組與政權輪替亦呈現快速的變化，但是政黨結盟的形勢與策略並未有特殊的改變。

　　不過，1993年到2003年之間，法國的政黨則經過了大幅的重組。從1993年右派在國會選舉中大獲全勝，再經歷1997年到2002年「左右共治」，特別是在2002年5、6月間總統選舉及國會選舉前後的這些階段，左右派的政黨都發生了政黨重組與結盟的轉變。1997年國民議會中有六大黨團，但其左右兩大聯盟且構成朝野兩極化的態勢並未改變，形成所謂「六黨兩極」的政黨制度。[7]而自2002年6月國會改選以來，國民議會中僅有四個黨團，且左右陣營各一大一小的政黨及聯盟，形成左右兩極的政黨制度。[8]事實上，就第五共和以來的政黨發展而言，政黨之間的結盟與重組已經成爲必然且常態性的發展。本章以下首先就第五共和以來政黨結盟與重組的發展與特色加以分析，其次將進一步探討近90年代以來此項發展之內容爲與特色，特別是2001年的前後二、三年間，左、右派皆經歷了大幅黨內改造及重組，其中的原因、發展之過程以及所產生之影響與特色等問題。最後，就2017年以來的主要變遷予以觀察。

5　左派爲法國社會黨及法國共產黨聯盟，右派爲共和聯盟以及法國民主同盟之聯盟。

6　參閱François Platone, *Les partis politiques en France* (Paris: Editions Milan, 1997), pp. 46-47.

7　左派執政聯盟有社會黨、共產黨以及由社會激進黨、綠黨、人民黨（Mouvement des Citoyen, MDC）三黨所組成的黨團；右派在野聯盟則爲共和聯盟、法國民主同盟以及自由民主黨（La Démocratie libérale, DL）。

8　法國國民議會的議事規則規定，一個黨團必須要有20個議員始得組成。依據2003年6月25日的資料，國民議會中有右派執政的「全民運動聯盟」363席和「法國民主同盟」30席兩個黨團，左派在野聯盟則有社會黨149席和共產黨僅22席兩個黨團。

貳、60、70年代的政黨重組及其特色

1940年代的政黨學者薩史奈德（E. E. Schattschneider）就曾分析指出，政黨的主要目標是以民主的方式取得政權，因此所有為了取得政權的內部組織與外部合縱連橫皆為一種手段。[9]由此來看，政黨的結盟與重組可視為政黨為取得政權的權宜手段。就學理的角度而言，所謂「政黨結盟」（party coalition）主要是以獲取政治權力或擴大監督實力為目標，而「政黨重組」（party realignment）則較屬選民對政黨認同或是選民對支持對象的轉變。[10]

---

[9] 參閱E. E. Schattschneider, *Party Government* (New York: Holt, Reinehart and Winston, 1960), pp. 35-50.

[10] 有關「政黨結盟」與「政黨重組」的概念分析可說是相當的廣泛，兩者之間的界線有時並不十分明確。在「政黨重組」分析方面，最早源自美國政治學者凱伊（V. O. Key）就美國選民在選舉中對支持者及政黨的認同轉變所產生的延續效應與影響而來，隨後再引發出相關的研究與論述。參閱 V. O. Key, Jr. "A Theory of Critical Elections," The Journal of Politics, Vol. 17, Issue 1 (Feb., 1955), pp. 3-18; V. O. Key, Jr. "Secular Realignment and the Party System," The Jounal of Politics, Vol. 21 (May, 1959), pp. 198-210; V. O. Key, Jr. Politics, *Parties, and Pressure Groups* (New York: Thomas Y. Crowell Company, 1958), pp. 566-590。後續相關的研究則有Walter Dean Burnham, *Critical Elections and the Mainsp-rings of American Politics* (New York: W. W. Norton, 1970); James L. Sundquist, *Dynamics of the Party System: Alignment and Realignment of Political Parties in the United States* (Washington, D.C.: The Brookings Institution, 1983); Gerald M. Pomper, *Elections in Ame-rica: Control and Influence in Democratic Politics* (New York: Dodd, Mead & Company, 1968)；以及Peter F. Nardulli, "The Concept of a Critical Realignment, Electoral Behavior, and Political Change," The American Political Science Review, Vol. 89, Issue 1 (Mar., 1995), pp. 10-22。在「政黨結盟」分析方面，通常它可以是選前、選後、短暫、持續或是議題導向，也可以是執政或在野的結合。有關「政黨結盟」的分析與論述也相當多。法國學者杜偉傑（Maurice Duverger）曾用「政黨聯盟」（Party alliance）的字眼以候選人、議員及政府三個層次分析了選舉聯盟、議會聯盟以及執政聯盟。可參閱Maurice Duverger, Les partis politiques (Paris: Editions du Seuil, 1981), pp. 320-322。美國學者萊克（William H. Riker）曾以理性選擇下的博弈理論與量化的模型分析政黨結盟，並認為結盟以最小數量的方式可達最有效且有利的目標。可參閱William H. Riker, *The Theory of Political Coalitions* (New Haven: Yale University Press, 1962), pp. 32-76；還有陶德（Lawrencw C. Dodd）也曾以西歐國家中兩黨制或多黨制下所產生的政府內閣之持續性與穩定性來做比較研究，結果發現政黨或政府內閣仍會以最少數量方式的結盟或組合最為有利且最能持續。可參閱Lawrence C. Dodd, *Coalitions in Parliamentary Government* (Princeton: Princeton University Press, 1976), pp. 233-244.不過，許多學者對此觀察也有不同的看法，認為萊克和陶德的分析過於狹窄，有些歐洲國家的聯合政府會因歷史文化的發展背景與當時的政治情勢來組合，而不是僅僅以最小過半的格局為考量。可參閱Geoffrey Pridham (Edited by), *Coalitional behaviour in theory and practice* (London: Cambridge University Press, 1986), pp. 1-44; Ian Budge and Michael Laver, "Office-Seeking and Policy-Pursuit in Coalition Theory," Legislative StudiesQuarterly, Vol. 11 (1986), pp. 485-506；以及Ian Budge and Hans Keman, *Parties and Democracy: Coalition Formation and Government Functioning in Twenty States* (Oxford: Oxford University Press, 1990), pp. 5-31。法國學者通常

　　不過，若從實務的角度而言，特別就法國政黨政治的發展觀察，這兩者之間似乎並沒有明確的界線。第五共和成立之初，由於戴高樂總統及法國人民對第四共和時期的政黨林立、攬權分贓以及效率不彰而導致國家陷於危機頗為反感，故對「政黨」皆持負面且為貶抑看法。[11]如此的背景之下，長久以來，法國的法政學者對法國政黨政治的研究比較著重於左、右派政黨發展的意識型態、選舉策略與選舉實力的消長以及政黨制度等整體的面向。諸如包雷拉（François Borella）、夏賀婁（Jean Charlot）、阿福瑞（Pierre Avril）、包特里（Hugues Portelli）以及夏尼奧（Dominique Chagnollaud）等知名學者都對法國政黨政治的制度發展與特性加以研究。[12]直到2000年，法國政治學者馬丁（Pierre Martin）才就「政黨重組」的理論與概念做了完整且相當深入的研究，除了引用與分析英、美學者的相關論述之外，同時也依此架構研究了法國自第三共和以來政黨的結盟與執政變遷並出版《選舉變遷之研究：解讀重組理論》（Comprendre les évolutions électorales: la théorie des réalignements révisitée）一書。在整個研究過程中作者將「政黨重組」與「選舉重組」，乃至於「政黨變遷」等三者交互解讀及運用，但並未做相當明確的區隔。[13]在整個研究的過程中，作者除了分析1962年、1981年及1993年等所發生的重組經驗

並未給「政黨結盟」及「政黨重組」一個明確的界定，如塞勒教授（Daniel-Louis Seiler）在1986年的書中引介「政黨重組」的分析，但仍以政黨的聯盟與執政為主軸。可參閱 Daniel-Louis Seiler, *De la comparaison des partis politiques* (Paris: Economica, 1986), pp. 124-127；另外，梅尼（Yves Mény）及史考瓦森伯（Roger-Gérard Schwartzenberg）兩位教授也是用「政黨結盟」的概念來分析政黨的重組與變遷。可參閱Yves Mény, *Politique comparée: Les Démocraties Allemagne, Etats-Unis, France, Grande-Bretagne, Italie* (Paris: Montchrestien, 2001), pp. 122-126; Roger-Gérard Schwartzberg, *Sociologie politique* (Paris: Montchrestien, 1998), pp. 417-419。至於中文相關的分析，可參閱蘇永欽（主編），《政黨重組：台灣民主政治的再出發》（台北：新台灣人文教基金會，民國90年年5月），特別是包宗和，〈政黨結盟重組的原因及其影響〉、楊泰順，〈政黨重組與當前政治生態〉以及吳東野，〈政黨結盟與重組：德國經驗〉等文章中對此概念的界定與分析。本文中所探討的法國政黨的結盟與重組將著重於政黨的選舉策略、執政聯盟以及分合重組的廣義面向，特別是以國家行政與立法權的掌控與輪替為重心。

[11] 可參閱Raymond Aron, Etudes politiques (Paris: Gallimard, 1972), pp. 291-299. 有關對憲政體制與政黨政治缺失的批評。

[12] 可參閱François Borella, *Les partis politiques dans la France d'aujourd'hui* (Paris: Editions du Seuil, 1990); Jean Charlot, *La politique en France* (Paris: Editions de Fallois, 1994); Pierre Avril, *Essais sur les partis* (Paris: L.G.D.J., 1986); Hugues Portelli, *La Ve République* (Paris: Grasset, 1994); Dominique Chagnollaud, *La Ve République: le pouvoir législatif et le système de partis* (Paris: Flammarion, 2000), Tome 3.

[13] 參閱Pierre Martin, *Comprendre les évolutions électorales: La théorie des réalignments révisitée* (Paris: Presses de Sciences po, 2000), pp. 49-86.

與階段外，同時也特別強調了法國傳統左右意識形態（包括宗教、職業等）變遷、選民投票行爲轉變以及政黨形象與策略等多項因素的重要性與影響。

綜合上述有關政黨結盟與重組的概念與分析來觀察，第五共和下政黨政治發展中，有關政黨結盟與重組的經驗可分爲四個變遷階段來探討：第一個階段應是自1958年到1962年的轉型階段，第二個階段是自1962年到1978年，第三個階段是自1978年到1988年，第四個階段是自1988年起迄今的重要變化。在1958年到1962年之間，是第五共和成立以及戴高樂總統執政的初期，當時的政黨政治仍是處於多黨林立且各自爲政的情形。戴高樂雖然對政黨不具好感，但爲推動憲政改革並突顯其中立超然之地位，特別採取「大聯合」政府的策略，希望所有黨派能摒除特定的意識形態與立場，一同支持修憲草案。1958年到1962年這段期間，左右或朝野之間分野並不十分明顯，國會中合縱連橫仍以政黨利益或財經議題特性爲導向，最主要的爭議反而出現在對阿爾及利亞獨立問題及總統直選的修憲之上。

隨著阿爾及利亞獨立問題的解決以及法國開始擁有核子彈，並邁向獨立自主的外交政策，戴高樂總統的聲望與政治影響力大幅提升。戴高樂的總統角色以及施政風格也對法國政黨政治造成重要的影響。1962年與1978年之間，法國政黨政治邁入一個新的里程碑。1962年10月修改總統爲直選的公民投票以及11月間國民議會因解散而重新選後的結果顯示出，法國選民已形成支持戴高樂總統的過半右派勢力，以及左派政黨聯合的對立局勢，政黨與選民兩極化的發展趨勢似乎漸漸形成，政黨思考結盟與重組的模式有所改變。[14]

在右派陣營方面，我們知道戴高樂總統是反對以自己的名義成立政黨或領導政黨。不過，戴氏也深切了解沒有政黨的組織與奧援也無法在選舉中獲勝或贏得國會多數。事實上，自1962年起，以支持戴高樂爲號召的「新共和同盟」（Union pour la Nouvelle République, UNR）在大小選舉都陸續獲得不錯的成績。事實上，該黨在1967年和1968年國民議會改選中皆獲得很不錯的成績，除了掌握過半數的席位之外，同時成爲法國第一大黨。[15]1969年，戴高樂下台後，龐畢度總統順利當選成爲戴高樂派的實際領袖。但是，右派季斯卡卻不甘示弱並展現其企圖心，特別是運用其所領導的「獨立共和人士」（Les Républicains indépendants, RI）這一派系陸續結合若干非戴高樂黨的中間右派人士，並獲得不錯的迴響。不過，在面對左派社會

---

[14] 參閱Dmitri Georges Lavroff, *Le système politique français* (Paris: Dalloz, 1991), pp. 882-883.
[15] 1967年獲得37.73%的選票，1968年贏得43.65%的選票。

黨快速整合及發展的情形下，龐畢度總統雖然面臨季斯卡的勢力以及另一股中間派「共和進步聯盟」（Union des Républicains de Progrès, URP）的制衡，但在1973年的國會選舉中仍採取共同提名，結合右派力量聯合競選的策略。

在左派政黨方面，1971年密特朗整合左派非共產黨的勢力，並正式成立法國社會黨，可說是一項重要的轉折。特別是密特朗以及走務實路線的若干領導人進一步認為，社會黨想要壯大就必須要積極與共產黨合作。1972年6月，社會黨、共產黨以及「左派激進黨」（Mouvement des radicaux de Gauche, MRG）三黨共同簽署了一項「共同執政綱領」（le programme commun）的選舉政見。[16]這可說是第五共和以來政黨聯盟最正式也是最具體的做法。1973年3月國民議會選舉後，左右朝野聯盟兩極競爭的態勢似更明顯。

自第四共和以來，共產黨的選舉實力皆有一定的水準，其平均得票率皆在20%上下，並大幅多過分散的社會黨派系。隨著總統直選且兩輪投票制度的實施，共產黨認知到該黨候選人不可能有勝選的機會，在政治現實的考量下，共產黨開始了解唯有左派推一位候選人才最合乎該黨利益。1965年的總統選舉中，左派政黨終於共推密特朗為左派唯一候選人出馬角逐。此次選舉中，密氏雖然敗選，但在第二輪中獲得44.81%的選票，也讓共產黨認知到聯合選舉策略的重要。[17]

1974年4月2日，龐畢度總統在任期屆滿前因病過世，總統必須重新改選。在右派方面，龐畢度的過世打散了戴高樂派的接班計畫，正如夏布薩教授（Jacques Chapsal）所分析的，當時右派陣營中尚未出現一個大家公認的共同領袖，因而總統候選人的卡位戰立即引爆了黨內的分裂。[18]前總理夏本德瑪自認擁有資深經歷，故表態並堅持參選。如此一來，原本頗受戴高樂與龐畢度倚重且有可能成為龐氏接班人的中生代席哈克立刻表達不滿，並憤而轉向支持右派勢力中少數且非戴高樂嫡系的季斯卡參選。在兩輪的投票中，夏本德瑪在第一輪中就被淘汰出局，季斯卡則在第二輪中獲得險勝。

在左派方面，1974年總統大選中仍依「共同執政綱領」的合作基礎，採取推舉一位共同候選人的策略，也就是社會黨黨魁的密特朗，但最後以些微的差距失

---

[16] 此項選舉政見包括：提高最低薪資、減少工作週時、降低退休年齡、增建國民住宅、私校教育公立化、大型民營企業國營化等重要政策。

[17] 可參閱Colette Ysmal, *Les partis politiques sous la Ve République* (Paris: Montchrestien, 1989), pp. 50-55.

[18] 參閱Jacques Chapsal, *La vie politique sous la Ve République 1974-1987* (Paris: PUF, 1989), pp. 3-4.

敗。此外，爲了讓「共同執政綱領」更能反應實際的需求，在共產黨的積極推動下，1977年3月間，三黨決定重新檢討綱領的內容。不過，由於社會黨與共產黨在國有化的範圍與執行步驟，以及外交國防的政策上有太多歧見，終於在9月下旬宣布終止共同綱領。事實上，左派雖然沒有形式上的選舉聯盟，但在1978年3月國會改選中，第二輪的投票中仍是呈現左派選民相互支持的策略投票現象。選舉結果，社會黨有史以來首次超過共產黨的選票，同時也成爲左派第一大黨。[19]綜合觀察，在這個階段中，右派政黨的力量開始多元而分散，有時甚至於相互對立，左派政黨則對相互合作且聯合競選的策略達成相當程度的共識。

　　1974年季斯卡執政以來，由於其強勢的領導風格導致1977年8月席哈克總理的憤而辭職。在此同時，席氏並進而將戴高樂黨改組，重新取名爲「共和聯盟」（le Rassemblement pour la République, RPR），並出任黨主席。面對右派最大黨的制約，季斯卡的親信與支持者也積極布署並在1978年2月組成「法國民主同盟」，除了表明支持季斯卡總統之外，並同時參與即將到來的國會選舉。[20]選舉結果，法國民主同盟與共和聯盟的得票率已不相上下。[21]此項發展除了確立季斯卡在右派陣營的領導地位之外，同時也形成右派兩大陣營的政治生態。[22]換句話說，1978年3月的國會議員選舉後，右派陣營出現重組的現象而左派陣營則面臨合作的危機。原本左右派陣營各爲一大多小（右派戴高樂派之「新共和同盟」爲最大，左派則是共產黨）的情勢有所改觀，轉變爲「四大兩極」（左右各爲兩大）的政黨政治。

參、80年代政黨的輪替與重組

　　在1978年到1988年這段期間，法國經歷了第五共和的第一次政黨輪替、第一次的「左右共治」以及極右派興起的重大轉變，同時左右派政黨生態與實力消長也產生了很大的變化，但政黨是否能在選舉上合作及聯盟，仍是影響勝敗之關鍵。

　　就政黨重組的角度而言，1981年5月的總統大選是一次關鍵性選舉。社會黨密特朗以101條的改革政見代表左派第三度參選，並終於擊敗因內部分裂且有連任包

---

[19] 社會黨獲24.69%的選票，共產黨則有20.55%的選票。
[20] 成員包括，共和黨、社會民主黨以及激進黨三個政黨。
[21] 法國民主同盟獲22.62%的選票直逼共和聯盟的21.45%。
[22] 參閱Colette Ysmal, Op. cit., pp. 96-106.

袂的季斯卡而當選，形成第五共和以來第一次政黨輪替。此次關鍵性選舉的結果也再度驗證了兩輪多數決選舉制的效應，以及左右陣營面臨選舉時其內部凝聚力強弱與否所產生的影響。[23]密特朗雖然獲得總統寶座，但所面對的國會仍是由右派掌握多數。在此情形下，密特朗總統決定解散國會重新改選。此項改選可說是政權的保衛戰，左派要贏才算是真正達成了政黨輪替，而右派若輸則將失去了所有的政權與資源。換句話說，對左右派兩陣營而言，國會改選也可說是一項關鍵性選舉。在兩輪多數決的效應下，左右派都採取共同協商提名以及聯合競選的策略。在密特朗總統勝選的氣勢下，社會黨獨自就贏得過半數的席次並與共產黨組聯合政府。[24]值得一提的是，1981年「大政黨輪替」也造成法國第五共和以來政黨最大幅度的重組，除了左派社會黨一黨獲得選民過半支持之外，共產黨的嚴重衰退、極右派的崛起，以及右派領導人士山頭林立與內部矛盾等都頗受關注。[25]

　　1981年到1986年的這段期間，左派聯合政府雖有大力改革的決心，但在財經問題上仍難有較好的轉變，老百姓由原先的高度期望而開始失望。在這段期間除了在市鎮選舉、參議員改選，以及歐洲議會改選上皆無法獲得勝利之外，同時1984年共產黨更因失業與外交政策不合而退出聯合政府。此外，社會黨內部的路線與派系鬥爭也日益激烈，更導致支持者的反感。[26]在另一方面，1984年歐洲議會選舉中，極右派已獲得不錯的成績。換句話說，1984年起，法國原有的政黨制度，乃至於結盟與重組的模式都面臨了新的挑戰。面對1986年的國會改選，在密特朗的主導下，社會黨採取「持續改革」及「防止右派復辟」的選戰策略。反之，右派兩黨聯盟在政黨輪替後體認到若不聯合起來則不但無法勝選，甚至原本的基本票源都可能會受到極右派的衝擊與侵蝕。

　　1986年3月下旬的國會改選中，在雙重的憂患意識之下，右派席哈克與勒卡呂埃（Jean Lecanuet）兩黨領袖共同提出20個重大政見，希望能產生政權輪替。[27]選

---

[23] 參閱 Hugues Portelli, *La Ve République* (Paris: Grasset, 1994), pp. 305-306.

[24] 這個現象就是所謂的「大政黨輪替」（la grande alternance），也就是說總統可以掌握國會多數聯盟並任命同陣營人士出任總理。

[25] 參閱 Pierre Martin, *Comprendre les évolutions électorales* (Paris: Presses de Sciences Po, 2000), pp. 217-218.

[26] 諸如，農業部部長因政府將國會選舉制度改為比例代表制，而表達強烈不滿並憤而辭職；黨內因總理或是黨魁來主導國會改選的選戰也爭吵不休，甚至於一直要到密特朗總統出面始獲化解。

[27] 諸如，增加就業機會、檢討勞工政策讓企業更有競爭力、解決非法移民問題、加強社會治安、提升公共自由之保障、重新檢討民營化政策等，可參閱Jean-Jacques Becker, *Crises et alternances:1974-1995* (Paris: Editions du Seuil, 1998), pp. 361-374.

舉結果，右派聯盟獲過半數的席位而取得執政權。從政黨重組的角度來看，由於此次選舉係實施比例代表制，政黨應依得票數來分配席次，再加上許多中間選民對左右兩派的失望心理，轉而投給極右派，因此讓極右派「國家陣線」獲得35席而成爲國會的一股力量。在此政局發展下，1986年3月到1988年5月這段「左右共治」期間，法國政黨進入「多黨三極化」的發展形勢。換句話說，在右派有共和聯盟與民主同盟，在左派有社會黨與社會激進黨之聯盟以及共產黨，另外還有極右派。不過，這個政黨生態在1988年的國會大選後則有所改變。

　　1988年5月的總統大選中，就大環境而言，右派在國會中具有多數應利於勝選，但由於右派兩大黨皆堅持推出自己的候選人（現任總理席哈克與前總理巴爾同時參與第一輪選舉，而當時民意調查甚至出現對巴爾比較有利的評估），而造成分裂，密特朗因此漁翁得利當選連任。在1988年6月間解散國會改選中，雖然右派仍採取共同提名及聯合競選的策略，但並無法取得多數。唯獨讓右派陣營比較釋懷的是，在重新實施兩輪多數決的選舉制度下，極右派沒有一個人當選。

　　至於在左派陣營方面，此次國會改選中，左派社會黨與共產黨皆獨立奮戰，所幸在選民的策略投票下終能勉強過半。國會改選之後，社會黨羅卡（Michel Rocard）續任總理。羅卡上台後特別強調「改革」、「開放」的重要，不過，由於社會黨在國會並未單獨擁有過半的席位，再加上共產黨也未必無條件的合作，因此造成羅卡政府在施政上無法得心應手。在右派方面，眼見總統與國會大選的連續失利，許多中生代的政治領導人物也積極呼籲黨的領導人要嚴肅面對，與思考右派政黨未來發展或重組的課題。綜合而言，在80年代這段期間，法國政黨的結盟與重組主要是顯現在社會黨的連續執政、短暫的「左右共治」、極右派力量的興起、共產黨的衰退以及左右陣營勢均力敵等面向。此外，隨著1989年柏林圍牆的倒塌、1990年兩德統一、東歐國家的民主化、蘇聯共產政權的瓦解，以及歐洲整合的加速進展等事件的衝擊，法國的政黨政治也產生很大的轉變。

肆、90年代以來的政黨重組：持續與轉變

　　1990年至今，法國的政治發展經歷了第二次「左右共治」、席哈克總統的當選、第三次「左右共治」、席哈克的連任、薩柯吉、歐蘭德及馬克宏執政等重要階段，而左右政黨也面臨轉型與重組的衝擊。以下我們可分爲二個階段來探討：

一、自1990年到1997年之間

在這段期間，法國政局歷經了第二次「左右共治」、右派席哈克總統當選執政以及第三次「左右共治」的重大轉變。就左派的陣營而言，社會黨在90年代初期的內爭可說是前所未有。1988年5月密特朗當選連任並任命羅卡為總理，這個發展並非完全為密氏所好，而是某種程度妥協的產物。密氏知道羅卡有野心且絕非總統政策的執行者，因此，為了制衡羅卡的力量，密特朗希望完全掌控黨的機器。在這個策略之下，密特朗在原黨魁喬斯班轉任教育部部長後便積極運作曾任總理的法畢士接掌黨魁，但因法畢士在黨的資歷過於年輕且鋒芒太露，早引起許多黨內人士暗中的不滿，特別是同屬密特朗嫡系的喬斯班以及羅卡派系，故無法如願。最後由大家都可以接受的黨大老莫華（Pierre Mauroy）接任。如此也暫時平息了中生代卡位的問題。

1990年3月的全國黨員代表大會召開之前，由於社會黨內重要人士都知道密特朗不可能再度出馬競選總統，為此必須要先取得1993年國會大選的主導權才可能有機會取得1995年的黨提名候選人，因而造成派系群起並極力爭取黨魁的狀況。1990年3月18日的全國黨員代表大會中，以黨魁莫華、羅卡總理及國民議會議長法畢士為首的三股力量相互較勁，而無法達成共識通過新的黨綱。當時密特朗總統曾就羅卡企圖與莫華採取聯合策略以獲得黨的主導權，並進而對排擠法畢士一事表達反對的立場。在各方僵持不下之際，仍由莫華連任。1990年10月間，社會黨更因羅卡總理欲推舉自己的人馬並介入國會黨團主席改選而鬧得不可開交。此種發展不但嚴重影響社會黨的團結與形象，同時也造成密特朗對羅卡野心的警惕與不滿。[28]

1991年5月，密特朗總統以伊拉克戰爭結束並希望調整政策以加速改革為由進行政府改組，同時任命柯瑞松夫人（Edith Cresson）為新的總理。1992年1月，莫華因接任國際社會黨聯盟主席之職而辭去黨魁第一書記的職務，法畢士得以在密特朗的支持下出任黨魁。另一方面，為了安撫羅卡，密特朗、莫華及法畢士默許羅卡將在1995年總統大選中代表社會黨出馬。[29]不過，這些安排並未能避免社會黨的內部歧見，加上社會黨連續爆發貪污醜聞，因而造成1992年《馬斯垂克條約》公投的

---

[28] 參閱Hugues Portelli, *La Ve République* (Paris: Grasset, 1994), pp. 418-419.

[29] 根據莫華在其回憶錄中的說法，他接受國際社會黨聯盟主席的職務並臨時決定辭去黨魁主要是希望藉由若干黨內人事的新布局而得以減緩黨內派系人士的競逐。可參閱Pierre Mauroy, *Mémoires: Vous mettrez du bleu au ciel* (Paris: Plon, 2003), pp. 355-360.

驚險過關、1993年國會改選的失利（19%的選票）以及1995年喬斯班在總統大選中的失敗。

就法國共產黨而言，隨著黨員的流失、得票率的降低、特別是蘇聯的瓦解，黨的內部開始再度出現策略與路線的爭議。在1990年12月所召開的第27屆黨代表大會中，黨魁馬歇（Georges Marchais）不但遭遇到黨內所謂改革派的嚴厲批評，同時許多黨內重要人士，如黨的機關報《人道日報》（L'Humannité）的社長勒華（Roland Leroy）等也提出呼籲要改選黨魁（亦即總書記）。1993年的國會改選中，共產黨的勢力持續下滑，僅維持了9%的得票率，馬歇在面對強大的壓力之下，終於在1994年1月第28屆黨代表大會中讓出執掌20年的黨魁職務而由于埃接任。[30]

在1993年3月的國會改選中，右派兩黨獲得大勝。由於席哈克沒有意願出任總理，因此推舉同黨巴拉杜出任總理，如此也開啓了第五共和第二次「左右共治」之局。[31]這次選舉的過程中，右派兩黨領袖席哈克與季斯卡在選前就組成一個競選聯盟，並希望塑造團結形象以獲得選民的支持與認同。[32]至於左派政黨選情方面，由於社會黨的形象滑落且無法提升經濟，再加上綠黨及環保黨瓜分票源，造成選舉失敗的困境。同年5月1日，剛下台的前總理貝赫哥瓦（Pierre Bérégovoy）因涉嫌收受不當利益而遭到調查，在各方指責與壓力下舉槍自殺，不但引起政壇震憾，同時也讓社會黨幾乎面臨群龍無首且崩盤的危機。面對如此的困境，黨魁法畢士（Laurent Fabius）也在各方要求爲敗選負責的壓力下辭職，而由羅卡以過渡性質接任。

巴拉杜總理上任後採取果斷積極且勇於任事的態度，因而獲致不錯的評價，並在若干黨內領導人士的勸進下進而角逐1995年的總統大位。基本上而言，若順著1993年國會選舉的政黨與選民分布，右派候選人在1995年的總統選舉中應是穩操勝券的。不過，由於右派在第一輪中出現內鬨而有席哈克及巴拉杜兩位候選人，造成選戰的高度不確定性。相對於右派的力量分散，左派基本上應居有利態勢，但因爲社會黨喬斯班起步較晚且缺乏可能勝選的爆發力，故未能從中獲利。選舉結果，席哈克在第二輪中以52.64%的得票率擊敗喬斯班而當選。我們在此次總統選舉中再度看到兩輪多數決制度的特性與影響力。特別值得觀察的是，在第一輪居於領先的

---

[30] 參閱Stéphane Courtois et Marc Lazar, *Histoire du Parti communiste français* (Paris: PUF., 2è édition, 2000), pp. 430-432.

[31] 在總數577的席次中，右派聯盟共獲約485席，左派僅保住了約91席，兩者之實力差距甚大。

[32] 這個聯盟名爲「法國聯盟」（Union pour la France, UPF），除了提出共同政見之外，同時儘量在每一選區共同推薦一位候選人的方式聯合競選。

候選人不一定會在第二輪投票中當選，在第一輪居於第二的候選人也非常可能因左右動員而形勢逆轉。1995年席哈克當選總統也正式結束了第二次「左右共治」的局勢。席氏上任後任命朱貝擔任總理，並與「法國民主同盟」組聯合政府。對席哈克所領導的「共和聯盟」而言，1995年可說是戴高樂主義重振雄風的一年，因爲，席氏當選總統並任命同黨朱貝出任總理是自1974年以來戴高樂派失去總統寶座後再次重新獲得的新局面。

二、自1997年到2017年之間

　　如同英國學者谷尤瑪其（Alain Guyomarch）等人所強調的，90年代以來法國的政黨政治與投票行爲遭遇到幾項重要的變革，諸如執政黨在選舉中的挫敗、選民冷漠造成投票率的下降、左右兩大聯盟中傳統選民的流失、極右派「國家陣線」及共產黨等小黨呈現的崛起與殘存，以及選民對政治人物的不信任感。[33]事實上，除了上述的重要變革之外，在這段期間，法國政黨政治也經歷了第三次「左右共治」、2002年席哈克總統的連任及國民議會的勝選等所帶來的政黨輪替與實力消長，而在如此的發展過程中，左右兩大陣營都進行了大幅度的政黨重組與結盟。值得一提的是，在這段時間的發展中，各主要政黨，特別是左派社會黨、右派「共和聯盟」以及「法國民主同盟」的黨魁都改爲由所有黨員直選產生。

　　1997年4月，朱貝政府在經歷二年的執政之後，右派聯合執政並未獲得民眾的支持。事實上，朱貝總理個人的滿意度自1995年11月份起就開始大幅滑落，根據「索佛雷斯」（SOFRES）民調中心的一項調查顯示，在1995年6月間，有65%的受訪者表達對朱貝擁有信心，只有26%對其不具信心。但在12月間的民調中，卻有60%的受訪者表達對朱貝的不滿意，而只有37%的受訪者給予支持。[34]就政策推動的層面而言，首先是治安問題，年輕人的犯罪率日益上升；其次是經濟情況並未好轉，通貨膨脹、消費力減緩，尤其是將近有四分之一的年輕人無法就業，中小企業也不願因提供就業機會而增加成本。最後就是黨的向心力流失，右派國會議員不夠團結，各自爲政。另外，接連爆發的政治貪瀆醜聞，甚至於包括總理都有案在身

---

[33] 參閱Alain Guyomarch, Howard Machin, Peter A. Hall and Jack Hayward, *Developments in French Politics* (London: Palgrave, 2001), pp. 24-31.

[34] 參閱Alain Duhamel, "Les premiers pas du nouveau septennat," in Olivier Duhamel, *Jérôme Jaffré et Philippe Méchet, L'état de l'opinion 1996* (Paris: Seuil, 1996), pp. 13-32.

等事件引起選民的反感。[35]在上述諸多因素的影響與考量下，席哈克爲了跳脫這些負面的糾纏事件並展現改革的形象與決心，決定提前改選國會。不過，實際上，席哈克的主要目的仍在於鞏固自己的領導核心。4月21日，席哈克正式宣布解散國會並訂於5月間重新改選。

在5、6月的兩輪選舉投票中，左派三個主要政黨，社會黨（包括社會激進黨及人民黨）、共產黨及綠黨共同合作提出以「多元左派聯盟」（la Gauche plurielle）的名義聯合競選，並提出「改變未來」的口號爲選戰主軸。選舉結果，左派意外地贏得過半數的席位而取得執政權。席哈克總統也在非常窘迫的情形下任命社會黨的喬斯班爲總理，喬氏也立即組成三黨聯合政府，第五共和邁入第三次「左右共治」的階段。第三次左右共治與前兩次非常不同的是，它將持續五年，改選之時也就是總統大選的時間。

右派在面臨如此突如其來的失敗，內部也開始有許多指責與檢討的聲浪。在席哈克總統的主導下，朱貝總理下台並辭去黨魁職務，而由賽根（Philippe Séguin）接任。賽氏雖積極力圖振作，但因缺乏席哈克的支持而萌生退意。1999年4月，就是距離歐洲議會選舉前的兩個月，賽根提出辭職，而由黨內中生代後起之秀薩柯吉（Nicolas Sarkozy）擔任並立即參與歐洲議會大選。此次選舉中由於右派內部對歐洲整合的議題仍缺乏共識，因此並未採取聯合競選的策略，也導致得票結果不盡理想。同樣地，在無法獲得席哈克的信任與支持之下，薩氏也有自知之明地放棄角逐黨魁的機會。[36]1999年12月，「共和聯盟」召開黨員代表大會並首次由黨員直選黨主席，選舉結果由席哈克總統所信任的艾理歐瑪莉女士（Michèlle Alliot-Marie）當選，這也是戴高樂派有史以來第一次出現女性黨主席。[37]值得一提的是，同年11月，原創黨元老，也曾擔任過內政部部長的巴斯卦（Charles Pasqua）再度因歐洲

---

[35] 朱貝總理被控涉嫌在副市長任內利用職務之便，以低價租用市政府所擁有的房舍給自己及家人使用。雖然，朱貝在事發後立即搬出，但其形象已大受影響。

[36] 薩柯吉，48歲，年輕有爲，作風親民，21歲時就當選爲最年青的市議員。1983年更當選爲大巴黎高級住宅社區勒依市（Neuilly）市長，1988年亦當選爲國會議員，1993年出任預算部部長，1994年擔任政府發言人。薩氏有強烈的企圖心與使命感，民意支持度甚高，但因在1995年總統大選中支持同黨的總理候選人巴拉杜而遭席哈克及其親信的排擠。1998年到1999年間因力主黨內改革而以秘書長身分兼臨時代理主席。2002年的總統大選中力挺席哈克，席氏當選後任命其爲內政部部長。2004年3月31日的內閣改組中被任命爲財經部部長。大體而言，當時薩氏在該黨的地位仍是非常重要。

[37] 艾女士自2002年5月席哈克當選連任後被任命爲國防部部長，她也是法國第五共和以來第一位女性國防部部長。

整合理念及發展腳步與席哈克不合而脫離並自創新的政黨,名為「法國聯盟」(le Rassemblement pour la France, RPF)。[38]成立之後,巴氏也立即參與歐洲議會的選舉並獲13%的選票,與傳統大黨相比算是不錯的成績,但由於選民對歐洲議題較不關心、投票意願低落且選舉結果與執政權無直接影響,故無法在國會選舉或地方選舉中擴張。事實上,巴氏雖在歐洲議題上與席哈克不合並另自創政黨,但仍歸屬在右派聯盟的陣營,我們由巴氏曾在1993年至1995年間出任巴拉杜政府下的內政部部長,以及2002年總統大選中仍支持席哈克(巴氏因未獲得五百位民意代表的連署而無法正式參選)而可以了解。[39]2004年6月的歐洲議會選舉中,該黨並無任何一席當選,似已面臨泡沫化的危機。尤其是近兩個月以來,巴氏及該黨財務長因收受不法政治獻金,以及不當關說與利益輸送等案件遭受司法單位的調查及起訴,更對該黨及巴斯卦造成嚴重的衝擊。[40]

就「法國民主同盟」而言,1997年的失敗也帶來內部很大的衝擊。由馬德蘭(Alain Madelin)所領導的「共和黨」也於1997年間宣布脫離「法國民主同盟」,並重組改名為「自由民主黨」,特別強調自由主義,主張放寬勞動市場機制、減稅以及教育多元化等。面對分崩離析的危機,同盟主席貝胡(François Bayrou)也於1998年正式改組這個政黨聯盟,而建立一個單一政黨的態勢,名稱小幅調整為「新法國民主同盟」(Nouvelle UDF),而貝氏也在2000年的11月間連任黨魁。在經歷了1999年6月歐洲議會選舉各自為陣的競選失利,以及2001年3月間地方市鎮首長及議員選舉以後,特別是巴黎市和里昂市因內部矛盾而自相殘殺(右派兩位候選人堅持參選),導致左派社會黨漁翁得利的情形發生,右派這三個政黨更體認到在重要選舉中仍應採取聯合競選的策略。面對2002年的總統大選,席哈克及其選戰幕僚在2001年4月間就建議以席氏連任為前提,採用「2002年政權輪替」的競選主軸以及「運動聯盟」(Union en mouvement, UEM)為競選架構的模式,除了藉此整合右

---

[38] 巴氏自1992年的馬約公投中就持反對的立場,巴氏主張歐盟整合不應該影響過多國家主權的範圍,特別是國防外交、文化特色、警政與治安、公民權的擴大以及人員流通的管制等,若干意識形態與極右派類似,但巴氏以走戴高樂的歐洲政策路線為號召。此次分歧主要是巴斯卦希望席哈克總統能堅持將歐盟新通的《阿姆斯特丹條約》以公民投票的方式交由人民表決,但未經席氏接受。

[39] 可參閱Jean-Jacques Chevallier, Guy Carcassonne, et Olivier Duhamel, *La Ve République 1958-2002: Histoire des institutions et des régimes politiques de la France* (Paris: Armand Colin, 2002), pp. 488-489.

[40] 參閱Le Monde, 3 août, 2004;以及Gilles Gaetner, "Pasqua aux portes de la Cour," in L'Express, 7 juin 2004.

派勢力獲取支持之外，並計畫僅提出一位候選人的策略。[41]

　　此項策略在「共和聯盟」在黨主席、前總理朱貝及幾位核心領導人的推動之下，吸引了不少「自由民主黨」的重要幹部的支持，特別是哈法漢、巴候（Jacques Barrot）等人。[42]哈、巴兩人更結合了「共和聯盟」的巴尼耶（Michel Barnier）[43]以及斐爾本（Dominique Perben）兩位重要人物為此將選舉政見彙集並出版了一本名為《我們的政黨輪替公約》（Notre contrat pour l'alternance）的專書，並廣為宣傳。[44]書中不但強調了落實地方自治與民主化、社會安全制度、行政革新及教育改革、提升經濟及創造就業，以及歐洲整合等未來重大施政方針，同時也透露出右派應該團結才有辦法勝選。2001年12月起，「運動聯盟」開始更積極的辦理各項成立大會及「挺席哈克」造勢活動。[45]2002年4月23日，就在第一輪投票後兩日，席哈克的危機感隨著極右派勒彭的出線而升高，面對非常的情勢，席氏為了穩固基本票源並吸引更多跨黨派及中間選民的支持，特別將「運動聯盟」改名為「總統多數聯盟」（Union pour la Majorité Présidentielle, UMP）並正式依法登記，希望能順利勝選。此「總統多數聯盟」不但在第二輪的總統選舉中贏得勝利，同時在6月的國民議會解散改選中也大獲全勝。

　　2002年9月21日，「共和聯盟」及「自由民主黨」達成協議合併成為一個政黨，並立即進行相關事宜。11月17日，「總統多數聯盟」於巴黎市郊的勒布爾吉市（Le Bourget）舉行了成立大會，除了通過黨綱、黨章以及票選朱貝為黨主席、高丹（Jean-Claude Gaudin）為副主席、杜斯特布拉吉（Philippe Douste Blazy）為秘書長以及其他領導人之外，並同時將黨的名稱正式改為「全民運動聯盟」（Union pour un Mouvement Populaire, UMP）。該黨特別強調要重建法國人的信心，以「自由」、「負責」、「團結」、「愛國」及「歐洲」等基本價值為奮鬥目標，並依

[41] 可參閱 Jérôme Cathala et Jean-Baptiste Prédail, *Nous nous sommes tant haïs 1997-2002* (Paris: Editions du Seuil, 2002), pp. 165-170.

[42] 特別是席哈克的競選總顧問孟諾（Jérôme Monod）以及朱貝、薩柯吉、費雍（François Fillon）等人。

[43] 巴尼耶係屬「共和聯盟」自1999年起出任歐盟執委會委員並負責區域發展政策，在2004年3月31日的政府改組中，被任命出任外交部部長。

[44] 可參閱Michel Barnier, Jacques Barrot, Dominique Perben et Jean-Pierre Raffarin, *Notre contrat pour l'alternance* (Paris: Plon, 2001). 值得一提的是，此四人皆分別擔任總理及政府重要部長之職。

[45] 此「運動聯盟」的性質類似「席哈克總統之友會」，全國主席由杜特雷（Renaud Dutreil）擔任。杜氏當時年43歲為中生代政治菁英，自2002年起出任中小企業部政務次長，在2004年3月30日的政府改組中升任為公共事務及國務改革部部長。

「傾聽」、「了解」、「參與」、「尊重」、「前瞻」、「決心」及「行動」等七大行動準則來完成使命。[46]從以上的基本價值與行動準則來觀察,該黨仍是以塑造全民性的政黨為目標並成為法國的第一大黨。在此情況下,法國右派政黨生態似乎又回到1962年到1978年之間的情形,也就是說,在右派的兩股勢力中,戴高樂嫡系政黨再度完全取得右派陣營中主導的力量。

不過,上述右派兩黨自2002年起取得中央的執政優勢在2004年3月21日及28日所舉行的兩輪地方選舉中面臨嚴重的挑戰。此次選舉是法國六年一次的民選省長(Région)、民選縣長(Département)、省議員及縣議員的選舉,雖然是一個地方執政權的選舉,但對右派執政聯盟或左派在野聯盟而言仍有其政治意義,許多選民也認為這是對2002年4月21日席哈克當選總統及哈法漢政府執政以來的期中考驗。[47]選舉結果,在野左派三黨聯盟(社會黨、共產黨及綠黨)以50.1%的得票率並取得22個省的地方執政權獲得大勝,而執政右派兩黨聯盟則以37%的得票率慘敗。[48]這個結果不但讓席哈克總統臉上無光,來自民意的壓力以及黨內的批判與權力競逐,更令總理哈法漢坐立難安,並隨時準備打包下台。[49]3月30日,哈法漢總理向總統席哈克提出內閣總辭。不過,席哈克總統為穩住右派陣營,於當日再度立即任命哈法漢出任總理並進行內閣改組,希望能重新出發。

綜合觀察,此次右派執政聯盟慘敗的原因有三:首先是政府的執政成效不佳,席哈克總統自2002年5月當選連任並贏得國會大選以來,雖然積極提升經濟,但仍無法有效解決失業問題,尤其是年輕人高失業率的情形並未改善;此外,有關勞動工時減為35時數也因資方的態度而保留無法全面實施,此亦造成工會的反彈;再者,有關減稅的政策也因國家財政赤字過高而有所延遲且趨於謹慎。其次是黨的負面形象日益擴散,2004年2月初,「全民運動聯盟」黨魁朱貝因在巴黎副市長任內(當時席哈克任市長)涉嫌瀆職及收受不當利益之起訴案,遭地方法院判處18個月的有期徒刑(可以緩刑)並剝奪選舉權5年。這個結果不但造成黨內對朱氏是否應負政治責任而有所去留產生嚴重的意見分歧,同時也因席哈克總統採取支持朱氏,

---

[46] 參閱Magazine de l'Union pour un Mouvement Populaire, Bonne année l'Union (Paris: UMP, Janvier 2003).

[47] 可參閱Profession politique, octobre 2003 (Paris), pp. 20-26.

[48] 此次選舉的投票率為65.73%,參閱Le Monde, 30 mars 2004, p. 1.

[49] 必須一提的是,此次選舉中,幾乎所有參選的內閣閣員都遭遇慘敗,唯獨中生代改革派薩柯吉在毗連巴黎地區的上塞納河縣(le Département Hauts-de-Seine)贏得勝利,並可兼任該縣民選縣長(le président du Conseil général)。

堅持法律途徑進行上訴並暫留原職而造成選民的失望及批評。第三是右派兩黨聯盟不夠團結，聯合競選的策略無法展現，競選初期，席哈克及朱貝所領導的全民運動聯盟在提名人選上過於強勢，造成「法國民主同盟」的反彈，在許多省、縣採取自行提名參選而不採取單一提名，聯合競選的策略，在此情況之下，右派的選票不但受到極右派「國家陣線」壓縮，更使選票過於分散。

　　至於左派聯盟贏得勝選的主要原因則大致有二，首先是聯合競選的策略成功，社會黨黨魁歐蘭德在2003年5月當選連任後就積極對內整合派系、進退有據，對外則提早與共產黨及綠黨研商共同提名並進而採取聯合競選的策略。[50]其次是有效掌握選舉議題，左派聯盟嚴厲抨擊右派執政所採行的檢討社會醫療保險制度、削減教育與研究經費政策，以及放寬警察對嫌疑犯的詢問權及拘留時間、制定「禁止頭帶宗教面紗進入校園」的法律等都頗獲勞動階層選民的回應。有些社會黨人士更指出，此次選舉後再度將法國政治帶入一個新「左右共治」的局面，換句話說，右派聯盟雖然掌握中央政府的執政權，但是左派聯盟則控制地方政府的執政權。

　　此次選舉顯示了選舉制度的重要性，由於首次施行兩輪多數及比例代表的混合制度，也就是說，在一個省或縣的選區，任何一個政黨或聯盟若能在第一輪投票中過半，則可獲得應選席次一半加一的席次，其餘席位則依得票多少依比例分配，若無一政黨或聯盟在第一輪中過半，則進行第二輪投票，得票最多的政黨或聯盟先得一半的席次，其餘仍依比例分配。此項選舉制度主要係避免多黨林立下缺乏一個穩定的多數，使得極右派「國家陣線」成為關鍵的少數，進而影響地方自治的制度與發展，在此情形下，選舉制度除了有利多數執政，以及大黨或政黨聯盟之外，也同時會深化兩極對立的政治生態。也因此，平均擁有15%到20%選票的極右派「國家陣線」之表現受到嚴重的壓縮，此次選舉中僅獲12.78%的選票，比1998年的選舉少了2%。1998年的省議員選舉中，「國家陣線」共獲275個席位，這一次減少為165個席位。2007年5月，右派薩柯吉當選總統並挾其魅力贏得國民議會之選舉，政黨生態又有所改變。2012年5月左派歐蘭德當選總統造成政黨輪替。換言之，在2007到2017年之間，法國經歷了兩次的政黨輪替，但仍是維持著「左右兩極」的

---

[50] 黨魁歐蘭德是在2003年5月16、17及18日所召開的全國黨員代表大會中經全國黨員直選並以84.76%的得票率獲得連任。根據社會黨的內部資料顯示，此次直選黨主席（le Premier secrétaire）共有129,445位的黨員登記為選舉人，有90,204位投票，投票率約為七成，而歐氏獲76,453票的支持。此外，歐蘭德在同年5月24日的社會黨中央委員會會議（le Conseil national）中就強調，要立即加強與左派其他政黨的溝通與合作，並建立起合作平台。此項資料可參閱L'hebdo des socialistes (Paris), No. 278, 31 mai 2003, p. 6.

政黨制度。不過，2017年馬克以強調不左不右走中間路線的政黨在總統及國民議會選與中獨領風騷贏得完全執政，讓傳統的政黨幾乎潰不成軍，對法國政黨政治造成衝擊。

伍、政黨制度與發展之特性

　　法國名學者杜偉傑曾分析指出，國家政治制度的建立不但包括了歷史、傳統、文化、宗教、信仰及環境等發展因素，同時憲政架構與政黨政治的關係更是影響重大。[51]英國艾爾吉（Robert Elgie）和葛雷格斯（Steven Griggs）兩位學者也指出法國第五共和的政黨具有歷史較短、組織鬆散、個人化的領導以及派系分歧的特性，但是其中政黨的競合與政治制度有密切的關聯性。[52]綜合以上的分析，我們可以觀察到1990年以來，法國政黨結盟與重組的發展有以下特色：第一是政治傳統上左右意識形態極化的持續，第二是憲政體制上總統職權的影響，第三是兩輪多數決選舉制度的效應，第四則是黨內民主機制的落實。

一、傳統左右意識形態極化的持續

　　「左」（la gauche）、「右」（la droite）的政治立場與分野是源自於1789年8、9月間法國大革命時期時制憲議會議員，因改革理念不同所形成之分邊群聚而坐的現象。議員們在第一個有關是否要給予國王立法的否決權，以及是否建立兩院制的議題討論上產生了嚴重的分歧。在此情形下，位於主席右邊的為右派，其主張國王可有否決權及實行兩院制，並採漸進式之改革；而位於左邊的則為左派，反對國王有否決權並主張進行大幅的改革。[53]之後，隨著政黨的形成與發展也自然演變成法國社會及選民政治立場或意識形態的基本分歧與差異。隨著時代的變遷與科技的進步，雖然法國的社會、經濟及政治的發展也有很大的轉變，民眾對「左」、「右」意識形態的定位有時也不是非常明確，但多數的政治學者仍是認

---

[51] 參閱Maurice Duverger, *Le système politique français* (Paris: PUF., 1996), pp. 465-467.

[52] 參閱Robert Elgie and Steven Griggs, *French Politics: Debates and Controversies* (London: Routledge, 2000), pp. 99-102.

[53] 參閱Jean-Jacques Chevallier, *Histoire des institutions et des régimes politiques de la France: de 1789 à 1958* (Paris: Armand Colin, 2001), pp. 38-40.

爲，「左」、「右」派的差距是，法國社會及政黨政治中最基本的區隔或分歧。[54]

　　事實上，根據2002年1月的一項民調顯示，有90%的受訪者認爲是有左、右意識形態的區別。此外，民調中更進一步地指出當前最能引發左、右意見分歧的10大議題，分別爲企業的自由經營、司法對輕罪的從寬或從嚴、死刑恢復與否、移民政策、公立學校的角色、同性戀、女性工作權、社會階級的自我認知、政治人物的形象，以及社會變遷與發展的方向等，由此可見此項區隔的重要性。[55]此外，根據2002年總統選舉中針對選民所關切之議題所做的調查顯示，選民最在意的12大問題爲：失業問題、治安問題、社會公平、移民問題、退休問題、污染問題、學校教育、減稅與否、打擊恐怖主義、整治政治弊端、歐洲建設、法國主權，而其中以前三項最爲選民重視。不過，若進一步從選民結構來分析這三項問題則可發現，左派的選民認爲解決失業問題及社會不公是最急迫的問題，而右派選民則認爲治安問題是最急迫的問題，其次才是失業問題，社會公平的問題似乎並未比失業問題來的重要。[56]換句話說，從選舉議題這個角度觀察，我們似乎可以發現，選民關心的議題雖然大同小異，但是若由優先順序的選項來看，仍可探出個中左、右選民的分野。

　　從歷史的角度觀察，自1789年法國大革命以來，法國人民經常就國家憲政體制之定位，以及社會的進步與發展政策和模式出現兩極不同的主張，而這種不同主張自然而然的演變成左、右意識形態的對立。[57]換句話說，左、右的政治分歧與個人、社會團體，乃至於政黨對人的價值、政經制度或社會理想都存在著基本的差異。進一步而言，左派政黨通常強調改革的急迫與重要、社會進步與公平，換句話說就是主張社會主義的理想；右派政黨則是強調即有秩序、漸進改革、重視傳統價值。在非選舉時期，這些政黨各有其理想、組織、運作及自主性，可是，一旦面臨選舉勝負或執政的得失則會採取聯盟或合作，以維護或爭取最大的利益。至於極右或極左的政黨而言，基本上是法國傳統多元思潮與多黨制度的產物，除主張較爲極

---

[54] 參閱Yves Mény, *Le système politique français* (Paris: LGDJ, 2019), pp. 52-54. Philippe Braud, *La vie politique* (Paris: PUF., 1985), pp. 78-81; Olivier Duhamel et Yves Mény, *Dictionnaire constitutionnel* (Paris: PUF, 1992), pp. 151-154；以及François Platone, *Les partis politiques en France* (Paris: Les Essentiels Milan, 1997), pp. 18-19.

[55] 參閱Stéphane Marcel et Didier Witkowski, "Il faut sauver le clivage gauche-droite," in SO-FRES, *L'état de l'opinion 2003* (Paris: Editions du Seuil, 2003), pp. 95-122.

[56] 參閱Pascal Perrineau et Colette Ysmal (sous la direction de), *Le vote de tous les refus: les élections présidentielles et législatives 2002* (Paris: Presses de Sciences po, 2003), pp. 104-110，所提資料與分析。

[57] 可參閱Jean Charlot, *La politique en France* (Paris: Editions de Fallois, 1994), pp. 39-45.

端且侷限之外，同時受制於選舉制度、執政聯盟的意識形態與策略（左、右執政聯盟皆不會與極左或極右之政黨聯合）。

二、總統的職權影響政黨政治

隨著1958年新憲的啟動，特別是在戴高樂總統的強勢執政與領導風格，以及總統直選效應的影響之下，第五共和下的總統不但在形式上爲國家元首，同時在實際的政治體系中也成爲權力的核心及政策的推動者。在此情形下，政黨發展與結盟的目標主要在於，是否能在總統大選中能提出強棒的候選人，同時有潛力成爲勝利的一方。[58]1990年代以來，第五共和更經歷了三次「左右共治」，在此期間，總統的職權與角色受到一定程度的侷限，不過，這個發展並未影響各政黨角逐總統大位的決心與策略。由於長久以來，法國處於多黨政治的形勢，再加上總統需獲過半數的選票始能當選，因此各政黨間的合縱連橫也成爲政黨發展與生存的必修課題。正如法國布雷松教授（Pierre Bréchon）所分析的，總統直選除了造成政黨發展皆以角逐總統大位爲目標之外，同時也導致各政黨必須提早達成結盟或聯合競選的策略（這個結盟與策略可以是實質上的合作，也可是形式上的聯盟），否則很難有勝選的機會。[59]換句話說，法國人民對這種以總統直選且可綜攬大權的憲政體制具有相當高的共識。

2000年9月，法國在前總統季斯卡主動提案下，加上席哈克總統和喬斯班總理的積極推動，法國人民用公民投票的方式將總統的任期修改爲5年。此次公投修正主要政治考量，一方面此項縮短任期源自龐畢度總統時期，可順水推舟；二方面席、喬兩人若參選可有利塑造改革形象，其次就憲政運作而言，縮短任期除符合世界潮流之外，也可避免「左右共治」的頻率，有助政治穩定。我們看到，2002年5、6月間，席哈克總統除了以80%的得票率贏得連任之外，同時在國民議會改選中也獲得壓倒性的勝利，再度形成第五共和總統綜攬大權的政局。

---

[58] 有關總統綜攬大權的分析，可參閱本書第一章。知名學者霍夫曼（Stanly Hoffmann）早在1974年間就曾有如此的觀察，參閱Stanly Hoffmann, *Sur la France* (Paris: Editions du Seuil, 1976), pp. 293-307；另外有關法國總統大選對政黨政治的影響也可參閱Alistair Cole, *French politics and society* (London: Pearson Education, 1998), pp. 139-141.

[59] 參閱Pierre Bréchon, *Les élections présidentielles en France* (Paris: La Documentation française, 2002), pp. 13-14.

三、兩輪多數決選舉制度的效應持續發展

　　第五共和下國民議會選舉改採單一選區兩輪多數決（1986年3月是唯一一次以比例代表制產生），以及1965年起總統改為兩輪多數決的全民直選制度，也促成政黨的選舉聯盟。正如法國杜偉傑等多位教授所一再強調的，在這種選舉制度之下，一方面除了能有效排除或減少過多的候選人，並避免小黨林立的現象之外，同時有利大黨的候選人並採取選舉聯盟，如此也有利於組成一個穩定的國會多數執政黨或聯盟。這個制度所產生的效應就是所謂的「多數治理」（le fait majoritaire）。同樣地，就總統選舉而言，總統經由絕對多數產生除了合乎民主多數治理原則之外，同時也有利於行使職權的說服力與正當性。[60]

　　受到選舉制度及國會運作生態改變的影響，第五共和的政黨政治中，不論政黨大小通常都會採取聯合選舉策略，進而形成左右聯盟兩極化的現象。[61]換言之，通常意識形態相近的政黨比較容易組成選前或選後的聯盟策略，特別是在實施第二輪的投票的選舉中，以便獲得較多的席次及執政權。反之，倘若政黨無法在此策略上有所因應或作為，則很容易在選舉中失敗或遭到邊緣化、泡沫化，甚至於重組兼併或解散的危機。[62]進一步而言，雖然左、右陣營都會有因議題矛盾、理念不合或是權力鬥爭而導致分裂或另組新黨，諸如原社會黨的謝維尼蒙自組「人民黨」、原法國民主同盟的戴維里耶（Philippe de Villier）另組「法國黨」（le Mouvement pour la France, MPF）以及原共和聯盟的巴斯卦等，這些政黨除了在以行使比例代表制的歐洲議會選舉或市議會議員選舉中可勉強爭取到少數席位之外，在實施兩輪多數決的選舉制度下，特別在第二輪中通常會表態並與同屬陣營聯合競選，如此還可獲得最少之利益或存在價值，否則一旦與大黨決裂則很容易陷入泡沫化的危機。由此觀之，此項制度的效應將會持續影響政黨的結盟與重組策略。

---

[60] 可參閱Maurice Duverger, *La nostalgie de l'impuissance* (Paris: Albin Michel, 1988), pp. 58-63; François Furet, Jacques Julliard, Pierre Rosanvallon, *La République du centre* (Paris: Calmann-Levy, 1988), pp. 81-85; Eric Perraudeau, "Le système des partis sous la Ve République," Pouvoirs (Paris), No. 99 (2001), pp. 101-116.

[61] 參閱Maurice Duverger, *Le système politique français* (Paris: PUF., 1996), pp. 495-499；以及Raphaël Hadas-Lebel, Les 101 mots de la démocratie française (Paris: Odile Jacob, 2002), pp. 416-418，有關選舉制度對政黨結盟的影響。

[62] 諸如，2001年3月11日及18日所舉行的市長及市議員地方選舉中以及2004年3月的省、縣議長和議員選舉中，無論是左派或右派陣營都發生自家人競爭而造成對方漁翁得利的情況。

四、黨內民主的進步與落實

　　從黨內民主機制的建立與發展觀察，長久以來，除了共產黨的黨魁（稱總書記）是由全國黨員代表大會中的黨代表選舉產生而稍有民主意義之外，其他的左派社會黨、右派的共和聯盟或法國民主同盟的黨魁，以及相關領導人都是由所謂少數的中央委員會或政策委員會直接或間接推選產生，並不符合民主原則與時代潮流。自1990年代末期以來，這個缺失已有大幅的改變，隨著政黨的重組與改造，以及黨員與支持者的要求，左、右派的主要政黨，特別是社會黨、共產黨、法國民主同盟及全民運動聯盟目前都以黨員直接選舉的方式產生黨魁，對於落實黨內民主、健全政黨組織以及改變政黨的形象都有正面的意義。特別值得觀察的是，2017年5月的總統大選之前，右派候選人費雍以及左派社會黨候選人阿蒙都是經由黨內初選程序所產生，雖然這個過程也會造成內部的矛盾與分裂，但卻是多人有意參選下的公平機制，因此，這項做法一定會對未來政黨產生候選人的程序帶來深遠之影響。

　　綜合觀察，法國第五共和下，受到傳統上左右意識形態的明顯區隔、總統綜攬大權的發展，以及兩輪多數決選舉制度等主要特色之影響，法國政黨在面對選舉時（無論是總統、國民議會或是地方自治的選舉），通常會在選前經由黨與黨的協商與談判採取形式上（投票策略之運用）或實質上（簽署聯合競選之政見或共同提名）的聯合競選策略以獲得選舉的最大利益，進而組成聯合政府。換句話說，不論左派陣營或右派陣營，不管大黨或是小黨，倘若不採取聯合競選或策略投票的方式，則很難贏得選舉，更無法取得執政權（就小黨而言可參與聯合政府）。1990年代以來，不論是左派或是右派陣營都經歷了許多變遷或重組，雖然有若干議題性的政黨出現，也有一些政黨消聲匿跡，甚至也已解散，但是此項策略與發展並未有所改變，政黨之間的結盟及重組成為政黨政治與選舉過程一個常態且重要的策略及活動。

法國社會黨是法國歷史最悠久的政黨之一，密特朗總統執政的14年更讓社會黨的氣勢與影響達到高峰。本章首先就社會黨組合過程及主要派系做一探討，而後再將當前社會黨的發展加以分析。

壹、發展背景

法國社會黨自1905年成立以來，迄今已有近一個世紀的歷史。由於其早期過於強調意識形態，加以受到法國共產黨於1920年分裂成立和發展的影響，導致該黨在第三、四共和時期（1875～1958）無法獲得多數選民的支持，即使取得執政權，也是曇花一現。第五共和初期，社會黨人士仍無法積極團結造成聲勢，選票始終維持在15%左右。1969年到1971年之間，在密特朗的推動下，將主張社會主義的若干黨派聯合起來，成立了法國社會黨。思想上，該黨強調自由民主與社會公平；做法上，則採取「左派聯合」（特別是與法國共產黨聯合）之策略。經過10年的努力，終於在1981年獲得執政的機會。[1]

就法國社會黨的歷史而言，密特朗算是新的一代，較強調法國大革命以來的社會平等觀念，而在執行上也多注重務實的策略。密特朗自1981年當選總統以來，一般法國人對其表現（尤其是國家元首的角色）皆給予相當不錯的評價，同時也認為他是一位頗有謀略的政治家。1995年以後，中生代喬斯班正式接班，不過2002年6月起，社會黨又面臨轉型的考驗。

當今法國社會黨的組織與運作和法國其他主要政黨相較，可說是非常特別。首先，它認同黨內派系的存在，且自地方到中央依派系黨員多寡以比例代表制方式

---

[1]　參閱Pierre Bréchon, *les élections présidentielles en France* (Paris: La Documentation française, 2002), p. 86.

來參與黨務及領導階層。其次是，該黨的領導核心則是以多數決的方式在中央委員會（le Comité directeur）中選舉產生。此一方式主要有利於黨的整體規劃及事權統一。

基本上，法國社會黨能夠在1981年贏得總統選舉，一方面是得利於「左派聯合」的策略；另一方面亦由於1972年以來，石油危機對工業國家的經濟造成很大的衝擊，右派的重商政策也不再受選民的支持，反之，強調社會公平與福利的社會黨則較獲選民的好感。雖然1988年密特朗總統當選連任，以及1997年到2002年的喬斯班政府執政，不過，由於社會黨的政策並無法有效解決若干經濟社會問題（尤其是失業及照顧低收入者方面，以及社會治安惡化等問題），不但讓喬斯班在2002年總統爭奪戰中失敗，更在國會改選中一蹶不振，而2007年的總統與國民議會選舉中仍無法逆轉局面。2012年5月歐蘭德（François Hollande）當選總統，又將社會黨帶向新的里程。

貳、社會黨的整合過程

如同政治學教授葛羅塞（Alfred Grosser）所分析的，社會主義在法國淵源長久，早在19世紀初就開始廣為散布，直到19世紀末，法國的社會主義才出現了嚴重的分裂。[2]1905年，在第二國際的推動下，將法國社會主義的兩大派系：一是以蓋德（Jules Guesde）為首的教條派，二是以饒芮斯（Jean Jaurès）為首的改革務實派，結合起來組成「法國工人國際分部」。基本上，該組織具有強烈的馬克思主義色彩，但是卻由饒芮斯擔任黨魁。因而，這組織在組合之初就遭遇到所謂「革命路線」與「議會路線」的難題。不過，在選舉方面，兩派系的結合使他們在國會中的席次增加不少，由1906年的52個席位增加到1914年的103個席位。[3]

由於饒氏強烈反戰，且積極主張以和平方式解決國際爭端，以致在1914年7月被暗殺身亡。同年，第一次世界大戰爆發，該組織推舉時任公共建設部部長機要秘書的布朗（Léon Blum）擔任黨魁。1920年，法國共產黨自該組織脫離後，法國工人國際分部的實力大受影響。[4]

---

[2]　Alfred Grosser, *La politique en France* (Paris: Armand Colin, 1984), pp. 100-101.

[3]　Antoine Prost, *Petite histoire de la France au 20e sièle* (Paris: Armand Colin, 1986), p. 14.

[4]　參閱Stéphane Courtois, Marc Lazar, *Histoire du Parti communiste français* (Paris: PUF, 2000), pp. 56-57

布朗有鑑於此，將該組織重新改組，並聯合法國激進黨，在1924年國民議會選舉中獲得不少席位。1936年，該黨在法國共產黨和激進黨的聯合支持下組織第一個社會黨政府。第二次世界大戰時，為了維琪（Vichy）政府的合法性問題，法國社會黨再度分裂。該黨領袖之一梅耶爾（Daniel Mayer）因反對維琪政府，轉而從事地下抗德運動。大戰結束後，梅耶爾出任總書記（Secrétaire Général）一職。

1946年，該黨領導階層改組，由負責北方卡萊省（Pas-de-Calais）黨務且擅長組織的莫萊（Guy Mollet）擔任總書記。在第四共和時期（1949～1958），該黨多是聯合激進黨、全民共和黨（Mouvement Républicain Populaire, MRP，與西歐基督教民主黨相近）來對抗法國共產黨和戴高樂派。[5]

不過，在選舉實力方面，法國工人國際分部在這期間已開始走下坡。1945年該黨曾獲得24%的選票；1946年11月得票率降為18%。而自1951年到1958年之間，其得票率則維持在15%左右。另外，該黨的黨員人數也由原有的35萬人減到11萬人。根據柏特里教授（Hugues Portelli）的分析，造成此一現象最主要的原因是戰後法國選民結構有很大的改變，而社會黨的影響力與選民仍侷限於若干地區，且仍屬老舊的選民與黨員。[6]第五共和初期（1958～1969）這段期間，該黨仍呈現衰退的現象。1958年國民議會改選中，社會黨獲得15.5%的選票。1962年，戴高樂總統解散國會重新改選，該黨的選票更降為12.5%。更慘的是，在1969年6月總統大選中，該黨所推出的候選人德費爾（Gaston Defferre）僅獲得5%的選票。[7]

參、由整合邁向執政

現今所稱之法國社會黨是由1969年到1971年之間組合而成的。它集合了四個主要的政治性團體：一是社會黨主幹，由莫萊、德費爾及莫華（Pierre Mauroy）為首的法國工人國際分部；二是以密特朗為首且中間偏左的共和體制協會（Convention des institutions républicaines, CIR）；三是以波伯倫（Jean Poperen）為首的社會人士黨會聯盟（Union des groupes et des clubs socialistes, UGCS）；四是沙

---

[5]　François Borella, *Les parties politiques dans la France d'aujourd'hui* (Paris: Seuil, 1984), p. 155.

[6]　Hugues Portelli, *Le socialisme français tel qu'il est* (Paris: PUF, 1980), pp. 80-81.

[7]　德費爾，1910年生，法國社會黨元老級人物，曾為馬賽市長、內政部部長等重要職務，於1986年逝世。

瓦利（Alain Savary）為首的左派革新聯盟（Union des clubs pour le renouveau de la Gauche, UCRG）。1971年6月13日在社會黨全國代表大會中，密特朗當選為第一書記（Premier Secrétaire）。1981年，密氏擊敗右派季斯卡當選為總統後，辭去第一書記而由喬斯班繼任。1988年5月，喬斯班被任命為教育部部長，而由莫華擔任第一書記的職務。

　　自新的社會黨成立之後，該黨勢力就不斷地擴張。他們也再度採取「左派聯合」，就是聯合共產黨及左派非共產黨人士的策略。1972年，兩黨共同簽署了一項「聯合執政計畫」。在此計畫的前提下，1974年5月總統大選中，密特朗被推選為代表左派參選的唯一候選人。此次選舉中，密氏雖然以1.7%的微差被季斯卡擊敗，但社會黨的影響力卻有增無減。1977年，由於社會黨與共產黨兩者之間對聯合執政計畫意見相左而宣告失敗。然而，在1978年3月國民議會選舉中，社會黨獲得了24.69%的選票，共產黨則有20.6%的選票。[8]這是自第二次世界大戰以來，社會黨的得票率首次超過了共產黨。不但對共產黨造成衝擊，同時也使得許多左派非共產黨人士對社會黨邁向執政之路抱以厚望。

　　由於受到右派23年長期執政及財經政策失敗的影響，1981年5月的總統大選中，密特朗擊敗爭取連任的季斯卡。隨後，該黨趁勝追擊，於6月舉行的國民議會改選中獲重大勝利，獲得285個絕對多數（當時法國國民議會共有491個席次）的席位而成為法國第一大政黨。

　　1988年5月總統選舉中，密特朗仍以老成穩重的形象擊敗右派的前總理、當時任巴黎市長的席哈克當選連任，同時也結束了1986年3月以來的「左右共治」之局。雖然在解散後的國民議會選舉中，法國社會黨獲得276個席位（全數為577席），並未超過半數（絕對多數為289席）。不過，右派兩黨聯合亦僅獲261席，因而密特朗仍任命社會黨強人羅卡為總理，並且聯合了若干中間派人士來推行政策。

　　從法國工人國際分部成立到1969年新社會黨開始重組以來的這64年當中（1971年重組完成並由密特朗擔任黨魁），這些社會黨人士的中心主旨大多未脫離所謂「無產階級專政」的教條，主張將資本主義的社會轉變為社會主義社會（這也是早期該黨黨章第1條的宗旨）。

　　自1971年新社會黨成立之後，他們了解到採取務實策略的重要。換句話說，

---

[8]　Jacques Chapsal et Alain Lancelot, *La vie politique en France depuis 1940* (Paris: PUF, 1980), p. 672.

他們仍忠於社會主義的理想，但在做法上則朝向西歐社會民主黨的模式。因此在1972年社會黨與共產黨的聯合執政計畫中，其內容也多避免革命性的字眼或太教條的理論，而改以經濟民主、主權在民、改變生活方式，以及新的國際主義等語句。不過，如前所述，由於雙方在執行的層面上有太多歧見而宣告失敗。

1980年1月，社會黨曾提出一套施政方針，內容包括：推行國有化政策、實施計畫式經濟、解決社會不平等現象和失業問題，以及擴大民主自由的領域等。1981年5月，法國社會黨執政以來，其政策方針也都經歷了許多的調整與改變（尤其自1982年6月起所採行的「撙節經濟政策」）。大體上而言，他們較以務實、溫和改革的方式來推行政策，然而，正如同杜偉傑教授之評析，法國社會黨若想贏得大眾的支持，除了策略的改變之外，還需要澈底檢討過於老化的意識形態和組織結構，以適應當前新的經濟社會情勢。[9]

肆、主要派系的演變

自1981年至1997年這段期間，社會黨內部包括了四個主要派系。

一、老社會黨人士

指源自早期法國工人國際分部的人士。該派黨員多集中在北部里耳市（Lille）及南部馬賽（Marseille）這兩大地區。以曾任總理及第一書記的莫華和主管財務和預算的中央書記艾瑪呂力（Henri Emmanuelli）為代表。艾氏曾於1994年至1995年間擔任黨魁。

二、社會主義教育問題與研究中心

社會主義教育問題與研究中心（Centre d'etudes et de recherches d'édu-cation socialiste, CERES）是前國防部部長謝維尼蒙於1965年由法國工人國際分部分離組成。這是社會黨中較強調意識形態及馬克思主義的派系。領導人除謝氏外，尚有前政府秘書長、名作家加洛（Max Gallo）等。不過，自1997年起，謝氏因與社會黨喬斯班總理的路線愈離愈遠，而主動脫離社會黨，不過，其在社會黨內仍有相當的

9　Maurice Duverger, *La nostalgie de l'impuissance* (Paris: Albin Michel, 1988), pp. 146-147.

影響力。

三、羅卡派系（Les Rocardiens）

羅卡總理原是法國統一社會黨的成員，統一社會黨乃是1960年由一些較年輕且積極主張「左派大聯合」的學生和知識分子組成，羅氏亦是創始人之一。1974年，羅卡為了加入法國社會黨而脫離統一社會黨；1978年以來，羅氏強調溫和務實的路線，反對大規模的國有化政策，因此而被黨內保守勢力評為中間偏右的社會黨人士。該派系自1985年起在社會黨內擁有重要的影響力。主要領導人除羅卡外，還有曾任合作部部長，巴黎第一大學教授的寇特（Jean-Pierre Cot），以及前任社會福利部部長艾文（Claude Evin）。不過，自1991年羅卡離開總理職務後就呈現影響力下滑的現象。

四、密特朗派系（Les Mitterrandistes）

就是指支持密特朗之社會黨人士。密氏參政甚久，在其周遭之親近人士較為廣雜。有強調意識形態者，如曾任內政部部長及國防部部長的喬克斯（Pierre Joxe）；有走溫和路線者，如已過世的前國防部部長何呂（Charles Hernu）及前任外交部部長及憲法委員會主席的杜瑪（Roland Dumas）。這個派系又可分為兩個主要派系，一是以前總理法畢士為首的社會黨人士；二是以喬斯班為首的人士。這兩派系都是支持密特朗的主張和政策，然究其目的乃在於爭取民意及擴大在黨內之影響力。

以上這四大派系基本上都是以社會主義之理想為依歸，而在政策上或執行上會有所差距。諸如對「左派聯合」的立場、黨策略的運用，以及對社會主義的看法等。在密特朗的領導之下，這些派系都願意在每一年的全國黨員代表大會中，認同一項經由協商籌劃後的政綱，來維繫黨中央的團結性。同時，國會中的社會黨團也應全力支持總理與政府推行的政策。這個現象在黨內有共同領導人且獲得執政權之時比較沒有問題，一旦沒有一個強而有力的領導核心，派系之爭則立刻浮上抬面。

伍、派系紛爭與轉型

1988年初，由於密特朗未表示是否爭取連任，因而造成派系間的政爭。雖然

密氏仍出馬角逐並連任成功，但內部矛盾日益惡化。1988年5月中旬，總統大選翌日，莫華與法畢士就爭取第一書記的職位（原第一書記喬斯班被任命爲教育部部長）而造成多方的對立。如前所述，第一書記乃由中央委員會選舉產生，法氏希望藉擔任第一書記職務（其曾任總理）來爲總統選舉鋪路，喬氏卻認爲黨的第一書記不應由具有選舉野心的人來擔任，故轉而支持莫華繼任。由於莫、法兩人堅持不讓，而以投票方式表決。最後莫華以63比54的票數（當時中央委員會共有118位委員，其中一人棄權）贏得第一書記之職務。

不過，早在1985年7月間，喬斯班（時任第一書記）和法畢士（時任總理）雙方就因爭取負責1986年3月國民議會選舉事務而發生齟齬。因此，此次喬氏支持莫華似乎不難理解。當然，法畢士亦有其實力所在，一方面密特朗爲了安撫法氏（據云，密特朗曾私下表示支持法畢士出任第一書記），而讓其擔任國民議會議長之職務；另一方面，當時由莫華領導所組合的書記處中親法畢士者即有四位。

1989年4月間，由於羅卡總理施行「經濟撙節政策」，並計畫裁減國防預算，而導致國防部部長謝維尼蒙的不滿。法國的國防年度預算是以四年爲期的軍事發展計畫所需來核算，並送交國會審議。也就是說，1990年的國防預算包含了1990年、1991年、1992年和1993年，共四年的所有計畫，並於10月間提交國會表決。4月下旬，謝維尼蒙提出了4,700億法郎（合約780億美元）的經費，其中包括了軍事科技的研究發展和武器裝備的淘汰更新費用。謝氏似乎想以其派系影響力而要求國會全面配合。

謝氏認爲，第五共和成立以來，法國國防獨立自主的特性已完全被法國人民所認同，且該計畫原則亦早在1987年就已定案，因此，該項預算應如數編列執行。不過，羅卡總理和經濟部部長貝赫哥瓦則強調，在目前緊縮財政的前提下，各方面都需要適度地節約，而將其預算減爲4,200億到4,500億之間。由於謝氏並不接受羅、貝兩人的建議而造成僵局。所幸，密特朗總統在國防會議中採取折衷的辦法而解決了此一紛爭。

1989年6月18日歐洲議會選舉中，以法畢士爲首的社會黨僅獲23.6%的選票，再度加深了其與第一書記莫華和喬斯班間的嫌隙。早在選舉之前，法氏以其國民議會議長的身分領導社會黨參選，就已引起黨內多位領導人士的不滿，認爲其野心過大且將受選民排斥，但卻未被法畢士所接受。雖然此次選舉的棄權率過高（51.1%），也影響了結果，而其選票著實令社會黨人士失望。莫華和喬斯班兩位一致表示了對選舉結果的失望，同時也批評法畢士犯了策略與宣傳上的錯誤。

　　當然，此項選舉結果嚴重影響了法畢士在社會黨領導階層的信心與聲望。法氏亦深知其在社會黨領導階層日益孤立的可能性，因而採取攏靠羅卡的策略，並表示願意支持羅卡出來競選總統。這個舉動不但造成社會黨領導階層（尤其是密特朗派系者）的疑慮，同時也突顯了該黨派系的紛爭。正如同政治專欄作家賈侯（Patrick Jarreau）所評析的，法國社會黨中的每一派系皆企圖壯大自己的勢力，但亦恐其他派系壯大而形成領導獨占的情形，因而互相勾心鬥角，紛爭不斷。[10]

　　1995年，黨魁喬斯班與席哈克競選總統失利之後，重新努力整合各派勢力，並於1997年的國會改選中贏得執政，形成第三次「左右共治」。喬氏在出任總理初期，將黨魁職務退讓給中生代菁英歐蘭德。不過，2002年5月總統大選中，喬斯班在第一輪就被淘汰，對社會黨造成很大的衝擊。由於喬氏於總統大選失利後宣布退出政壇，6月的國會改選中社會黨也遭遇慘敗，歐蘭德陷入改革聲浪及法畢士派系的挑戰。

　　事實上，自1997年起，社會黨內部的派系也有新的發展與重組，至2002年為止，主要的勢力共有三派，一是密特朗嫡系的主流派，包括了現任黨魁歐蘭德；二是與密特朗派系愈走愈遠的法畢士，其強調個人之魅力與改革之決心；三是走傳統路線的艾瑪呂力。[11]

　　綜合觀之，法國社會黨派系領導人之間紛爭的主要原因有三：

　　1. 由於密特朗總統已過世，其主要接班人喬斯班又於2002年總統大選中失利，而現任黨魁歐蘭德尚無法有效整合社會黨及左派力量，各派系領導人士，如法畢士以及現任巴黎市長戴拉諾（Bertrand Delanoë）等皆試圖擴大其影響力。

　　2. 每三年召開一次的全國黨員代表大會亦為社會黨派系實力角逐的場合與時機。1969年到1971年之間，法國主張社會主義的各黨派共同集合起來，組成新的法國社會黨，並且認同派系和比例代表式的領導結構實為該黨一大特色。然而，誠如社會黨問題專家胡寇特教授（Yves Roucaute）在其所著《法國社會黨黨史》（Histoires socialistes）中所分析的，派系的結合有利於政黨勢力的擴張，不過，倘若派系特徵過於強烈，則很容易造成四分五裂的局面。[12]

---

[10] Patrick Jarreau, "Le score de M. Laurent Fabius limite sa marge du manoeuvre au sein du PS," *le Monde,* 20 juin 1989, p. 3.

[11] 可參閱Pierre Bréchon, *Les partis politiques français* (Paris: La Documentation française, 2001), pp. 93-94.

[12] Yves Roucaute, *Histoires socialiste*s (Paris: Ledrappier, 1987), p. 395.

　　3. 1993年3月國會大選失敗後，第一書記法畢士被迫下台，而由羅卡接任。不過，羅卡經過近一年的努力，仍然無法振興社會黨的頹勢。1994年6月歐洲議會選舉中，該黨又嚐敗績，羅卡因而引咎辭職，由前國民議會主席艾瑪呂力接任第一書記。1995年10月14日喬斯班接任黨魁，1997年5月，喬斯班帶領社會黨贏得國會大選並形成第三次「左右共治」，除了出任總理之外，同時也給予社會黨在總統大選中一個大好的良機。1997年11月27日歐蘭德接任黨魁。可惜，在歷經五年的執政之後，社會黨並無法有所突破，亦無法獲得選民的認同，因而在2002年總統及國會大選中相繼敗陣，內部矛盾與衝突日趨白熱化。[13]事實上，這個現象一直持續發展到2007年總統大選，雖然最後推出了賀雅女士這位強棒，但仍因內部凝聚力不足、選戰策略分歧而失利。

陸、重新執政到轉型衰退（2012～2024）

　　2008年11月26日，歐布蕾女士（Martine Aubry）在全國黨代表大會中勝選並取代歐蘭德接任第一書記。[14]2011年5月，正當社會黨磨拳擦掌準備黨內初選以迎戰總統大選之際，同時黨內重量級人物、時任國際貨幣基金（Fond monaitaire international, FMI）總裁史特勞斯卡恩（Dominique Strauss-Khan）也積極投入且十分看好的氣氛下，沒想到史氏竟然於5月14日在美國紐約被控性侵害旅館女性員工而陷入司法的風暴當中，完全逆轉了許多社會黨人士原先的理想布局。在如此的情境之下，前任黨魁歐蘭德與現任黨魁雙方投入黨內初選，選舉的過程中也相當激烈且對立，最後由歐蘭德勝選並於2011年10月16日正式被提名為社會黨總統參選人。事實上，歐蘭德的出線連自己都有些措手不及，特別是如何撫平初選中的分裂也是一大難題，所幸在整體有利氣氛之下以及歐蘭德運用其過去任職黨魁的經驗與人脈，積極整合而獲得黨內外的支持。2012年5月6日歐氏在總統選舉第二輪投票中獲勝並進而領導社會黨在6月間的國民議會改選中贏得過半席次，重新拾回了失去近20年的執政權。2014年4月15日資深重量級人物甘巴德利（Jean-Christophe Cambadelis）當

---

[13] 可參閱Eric Conan, "Comment la gauche a perdu le peuple," *L'Express*, 30 mai 2002.
[14] 歐布蕾女士為知名政治人物，其父為前歐盟執委會主席戴洛（Jacques Delors）。歐氏自2001年起當選里耳市（Lille）市長迄今。

選為黨主席（第一書記）。

　　歐蘭德總統執政期間遭遇到許多重大挑戰，諸如國際上的反恐戰爭以及內政上更遭遇到史無前例的恐攻並造成許多無辜百姓的死亡。在經濟政策上，高失業率及政府赤字也無所改善，因此，歐蘭德總統的聲望始終低迷。此外，在個人感情生活中，其第一伴侶崔威勒女士（Valérie Trierweiler）於2014年7月間因不滿歐蘭德與另一個伴侶女演員嘉葉（Julie Gayet）交往並提出分手，進而不惜出版名為《感謝此時此刻》（Merci pour ce moment）政治回憶錄一書，將所有的恩怨情仇完全公諸於世，不但造成社會轟動也造成歐蘭德總統的形象大損。[15]2016年12月初當歐蘭德宣布不再競選連任之後，社會黨內部就開始為爭取提名而群雄四起。2017年1月29日的社會黨總統提名的初選第二輪投票中由前教育部部長阿蒙擊敗前總理瓦爾斯出線。2017年總統大選時的社會黨很類似1995年時密特朗無法續任的情況，可說分崩離析。此次總統大選中，候選人阿蒙僅獲6.36%的選票，是1980年代以來最差的一次。2017年6月的國民議會改選中仍是一敗塗地，也只保住30個席位，甘巴德利亦在責難之下辭去黨主席一職。隨著馬克宏的當選，更有不少重量級的前內閣閣員相繼離去並靠攏馬克宏政府，讓法國社會黨面臨相當大的困境。2017年6月18日，甘巴德利雖請辭了黨主席，但因社會黨一時無繼任人選因而代理至9月30日離職，由剛選上的參議員戴馬爾（Rachid Temal）代理。2018年3月5日的社會黨全國黨員代表大會中選出由國民議會社會黨團主席佛爾（Olivier Faure）出任黨主席。2022年總統大選中伊達戈女士僅獲1.75%的選票更是有史以來最差的一次。2022年及2024年兩次的國民議會選舉中，社會黨都是採取和左派政黨聯合競選的方式而得以分別獲得30和66席的情況，顯示出法國社會黨的影響力日益下滑。

---

[15] 可參閱Valérie Trieweiler, *Merci pour ce moment* (Paris: Les Arènes, septembre 2014)。值得一提的是，此書在當時成為最暢銷的政治性書籍，而崔女士又於2019年8月出版性質一樣的新書，Valérie Trieweiler, *On se donne des nouvelles* (Paris: Les Arènes, 2019).

　　自從1981年5月總統選舉以來，法國共產黨在形象上及選民支持上就開始走下坡。1986年3月國民議會選舉和9月參議院部分選舉中，共產黨所得的票數與席位更是江河日下，使得黨內領導階層中的改革之士，如朱甘（Pierre Juquin）和雷固（Marcel Rigout）等再度提出重新檢討黨的路線與策略的建議。事實上，法國共產黨自第二次世界大戰結束後，在法國社會中一直具有相當重要的影響力，它在1945年獲得了26.3%的選票及148席位，1946年更獲得28.5%的選票及165個席位，法國共產黨聲勢達到最高點；在第四共和時期，其得票率平均為25%，勢力可算相當龐大，即使在第五共和時期也有20%的得票率。然而在1981年總統大選中僅得15%的選票，此後法國共產黨就接連失利，不但在1984年歐洲議會選舉中，其得票率降至11%，1986年3月及1993年3月的國民議會大選中更是潰不成軍，都未達到10%的選票，甚至在2002年6月國民議會改選中連5%都未超過。2007年的總統大選與國民議會選舉中仍是每況愈下，甚至於2012年以來的總統大選中皆無法推舉黨的候選人。何以法國共產黨會演變成今日一蹶不振的態勢，此即為本章所欲探討的問題。

壹、法國共產黨的歷史沿革

　　1920年9月，由於受到蘇俄革命成功的影響，原社會黨法國工人國際分部多數成員接受列寧的建議，以馬克思主義來檢討其組織，以便排除那些主張漸進改革路線的成員，並進而接受第三國際的領導。於是社會黨內部為了是否加入第三國際及接受二十一條件而引起爭論，那些服從列寧的黨員，就另外成立新黨，定名為「法國共產國際分部」（Section française de l'Internationale communiste, SFIC）亦即法國共產黨。當時的成員大約有12萬，其中多以年輕人、勞工及低收入者為主。[1]饒

---

[1]　參閱Jean-Paul Brunet, *Histoire du P.C.F.* (Paris: PUF, 1982), p. 23；以及Jacques Fauvet, *Histoire*

芮斯所創辦的《人道報》（l'Humanité）也成為共產黨的機關報。然而自1921年到1934年這段期間，法國共產黨卻遭遇到許多困難，失去了差不多四分之三的成員。[2]其中最重要的原因就是他們信從第三共產國際的路線，過於強調階級鬥爭的論點，而否定了法國政治的特性，使得一般人民大反感而被孤立。

1933年，法國共產黨黨員僅有29,000人。1934年7月，鑑於當時德義法西斯主義的危機，以及希望吸收中產階級人士的支持，新任黨魁多雷茲（Maurice Thorez）改變策略，首先與社會黨簽署一項聯合行動協議，另外又相繼提出了「和平自由聯合陣線」運動與「和平、自由及工作全民陣線」運動，目的是希望能得到中產階級的迴響。然而，此兩項口號並未獲得成效，也因此讓該黨領導階層更了解到，要擴大政黨的影響力，必須由聯合其他左派政黨做起。1936年1月，該黨又聯合了當時由達拉迪爾（Edouard Daladier）所領導的激進黨共同組成「人民聯盟」（Rassemblement Populaire），該聯盟政綱中對共產意識形態較為淡化，甚至連國有化政策都未列入，這就是多雷茲為爭取中產階級所運用的策略。由於此項聯盟策略的運用，在4月國會議員選舉中，唯獨法國共產黨獲得左派選民大力的支持，贏得147萬，約15.3%的選票，議席從原有的10席增加為72席。從此法國共產黨在法國政壇上開始扮演著舉足輕重的角色。此次選舉後，共黨雖支持社會黨布朗政府的政策，但並未參加內閣。

1939年8月，德蘇簽訂互不侵犯條約後，在法國造成了一股反共產主義的風潮。法國政府為了因應當時的國際情勢，宣布禁止共產黨的任何活動。然而自1941年6月22日德軍向蘇聯發動攻擊後，情勢又大為改觀。雖然法國共產黨仍是非法組織，但卻在抵抗德國侵略行動中扮演了非常重要的角色。第二次世界大戰後，多雷茲仍遵行蘇聯的策略，放棄執政機會，但與社會黨聯合。1945年8月，社會黨拒絕與共產黨聯合，然而當時共產黨的勢力已相當龐大了，黨員幾近55萬人。同年10月國民議會選舉中，該黨獲26%的選票。1945年11月，戴高樂出任總理組閣，任命五位共產黨員為部長。1946年11月，共產黨總書記多雷茲也出任由共產黨、社會黨及基督教民主黨所組成三黨聯合政府的副總理，此為該黨首次參與執政，當時他們對法國戰後經濟復興與社會福利制度等有頗多的建樹。[3]

---

du Parti communiste français 1920-1976 (Paris: Fayard, 1977), pp. 34-35.

[2] François Borella, Les parties politiques dans la France d'aujourd'hui (Paris: Seuil, 1977), p. 176.

[3] Jean Charlot, Les parties politiques en France (Paris: Ministère des Affaires Etrangères, 1987), p. 30.

　　1947年5月，對內由於與社會黨的歧見日益加深，對外由於東西集團冷戰的僵局，總理哈馬迪爾（Paul Ramadier）乃解除了由共產黨人員出任部長的職務，使得共產黨再度因孤立而處於劣勢，直到1962年，由於社會黨主動提出「左派聯合」的策略，才使法國共產黨脫離孤立的困境。1947年到1956年的這段期間，共產黨可說是採取故步自封的態度，完全地服從蘇聯史達林的政策與指揮，1950年，該黨嚴厲批評社會黨的內政與外交；1955年，共產黨雖然支持孟岱斯（Pierre Mendès-France）的中南半島政策，但卻又批評當時社會黨與激進黨聯合的左派政府。1956年社會黨莫萊執政期間，曾經希望與共產黨重修舊好，聯合執政，但是一連串的事件，如蘇伊士運河衝突、蘇聯鎮壓匈牙利的自由化運動及反史達林風潮等，再度使這項計畫觸礁。一般而言，在第四共和這段期間，由於共產黨這種傾向教條式的方針，使得黨員的人數大幅銳減，但是在選舉方面，他們都能以法國第一大黨自居。直到1958年第五共和成立前的這段期間，共產黨的選票都能維持在26%到28%之間。[4]

　　1958年，戴高樂重返政壇，修改憲法，成立第五共和。由於共產黨反對新憲法中強調的削減立法權及加強行政權，使得該黨又面臨挫折。在1958年選舉中，該黨的選票降到19%。戴高樂強調國防與外交獨立自主原則，間接地也影響到法國共產黨的立場與作風。1958年戴高樂上台之時，共產黨批評其為個人權力之運用，但是在1959年6月該黨第15次全國代表大會中，該黨分析第五共和政治制度為現階段資本主義社會發展中的必然過程。不久，由於戴高樂對美國若干外交政策採取反對的立場，也使共產黨自1963年起對戴高樂的外交政策給予肯定的評價，尤其是1966年3月法國退出北大西洋公約軍事組織的決定，以及改善與共產國家和中東國家關係的做法。然而在若干內政與經濟措施方面，共產黨卻是毫不保留地批評與反對。也因此，這段期間的法國共產黨，如同政黨專家包雷拉（François Borella）所分析的，它不但是一個頑強的反對者，同時也是一個有用的夥伴。[5]

　　1964年5月，羅謝（Waldeck Rochet）繼任總書記後，也積極採行較為開放及聯合社會黨的策略。事實上，當1962年戴高樂修改憲法中有關總統選舉規定時，左派的立場就較為接近，隨後的國會選舉中，由於獲得社會黨的支持，使得共產黨能在第二輪投票中獲得21.84%的選票及41個國民議會議員席次。羅謝認為在一個經

---

[4]　Alfred Grosser, Op. cit., p. 100.
[5]　François Borella, Op. cit., p. 179.

濟發展快速的工業國家，政黨也必須調整它本身的結構與政策，才能獲得民眾的支持與選票，在可能的情況下，甚至可以朝向「黨內自由化」的方向發展。[6]

　　1965年1月，在巴黎郊區的市鎮選舉中，共產黨與社會黨正式合作，以與右派、尤其是戴高樂派的候選人抗衡。1965年12月共黨更支持社會黨所推出的候選人密特朗競選總統。雖然戴高樂在第二輪投票中以55.19%的選票當選總統，但密特朗在第一輪投票中獲得了32%的選票，而能與戴高樂在第二輪對壘，頗令左派人士刮目相看，而其中有過半數的選票是來自法國共產黨。在如此合作的基礎之上，1966年12月20日，共產黨和由密特朗所領導的社會黨聯盟「左派社會與民主人士聯盟」（Fédération de la gauche démocratie et socialiste, FGDS）簽署了一項選舉聯合協定，同意兩黨在選舉中互相支持。此項協定果然在1967年3月國民議會選舉中發生效果，此次選舉，共產黨在第一輪投票中得到22.51%的選票，比1962年的21.84%還高，在席次方面也增加了32個，使共產黨在國民議會占有73席。而密特朗的「左派社會與民主人士聯盟」也獲得很好的成績，共有121席。

　　然而此種階段與策略似乎無法維持長久，尤其是在1968年4月，蘇聯鎮壓捷克自由化運動時，法國共產黨所表現的態度與作風，不但令左派社會黨人士失望，甚至該黨黨員及選民也感寒心。當蘇聯派軍入侵捷克以鎮壓其自由化運動時，《人道報》曾經以五行標題刊載，「五個社會主義國家蘇聯、波蘭、東德、匈牙利及保加利亞以軍隊入侵捷克，法國共產黨表示驚訝與反對的立場」。這項舉動可說是法國共產黨有史以來，第一次如此公開地表明反對蘇聯的政策。當時一些共產黨的主要領導人，如名作家阿哈岡（Louis Aragon）及加羅地（Roger Garaudy）等也嚴厲批評蘇聯的軍事行動。

　　但是，不數日，法國共產黨領導階層卻不再批評蘇聯的行動，同時《人道報》也減少評論，往後根本就不再刊登有關「布拉格春天」悲劇的消息。如此的反應與態度頗令若干崇尚自由的黨員反感。「捷克事件」帶給法國共產黨巨大震撼，更造成其內部分裂，導致法國共產黨和莫斯科關係的緊張。再者，1968年6月學生風潮中，一些較為激進的年輕黨員對社會黨與共產黨所採取的保守態度也表示不滿。這兩事件不但令共產黨與社會黨的合作宣告失敗，也導致共產黨有意走向獨立自主的道路。自1969年6月起，羅謝因病無法處理黨務，而由副總書記馬歇（Georges Marchais）實際負責黨務。1972年第20屆全國代表大會中，馬歇正式升任總書記，

6　Jean-Paul Brunet, Op. cit., p. 101.

法國共產黨也因此進入了另一個階段。

貳、轉變或穩定：1970年至1981年

　　如同政治學教授葛羅塞（Alfred Grosser）所云，馬歇擔任共黨總書記之初，係採取較爲開放的政策，在作風與前者稍有不同。事實上，馬歇接任總書記後，立刻表現出非常積極幹練、坦誠的態度，同時也經常與基層幹部接觸並交換意見。不但馬歇在黨內的聲望大增，而黨的形象也稍有好轉。1971年，社會黨各派系聯合改組成功，組成法國社會黨，由密特朗任第一書記。當時共產黨與社會黨都處於一種轉變的階段，而社會黨又決定採取聯合共產黨以吸收左派選民的策略，於是兩黨於1972年6月27日簽署了一項「共同執政綱領」，綱領中指出，倘若兩黨執政，則以下列四點爲施政原則：一是改善生活與經濟民主化；二是發展公營事業；三是制度民主化；四是爲和平努力及拓展國際合作。在此期間，由於戴高樂已過世，雖然龐畢度在位執政，但右派內部的歧見也愈來愈大，尤其是季斯卡派與戴高樂派更是互不相讓。

　　1974年4月2日，龐畢度突然病逝，5月總統改選，由於右派戴高樂派夏本德瑪與季斯卡相互爭取總統候選人，結果造成右派季斯卡僅以些微的票數贏了左派共產黨與社會黨所支持的唯一候選人密特朗。當然兩黨聯合的策略是有其利益的，1920、1930及1940年代，共產黨曾使用此種策略。然而1972年左派聯合以來，法國共產黨雖然在組織上、人數上及活動上仍保有一個大黨的規模，但是在選舉方面，則毫無建樹，反而是社會黨的勢力日益增大。再加上兩黨對聯合執政的執行計畫亦無法達成妥協，尤其是在國有化範圍上歧見更大，終於在1977年9月宣告分裂。直到1981年6月密特朗當選總統後，任命四位共產黨員加入內閣，兩黨才又聯合在一起。[7]

　　就意識形態而言，法國共產黨在這段期間的態度與表現已偏離蘇共的路線。1976年2月，在第22屆全國代表大會上，法國共產黨決議放棄「無產階級專政」的目標，而認同多元性的民主政治。此次會議可說是有史以來最開放的一次，會議結

---

[7] 參閱Stéphane Courtois, Marc Lazar, *Histoire du Parti communiste français* (Paris: PUF, 2000), pp. 368-369.

束時，馬歇也齊聲高呼：「法國社會主義萬歲」。由另一個角度來看，此種表現顯示出法國共產黨希望與蘇聯及東歐共產國家保持一段距離。

在1976年到1977年這段期間，法國共產黨對蘇聯集中營及迫害人權的行為大肆加以抨擊，造成法國共產黨與蘇聯共產黨關係的惡化。事實上，當時法國共產黨、義大利共產黨及西班牙共產黨即在試圖與蘇聯建立一種新的關係，同時也希望重新定義國際共產黨運動的目標，這就是一般所謂的「歐共主義」。然而，隨著法國共產黨與社會黨左派聯盟的失敗，法國共產黨了解到，他們若要扮演一個從事社會溫和改革者的角色，必定無法與走社會民主路線的社會黨相抗衡。再者，倘若他們一再反對蘇聯或東歐共產國家，則勢必會走向社會民主的道路，而失去共產黨的傳統性。

在此情形下，1979年，法國共產黨第23屆全國代表大會中，總書記馬歇不但公開表示蘇聯與東歐的社會主義國家經驗「仍值得肯定外」，同時也通過了黨內組織運作的原則為民主集中制，再度採取親蘇聯的路線。1979年12月，蘇聯軍隊大舉入侵阿富汗，法國共產黨在此事件中是唯一支持蘇聯立場的西歐國家共產黨。1980年1月，馬歇赴莫斯科與蘇聯頭目布里茲涅夫（L. Brejnev）會面之時，也公開表示贊同蘇聯軍隊入侵阿富汗，並批評義大利共黨、西班牙共黨、羅馬尼亞及南斯拉夫所採行的修正主義路線。這象徵「歐共主義」的結束及法國共產黨重返國際共產黨革命路線。然而此項路線的改變，立刻引起內部領導階層中主張獨立、自由化之黨員的不滿，但是這些反對人士都遭到排擠。如《人道報》社長勒華（Roland Leroy）就被排除在原任中央委員會秘書處秘書的職位之外，另一位中央委員費茲班（Henri Fiszbin）出版了《開口說話》（Ouvrez la bouche）一書，嚴厲批評該黨的方針與策略，結果不但被黨中央評為機會主義者及對黨的路線的無知，同時也被要求自我檢討。費茲班於憤怒之餘，辭去中央委員一職。這些事件對領導階層既定路線不會有所影響，但是對基層幹部及共產黨的選民而言卻產生了負面的作用。[8]

8　參閱Stéphane Courtois, Marc Lazar, Op. cit., pp. 402-403.

參、短暫而矛盾的聯合執政：1981年至1984年

　　1981年總統選舉的第一輪投票中，馬歇僅獲得15.3%的選票，落後於季斯卡（法國民主同盟）、密特朗（社會黨）及席哈克（共和聯盟）三位候選人，這對法國共產黨來說是一個相當大的打擊。[9]因為這是自1936年以來，該黨所得票數最低的一次。此次得票率減少的原因有二：一是有不少共產黨員將票投給密特朗，使他能成為第二輪的候選人，二是如前所述，共產黨本身的形象與策略愈來愈受批評。繼5月總統選舉及6月國民議會改選的勝利，密特朗也了解到他本人及社會黨的獲勝，有一部分是得自共產黨選民的支持，因此表示願意與共產黨黨員組閣。為了使共產黨能夠與社會黨的政策配合，6月23日，密特朗與法國共產黨簽署了一項「共同執政協定」，在這項協定中，法國共產黨同意兩黨團結合作，互相支持，不論在中央政府、地方議會及公營事業等方面採取同一立場，另外也認同蘇聯應由阿富汗撤軍，以及波蘭應更自由化的看法。[10]

　　由這個協定看來，共產黨似乎又回到了「左派聯盟」的策略上。同日，密特朗任命四位共產黨黨員為部長。雖然共產黨員的加入政府造成了西方國家，尤其是美國的不安。但是基本上，社會黨與共產黨執政之初，共產黨對外尚能尊重社會黨的政策，不妄加批評，對內也能維持一種穩定的情況。然而1981年12月，波蘭政府驟然實施戒嚴，鎮壓勞工聯盟，逮捕自由工會領袖華勒沙（Lesch Walersa），在國際間造成相當大的震撼。正當法國各個黨派及團體爭相指責波蘭政府，並將採取制裁行動之際，法國共產黨領導階層卻始終保持緘默，造成國內輿論及共產黨支持者的不滿。法國名政論記者杜亞梅爾（Alain Duhamel）曾撰文分析，法國共產黨是處在一種進退維谷的情況，它雖強調與蘇聯的立場不同，但卻難以明確劃分，它亟欲建立一個法國式的社會主義，但是在政綱與作風上，卻又無法適應社會的需要，而造成該黨衰退的現象。[11]

　　事實上，自從1982年6月社會黨政府實施物價管制以來，直到1984年7月共產黨不再參與政府內閣的這兩年之間，法國共產黨一直處在一種矛盾且不自在的情況。一方面它一再聲明堅持該黨四位黨員加入政府並尊重左派聯合執政的原則，另

---

[9] Maurice Duverger, *Bréviaire de la cohabitation* (Paris: PUF, 1986), p. 128.

[10] Maurice Seveno, *Les premiers jours de Mitterrand* (Paris: Stock, 1981), pp. 175-178.

[11] Alain Duhamel, "La crise du Parti communiste français," *Le Monde,* 27 décembre 1981.

方面卻不斷地批評政府的經濟措施與外交政策，使得一般民眾，尤其是左派中非共產黨人士極為反感。甚至一些共產黨黨員對這種「腳踏兩條船」投機而矛盾的做法感到厭煩，轉而同情或支持社會黨。在如此的背景下，法國共產黨在各項選舉中一再失利。

自1981年5月密特朗總統上台以來，由於所實施的經濟政策無法有效解決失業與通貨膨脹的問題。因此不得已於1982年6月採取若干因應措施，如法郎再次貶值、管制物價與薪資等。然而總書記馬歇卻公開表示這是不正確且不必要的措施。當時杜偉傑教授曾撰文指出，法國共產黨這種時而唱反調的作風，不但嚴重影響到社會黨經濟政策的推展，同時也影響到自己的形象。[12]在1983年3月法國市鎮選舉中，左派失去了40個市鎮。選舉完後，密特朗改組政府，同時也調整其經濟措施，採取所謂的「撙節政策」，縮減公共支出、控制預算赤字、提高菸酒稅及管制外匯等。密特朗在6月的一次記者會中也特別聲明，目前任何一個經濟政策都需要法國全民的共同努力。然而此項措施又再度遭到共產黨的強烈批評，在4月黨中央委員會會議中，馬歇代表黨中央發表聲明，目前政府所實施的「撙節政策」已造成共產黨員的不滿。

面對法國共產黨這種不合作的態度，漸漸地，若干社會黨的負責人開始公開地指責共產黨的錯誤。1984年1月，政府發言人，同時也是名作家加洛（Max Gallo）在其所著《第三聯合：邁向一個新的個人主義》（La Troisième Alliance）一書中，一方面讚揚法國社會黨最適合國情的執政黨，另方面則建議法國共產黨放棄蘇聯史達林式的心態，不要一味地服從蘇聯共黨的指揮。而且只有在放棄這種原則下，左派聯合執政才會成功。然而法國共產黨不但未予理會，反而在4月與工會聯合起來遊行示威，反對法國社會黨政府為解決國營鋼鐵事業所採取的裁員措施，而造成兩黨關係的惡化。6月17日歐洲議會選舉中，法國共產黨終於嚐到了嚴重的敗績，雖然此次選舉的棄權比例相當高（42%），但是共產黨僅得了11.3%的選票，竟然與二年前重新崛起的極右派國家陣線不相上下（獲11%的選票）。

該黨此次選舉失敗，原因有二：一是左派上台以來的經濟政策未能解決失業問題，二是共產黨的選民對其產生反感。此次選舉之後，共產黨的領導階層也醞釀人事更迭。[13]對社會黨來說，歐洲議會選舉的結果不僅讓黨內人士感到失望，而且共

---

[12] Maurice Duverger, "Trois visages du socialisme français," *Le Monde*, 22 décembre 1982.

[13] Patrick Jarreau, "Le nouveau recul du P.C.F. relance le débat sur sa direction," *Le Monde*, 19 juin 1984.

產黨加入政府只會成爲施政的「絆腳石」。面對經濟政策的失敗、私校改革法案的風潮以及選舉的失利，密特朗總統於7月19日再度改組內閣，任命年僅38歲的工業部部長法畢士爲總理，取代了聲望與形象日漸低落的前總理莫華。

此次改組中，由於共產黨並未得到社會黨的允諾，大幅改變目前所施行的經濟與社會政策，因此決定不加入內閣。我們由共產黨政治局委員朱甘代表該黨發表的聲明中可以了解，該聲明指出，法國目前是處在一個危機的階段，雖然自從1981年以來，政府實施了不少重要的改革，但是目前的政策卻造成了失業人口增加、經濟活動停滯、薪水階級的購買力降低及農業生產者收入減少等不良的結果，倘若仍然繼續實施此項政策，則必會導致1986年3月國民議會選舉的失敗。因此在這種情況下，法國共產黨希望社會黨能採行另一個有效而明確的政策，但卻未獲得社會黨的認同與保證，如此法國共產黨之閣員無法實行其應有之職責，故不需參加政府組閣。此項聲明表明了共產黨的立場，同時也結束了三年來社會黨與共產黨聯合執政的痛苦經驗。正如同名政論家，前任《世界報》（Le Monde）社長方典尼（André Fontaine）所分析的，自從1983年「撙節政策」實施以來，社會黨與共產黨就出現分裂的現象，只是時間遲早的問題而已。[14]

肆、政黨輪替每下愈況：1984年至2012年

由於法國共產黨不再參與政府，因此對社會黨的批評更加嚴厲。1984年7月24日，法畢士總理在國民議會作施政報告，並爭取信任投票時，共產黨國會黨團主席拉左尼（André Lajoinie）再度表示，一方面共產黨此次不會投法畢士政府信任票；二方面只有社會黨改變經濟政策，左派兩黨才有可能再度聯合。

爲了改變共產黨的形象及爭取一些民眾支持，該黨也開始提出若干比較實際的論點，如中央委員會書記羅蘭（Paul Laurents）公開說明現代化與創造就業機會一直是黨的兩大目標。另外，黨的內部也對其策略與方針提出辯論，《人道報》社長勒華就表示1981年至1984年間，共產黨參加社會黨政府聯合執政根本就是一項錯誤，且「左派聯盟」的策略也只有讓社會黨獲利而已。勒華言下之意其實是在批評馬歇的政策與領導。不久，出版商出版了一本名爲《克里姆林宮與法國共產黨：秘

---

[14] André Fontaine, "Fabius sans Fabien," *Le Monde*, 25 juillet 1984.

密協商》（Le Kremelin et le PCF）的書，內容是以當時該黨主管外交事務的卡拿巴（Jean Kanapa），所保存的有關蘇聯與法國共產黨在1986年就蘇聯入侵捷克事件中，彼此協商的文件，由於文件中顯示當時法國共產黨並未採取反對的態度，使得此書發行後，共產黨的形象又受損害。

在此氣氛下，法國共產黨的策略問題又再度被提出研討，前政治局委員加羅地特別撰文指出，共產黨沒落的原因有三：一是錯誤地界定「經濟成長」的意義，今日的經濟政策不可能只是一味地增加就業機會而不影響其他方面的經濟架構；二是錯誤地評斷蘇聯政權，法國共產黨不應該把蘇聯分析爲一個「有成就的社會主義政權」；三是錯誤的世界觀，法國共產黨不應該反對西班牙和葡萄牙加入歐洲經濟共同體。1985年1月，共產黨第25屆全國代表大會前夕，政治局委員朱甘又指出，此次大會中所事先擬妥的討論案並不實在，黨中央應該確實檢討從1977年到1984年間的策略是否正確，同時也要了解，黨的政策必須是可以改變且要適應社會的需要。然而朱甘的分析與建議並未得到迴響，他本人在大會中還險些被排除於政治局之外。10月份，朱甘出版了名爲《自我批評》（Autocritiques）一書，書中特別批評法國共產黨的外交政策過於依附蘇聯，甚至於1980年，馬歇還特地前往莫斯科向布里茲涅夫討論有關歐洲中程飛彈部署的問題，以便採取立場。當然，此項批評立刻遭到馬歇的反駁。由以上這些事件來看，法國共產黨的內部衝突也愈來愈嚴重。[15]

1986年3月的國民議會大選中，共產黨再嚐敗績，僅得9.69%的選票及35個席位，與極右派國家陣線的票數相同，此項紀錄是法國共產黨自1932年以來最低的一次。再者，此次選舉改用比例代表選舉制度，基本上對該黨有利，否則得票率會更差。根據法國國家政治學研究中心穌比勞（Françoise Subileau）與杜雷（Marie-France Toinet）兩位教授所作的報告指出，法國共產黨失敗的最重要原因是許多共產黨黨員及其選民並未前往投票，而這種棄權的心態也反映了共產黨日漸沒落的現象。[16]此次選舉之後，法國進入所謂「左右共治」的階段，而共產黨更覺孤立，不但強烈反對右派所推行的經濟政策，甚至指責社會黨亦是右派的同路人。

1986年10月，參議院部分議員改選，共產黨再度重挫，由原來的24席減少爲15席，險些就不能組成一個參議院黨團（至少需有15位議員以上，始可組一黨

---

[15] Le Monde, 25 octobre 1985.

[16] Françoise Subileau, Marie-France Toinet, "L'abstention a surtout touché l'électorat commu-niste," Le Monde, 28 mars 1986.

團）。黨內所謂的「改革派」人士也不斷地提議重新檢討黨的路線與策略，然而這些人卻多遭到被排擠的命運。1987年3月27日所召開的中央委員會議中，中央委員、前公職部部長雷固（Marcel Rigout）及另一位中央委員，也是政治局委員伯布倫（Claude Poperen）皆被免除了黨的領導職務。當時馬歇宣稱，我們不希望有人離開領導崗位，但是這些黨員對本黨缺乏信心，同時不認同本黨第25屆全國代表大會中的決議事項，對這幾位同志來說，本黨已是相當的民主了。另外在一次電視訪問中，他也辯解，法國共產黨並不如眾人所云的正面臨危機，而且本黨所採行的原則與策略是正確的。然而，不論領導階層如何辯解，近年來，法國共產黨選舉結果每下愈況與其內部衝突日益嚴重則是不爭的事實。這個現象並未因為于埃（Robert Hue）繼任總書記而有所改觀。[17]

　　1994年1月下旬的第29屆全國代表大會中，馬歇辭去總書記一職，由49歲的于埃繼任。不過，于氏在任的這八年之間，雖然在1997年的國民議會解散改選中有9.9%的選票，38個席次，並參與了社會黨喬斯班總理在「左右共治」（1997～2002）下的聯合政府，但似乎仍無法扭轉共產黨的頹勢。事實上，2000年3月的第30屆全國代表大會中就有關黨路線的問題，特別是決議放棄「馬列思想」已造成一些人的出走。2002年5月總統大選中僅獲約3.37%的選票，國民議會的選舉中也下滑為3.26%的選票，21個席次，這個結果同時也造成共產黨在財務上的困境。在此情形下，于氏將黨總書記之職交由曾任青年部部長的布非女士（Marie-Georges Buffet），自己則任黨主席一直到2003年4月才去職。2004年6月的歐盟議會選舉中仍只獲不到5%的選票，6個席位。2006年，布非女士續任黨魁。2007年4月，布非女士代表共產黨參與總統大選，在第一輪中僅獲1.93%的選票，而在隨後的國民議會改選中也僅獲2.28%的選票，15個席位，甚至無法單獨成立一個黨團，可說是共產黨有史以來的新低。面對這個局勢，一些黨內人士呼籲召開臨時代表大會以決定共產黨的未來發展策略，所幸共產黨在2007年到2008年隨之而來的地方選舉中小勝而暫時解套。2008年第34屆全國代表大會中決定採取開放路線並擴大與左派非社會黨人士合作。2010年6月的第35屆全國代表大會中決議共產黨不在2012年總統大選中推舉自己的候選人，而是與「左派黨」（Parti de Gauche）和「聯合左派」（Gauche Unitaire）共同合作且以「左派陣線」（Front de Gauche, FG）之名共同

[17] Libération, 26 février 1987.

支持「左派黨」黨魁梅隆雄（Jean-Luc Melenchon）參與總統選舉。[18]此項發展也引起內部的爭議，黨魁布非女士因而辭去黨魁而由資深領導人羅蘭（Pierre Laurent）接任。2012年6月的國民議會改選中，法國共產黨在與「左派陣線」的合作之下僅獲7席，仍無法逆轉情勢。

伍、轉型與變遷：2013年至2024年

　　2013年2月10日黨魁（總書記）羅蘭在第36次全國黨員代表會中爭取連任並順利當選，因為當下並沒有其他對手，這也是法共有史以來首次出現的情況。此外，在這次黨代表大會也通過了新的黨徽，廢除了原有「鐮刀與鎚子」的標誌，改以紅星形狀且為歐洲左派黨所用的徽章。2014年3月市政選舉前，共產黨與左派黨原本想要援例採取聯合競選的策略，但是羅蘭與梅隆雄兩領導人卻因如何面對社會黨的立場而破局。羅蘭認為仍可以和社會黨的人士及其相關政見共同合作，而梅隆雄卻認為應該與社會黨切割才會獲得更多選民的支持。選舉結果顯示出羅蘭的策略錯誤，共產黨在地方的政治實力再次受到削弱。一些法國學者分析指出，近年來法國共產黨持續衰退的主要因素如下：

　　1. 法國兩輪多數決的選舉制度對小黨不利。

　　2. 法國的經濟與社會條件並不有利於所謂「極左」的思維（反資本主義、反自由主義）。

　　3. 左派的力量過於分散，政治理念與主張同質性太高，選民無法做出明顯的市場區隔。

　　4. 共產黨始終認為極右派「國家聯盟」吸走了原共產黨的勞工票，其實是不正確的分析，兩者的勞工支持者有不同的選民背景。[19]

　　面對2017年的總統大選，2015年9月8日，共產黨、左派黨及聯合左派黨三者宣告結束合作關係，彼此約定未來兄弟登山，各自努力。在此背景之下，2016年2月10日，梅隆雄將其政黨改名為「法國不服從」（France insoumise）並宣布將參選

---

[18] 「左派黨」是該黨黨魁梅隆雄於2008年11月7日脫離社會黨自行成組黨，並於2009年2月1日正式成立。

[19] 可參閱Olivier Duhamel, Martial Foucault, Mathieu Fulla et Marc Lazar, *La Ve République démystifiée* (Paris: SciencesPo les presses, 2019), pp. 139-158.

2017年5月的總統大選。由於法國共產黨似已無力自推人選，因此在共產黨內部造成擁護梅氏與反對梅氏的爭論。2016年11月5日，共產黨為此召開黨員代表會議，經討論後表決，有55%的黨員反對支持梅隆雄為共同候選人，且應該推薦黨的候選人。不過，令人驚訝的是，12月的黨員大會中，黨員又以53.6%的比率支持梅氏為共同候選人。2017年4月的第一輪投票中，梅氏獲約19.6%的選票，排名第四，表現不差。

同樣地，2017年1月之時，黨魁羅蘭仍面臨6月間國民議會改選中競選策略的問題。國民議會有577個選區，且每個選區的情況也不同，政黨要採取聯合競選的策略相當不容易，2017年5月羅蘭宣告談判失敗，各黨自行提出候選人及領導選戰。不過，2017年6月的國民議會選舉中，法國共產黨連續挫敗，僅獲約10個席位，是第五共和下最差的一次。2018年10月4至6日的黨員大會中，羅蘭的續任並未被多數黨員認同，2018年11月20日法國共產黨第38次全國黨員代表大會中選出由記者出身的胡塞爾（Fabien Roussel）擔任黨魁。不過，胡塞爾仍然無法逆轉頹勢，2019年5月的歐洲議會選舉中僅獲得2.49%的選票，沒有獲得任何一個席次，這也是該黨從未有的紀錄。

法國共產黨成立迄今已有百年的歷史，在這段漫長的時間當中，除了早期1920年代該黨曾遭遇到困難與危機外，法國共產黨也曾經有過輝煌的時期，尤其是第二次世界大戰後的第四共和時期，該黨平均得票率達25%，為法國第一大政黨。自第五共和成立到1980年這段期間，該黨也維持著20%的得票率。但是自從1981年總統大選中左派勝選並聯合執政以來，法國共產黨的勢力就開始持續下降，黨員人數由高峰期的30萬人降至2022年的45,000人間，尤其是1986年3月以來各項選舉的失利，2012年、2017年亦無法推出自己的候選人角逐總統大位，2022年及2024年的國民議會選舉雖採取和左派政黨聯合競選的策略，但結果並不樂觀，未來法國共產黨是否會泡沫化值得關注。

　　第五共和之下右派政黨和所謂中間派或獨立人士的發展與分合也經歷了多次的轉型與變遷，特別是在政黨輪替的階段更爲明顯。大致而言，右派戴高樂派系及發展出來的政黨仍有一定的連貫性，只是黨名的改變；而所謂中間派或強調走獨立路線的人士或政團則經歷較多的重組與變遷。本章將就右派戴高樂派系、「法國民主同盟」、「民主運動黨」以及強調中間路線的「共和前進黨」爲分析重點。

壹、從戴高樂派到「共和人士黨」

　　顧名思義，該黨成立以來，即以支持戴高樂將軍的作爲與理念爲前提，因而法國人又多稱之爲「戴高樂派」（Les Gaullistes）。此黨派源自第二次世界大戰期間，一些參與和擁護戴高樂將軍抗德行動的人士和組織。大戰結束之後，戴高樂將這些人士組合起來成立「法國全民聯盟」（Rassemblement du Peuple Français, RPF）。他希望能藉以影響民意，並透過選舉來從事一些政治改革。[1] 戴高樂希望重建法國的偉大、獨立以及強大的國力，同時呼籲法國人民要團結一致、建構強而有力的政府以及社會的和諧。[2]

　　第四共和時期，該黨並未顯得突出，直到1958年，戴高樂重回政壇，第五共和成立之後，該黨才日漸強大，尤其是1958年到1973年這段期間，該黨在法國政治史上扮演了相當重要的角色。直到1981年密特朗當選總統爲止，該黨皆爲法國第一大黨。1995年到2007年以及2007年到2012年的席哈克與薩柯吉的總統執政也讓該黨的力量達到高峰。

　　1958年，第五共和新憲法通過的同時，該黨亦重新改組，改名「新共和同盟」

---

[1] François Borella, *Les partis politiques dans la France d'aujourd'hui* (Paris: Seuil, 1981), p. 93.

[2] 參閱Jean-Christian Petitfils, *Le Gaullisme* (Paris: Que sais-je ? PUF, 1977), pp. 17-27.

（l'Union pour la Nouveau République, UNR）。重組之後，該黨立刻在當年11月的國民議會選舉中獲得了199個席次。1962年11月，戴高樂總統宣布解散國民議會並重新改選，該黨更贏得216個席次。同時，該黨也與右派的「勞工民主同盟」（l'Union Démocratique du Travail, UDT）聯合，聲勢相當浩大。

　　1965年12月總統大選中（採全民直接選舉方式），戴高樂當選連任，不但奠定新共和同盟的基礎，同時更加強了戴高樂的正統性與權威性。1967年3月國民議會選舉中，該黨再一舉贏得了過半數的席位。這種發展，完全改變了第三、四共和下，長久以來的多黨林立、政府無能的現象。大選之後，該黨在龐畢度及其他領導人士的策劃下，將原「新共和同盟」及「勞工民主同盟」合併改組為「第五共和民主人士聯盟」（l'Union Des démocrates pour la Ve République, UDVe）。

　　1968年5月，法國發生一連串學生示威暴動及工人罷工的嚴重事件。面對此一危機，戴高樂仍宣布解散國會。為了應付新的選舉及緊張的局勢，戴高樂將該黨改名為「擁護共和聯盟」（l'Union pour la Défense de la Ve République, UDR）。在如此的安排下，該黨在國民議會選舉中，果然不負戴氏的期望而大獲全勝，獨得43.65%的選票，354個席位，占有過半數的優勢，而創下了法國近代國會史上前所未有的現象。選舉完後，該黨再度改名「共和民主人士聯盟」（Union des Démocrates pour la République, UDR）。

　　直到1973年為止，戴高樂派一直是法國第一大政黨。雖然領導階層時有策略和派系的分歧，但大體上，該黨之勢力算是相當穩固。1974年5月的總統大選對戴高樂派而言，可說是一個重大的轉捩點，甚至亦影響到1981年的總統大選。1974年總統大選中，該黨提名之候選人夏本德瑪未能獲得廣大的支持，甚至得不到該黨青年領袖席哈克方面的支持與合作，因而在第一輪投票中就被淘汰。在第二輪投票時，席哈克支持所謂中間右派的季斯卡來對抗左派候選人密特朗。投票結果，季斯卡以些微的差距贏得勝利。由於季斯卡的當選，造成了戴高樂派自第五共和以來首次喪失了總統寶座，而後，1976年8月，席哈克因與季斯卡不和而辭去總理職位，戴高樂派似乎離權力核心也就愈來愈遠了。

　　面對這種新的情勢，席哈克於1976年10月將「共和民主人士聯盟」重新改組為「共和聯盟」（le Rassemblement pour la République, RPR），新黨綱中強調，將結合所有以民主、正義及社會進步為努力目標的政治團體，同年12月，席氏當選

爲黨主席。[3]透過此次的改組，戴高樂派反而能再度整合團結，制衡左派聯合的勢力。1978年，席哈克亦很光榮地贏得了巴黎市長的選舉，因爲，該次選舉不僅是左右派對立的競爭，同時也是季斯卡總統與席哈克之間的競爭，季斯卡推出其工業部部長德奧南諾（Michel d'Ornano）和席氏競選。1978年3月國民議會選舉中，該黨獲得22.62%的選票，占有122個席次，比較之下，共和聯盟仍爲當時國會第一大黨。

　　但自此次選舉之後，該黨也面臨不少的問題。一方面季斯卡總統及支持他的「法國民主同盟」一直致力於打擊和削弱戴高樂派的勢力；再方面，該黨領導階層分歧的情形亦日益明顯。[4]最主要的原因乃是，由於戴高樂總統和龐畢度總統的相繼過世，許多元老級的政治領袖，如前總理戴布雷等對席哈克的政治理念與策略難以取得共識。1979年6月歐洲議會選舉中，該黨只有16.1%的選票，而法國民主同盟則有24.7%。這個結果對該黨產生兩個影響，一是失望之餘，席哈克強調採取較謹慎、務實的策略；二是減少對季斯卡總統施政的批評，以免招致右派人士的反感。

　　1981年5月總統大選中，該黨有三位候選人：卡羅女士（Marie-France Garaud）、戴布雷及黨魁席哈克一同參與選舉，其結果可想而知，這三位候選人皆在第一輪投票中遭到淘汰。然以其20.97%的得票率來觀察，該黨的勢力仍算穩定。此次總統大選中，右派是失敗了，二十幾年右派執政，突然間左派上台，對該黨來說是一個很大的衝擊。但從另一個角度來看，由於右派從此在野扮演反對黨的角色，加以季斯卡又落選，元氣大傷，使得席哈克頓時儼然以在野黨的領袖自居。

　　1981年大選之後，席哈克全力加強內部之團結，任用年輕幹練人士，如黨秘書長杜彭（Jacques Toubon）。1986年3月16日國民議會改選中，該黨與法國民主同盟聯合參選，擊敗社會黨而贏得國會多數席位；3月20日，席哈克以國會多數聯盟領袖的身分被密特朗總統任命爲總理，如此開啓了法國政治的新象，所謂的「左右共治」。

　　1988年5月總統大選中，席哈克在第二輪投票中落敗，密特朗當選連任。在隨後的國民議會改選中，該黨又再度處於在野的地位。大體而言，該黨之政治方針是以戴高樂的政治理念爲依歸，如鞏固團結、國家獨立、擴大政治參與，以及政權的

3　參閱Pierre Bréchon, *Les partis politiques français* (Paris: La Documentation française, 2001), pp. 42-43.

4　Charles Debbasch, *Introduction à la politique* (Paris: Dalloz, 1982).

穩定與均衡等。經濟方面則主張，物價自由化、外匯自由化、增加青年就業機會，以及私有化政策等。1993年3月贏得國會選舉後，由巴拉杜出任總理與法國民主同盟聯合執政，並形成第二次「左右共治」的局勢。

　　1995年5月，席哈克終於擊敗社會黨的喬斯班當選總統。不過，好景不長，1997年，席哈克總統主動解散國會而提前改選，但卻遭遇敗績，讓社會黨贏得多數取得執政，並形成第三次「左右共治」的局勢。2002年初，席哈克為了在競選連任的過程中能獲得所有右派勢力的支持，因而在其策略運用下，由朱貝擴大推動重組一個支持席哈克的政黨，稱為「總統多數聯盟」（l'Union pour la Majorité Présidentielle, UMP）；2002年9月下旬，原「共和聯盟」正式解散，並加入「總統多數聯盟」。同時，許多原屬「法國民主同盟」的「自由民主黨」領導人士也正式加入，包括後來出任總理的哈法漢。2002年11月間，隨著政局的發展，該黨領導人決議在年度的黨代表大會中正式改名，稱為「人民運動聯盟」（Union pour un Mouvement Populaire, UMP），但仍維持了全名的縮寫。在這次的大會當中，朱貝被推選為黨主席。2004年11月下旬，薩柯吉強勢展現其角逐總統大位的企圖心，一舉以85%的黨員支持率拿下黨主席（le Président）的職位。薩氏當黨主席的同時將領導中心擴大，任命一位秘書長梅艾尼瑞（Pierre Méhaignerie）、一位副秘書長歐德富（Brice Hortefeux）、一位副主席高丹（Jean-Claude Gaudin）、兩位黨務顧問費雍（François Fillon）以及巴歡（François Baroin）。

　　2005年6月，薩柯吉出任內政部部長，由高丹副主席暫代主席職務。2007年5月14日，薩柯吉上任總統職務並辭去黨主席，仍由高丹接任代理主席。2007年5月27日，副秘書長歐德富出任部會首長，遺缺由戴維江（Patrick Devedjian）接任。2007年7月7日的黨代表大會中決議，由於薩柯吉以黨主席身分當選總統，故暫時凍結這個職位，而實際上則由秘書長來執行黨務。2007年9月25日，戴維江正式出任秘書長一職，另外還有兩位副秘書長。同年10月，哈法漢、梅艾尼瑞以及高丹三位被推選為副主席。2008年4月，斐特宏（Xavier Bertrand）以及柯休斯克女士（Nathalie Kosciusko-Morizet）被任命為副秘書長。2008年12月，戴維江被延攬入閣，由斐特宏接任秘書長。2011年1月，為了因應總統大選，黨領導階層再度改組，柯貝（Jean-François Copé）出任秘書長。隨著2012年5、6月間總統與國民議會選舉的相繼失敗，「人民運動聯盟」的盛世不再且面臨權力改組與派系競逐的階段。

　　2014年薩柯吉有意再次參選總統，故積極運作並參與黨務。2015年5月30日薩柯吉當選黨主席並將黨名改為「共和人士黨」（Les Républicains）。2016年8月23

日，爲了參加2017年總統提名的初選，薩氏辭去黨主席之職，而由秘書長渥基耶（Laurent Wauquiez）代理。2017年4月至6月間，該黨在總統大選及國民議會選舉中相繼失敗，黨中央群龍無首，一直由秘書長暫代黨主席。2019年10月13日，黨員大會中選出國民議會「共和人士黨」黨團主席賈克伯（Christian Jacob）擔任主席。在2022年的總統與國民議會連續挫敗之後，2022年12月11日齊奧迪（Eric Ciotti）當選爲黨主席。不過，在2024年6月的解散國民議會改選中齊氏因自行主張與「國家聯盟」合作並採取聯合競選的策略造成黨的分裂，並被開除黨籍，唯齊氏不服並訴諸法律。在渥基耶的暫代領導下，該黨在國民議會選舉中獲39個席次，勉強維持局面。2024年9月齊氏也正式脫離該黨，並集合了16位國會議員以「共和右派聯盟」（Union des droites pour la République）之名組成黨團。

貳、「法國民主同盟」之整合與分裂

「法國民主同盟」於1978年2月1日，也就是該年3月國民議會改選之前，由共和黨（le Parti Républicain, PR）、社會民主黨（le Centre des démocrates sociaux, CDS）和社會激進黨（le Parti radical socialiste）三個政黨聯合組成。[5]

此新黨之名取自季斯卡總統於1976年所著的一本書名《法國民主》（la Démocratie française）。當時，此三黨聯合的主要目的是強調政策上的中間路線並爲了使右派中非戴高樂派系的候選人能贏得選舉，並得以在國會中與戴高樂派抗衡。換言之，法國民主同盟基本上可以說是一個選舉聯盟。[6]1998年起，該黨名稱改爲「新法國民主同盟」（Nouvelle-UDF），簡稱仍爲「法國民主同盟」並由貝胡（François Bayrou）出任黨主席。以下就將同盟中的三個主要政黨依序分析。

一、共和黨

該黨亦號稱「獨立共和人士」（Les Républicains indépendants）。1962年6月，「全國農民與獨立人士」（le Centre national des indépendants et paysans）這個政黨

---

[5] Jacques Chapsal et Alain Lancelot, *La vie politique en France depuis 1940* (Paris: PUF, 1980), p. 673.

[6] Charles Debbasch, *Introduction à la politiqu*e (Paris: Dalloz, 1982), p. 295.

內部，因對戴高樂所提的總統直接民選修憲案意見不合而產生分裂；11月，以季斯卡為首，並積極支持戴高樂的「獨立共和人士」派系正式宣布與該黨決裂，並直接參與國民議會選舉。

1966年6月，季斯卡未能續任財經部部長之職，於是將該組織擴大改組稱為「全國獨立共和同盟」（Fédération nationale des républicains indépen-dants）。同時並採取所謂，「我同意，但是……」的策略。[7]換句話說，季斯卡一方面支持右派政府的政策，再方面卻也嚴厲地批評政府的不當政策。

1969年，季氏支持龐畢度當選為總統；1974年總統大選中，在第一輪投票時將戴高樂派候選人夏本德瑪淘汰，而後在決選中險勝密特朗，登上總統寶座；1977年5月，該同盟再度改組「共和黨」，並推雷歐塔（François Léotard）為黨秘書長，負責推動黨的日常事務。該黨的組織結構與一般政黨相同，黨中央有中央委員會、政治局及中央秘書處等主要部門，其人員也多透過選舉而產生。1997年起，該黨改名為「自由民主黨」（Démocratie Libérale, DL）並由馬德蘭（Alain Mad-elain）出任主席。2002年9月，許多領導人士轉而加入席哈克總統所領導的「總統多數聯盟」，導致該黨元氣大傷。嚴格而言，該黨自2002年起已名存實亡。

二、社會民主黨

該黨源自第四共和時期的「全民共和黨」（Mouvement Républicain Populaire, MRP）。基本上，該黨與西歐的基督教民主黨相類似。

1966年，全民共和黨領袖勒卡呂埃（Jean Lecanuet）將其重新改組為「民主人士黨」（Centre des démoerates）以因應第五共和的新局勢。1969年總統選舉時期，該黨一部分資深人士因積極支持右派另一候選人──參議院議長波埃，而與黨中央意見不合，自行分裂組成「進步民主中心」（Centre démoratie et progrès）。

1966年到1974年這段期間，由於該黨強調採取中間路線，不但反對「左派聯合」的策略，同時亦不願與右派戴高樂派及季斯卡派人士合作，導致該黨始終處於「左右為難」的地步，而大大影響該黨內部的團結與選舉實力。

1974年5月，黨主席勒卡呂埃改變策略，全力支持季斯卡競選總統。1976年，勒氏重新結合「進步民主中心」，成立「社會民主黨」；1982年，黨內少壯派梅艾

7　Jean Charlot, *Les partis politiques en France* (Paris: Ministère des Relations Extérieures, 1987), p. 41.

尼瑞當選爲黨主席。當季斯卡總統在任時，勒卡呂埃力主支持並聯合季斯卡派系在右派中與戴高樂派抗衡，這是勒氏能當選爲法國民主同盟主席的原因之一。但是對該黨內部而言，不少人士憂心該黨太傾向季斯卡派系人士而影響到該黨的獨立自主性。

1981年5月，季斯卡總統競選連任失敗後，該黨開始扮演在野黨角色。黨主席梅艾尼瑞亦逐漸調整其策略，希望明確地保有並發揮黨的傳統與獨立性，再度強調「中間立場」的色彩；1988年國會改選以來，該黨所採取的「中間路線」日益明朗，甚而同意與社會黨聯合；1995年，該黨也轉型爲「民主勢力黨」（Force démocrate）。同樣地，1995年11月之後也邁入泡沫化的階段。

三、激進黨

在法國政黨中，社會激進黨算是歷史最久的政黨。該黨早先成立於1901年，原名「激進黨」（le Parti radical）。第三共和時期，該黨在法國政治上扮演著舉足輕重的角色。但是，他們在左右派的政治立場上，始終未有較明顯的區分。該黨時而與左派聯合，時而參加右派組閣，內部歧見亦層出不窮，是一個很特別的政黨。同時，這種左右不分的策略也是造成該黨日益沒落的主要原因之一。

自1958年到1968年這段期間，該黨與左派聯合反對戴高樂的政策與作風。然而，1968年之後，他們又採取中間右派的路線。這種搖擺不定的策略，終於造成1972年的分裂。一派由佛爾（Maurice Faure）所領導，自組「左派激進黨」（Mouvement Radical de Gauche, MRG）和社會黨聯合；另一派則是由原任黨魁史克瑞伯（Jean-Jacques Servan-Schreiber）所領導，將該黨重新改組爲「社會激進黨」。

1974年5月總統大選中，史克瑞伯在第二輪選舉時才全力支持季斯卡競選。季氏當選後，史克瑞伯被任命爲行政改革部部長，二個月之後，由於史氏不滿法國政府在南太平洋施行核子試爆而辭職。1978年，史氏在勒卡呂埃的影響之下，參加法國民主同盟。

1979年3月歐洲議會選舉中，該黨成績一落千丈，史氏因而辭去黨主席之職，並告別政壇。自此，該黨的影響力似乎亦開始衰退；1998年，該黨正式合併至「新法國民主同盟」之內。2002年11月，該黨又選擇了靠右的政策與路線，進而與「人民運動聯盟」合作，領導人之一包爾洛（Jean-Louis Borloo）也代表該黨被延攬入閣並相繼擔任環境部部長、勞動部部長等職。2005年包爾洛接任黨主席。2011年5

月，該黨宣布脫離與「人民運動聯盟」之合作，保持獨立。2012年6月的國民議會改選中只獲五席。面對此一情勢，2012年10月21日，包爾洛召集了一些國會議員正式組成「民主人士和獨立人士聯盟」（Union des démocrates et indépendants, UNI，簡稱民獨盟）並擔主席，強調走中間偏右路線並經常和右派「共和人士黨」有結盟關係。2014年4月6日，包爾洛因健康因素辭去黨主席職務而由國會議員拉加德（Jean-Christophe Lagarde）接任，2018年3月拉氏連任成功續任黨主席。2019年起由埃納爾（Laurent Hénart）擔任主席。2021年起隨著馬克宏的崛起與執政，該黨與也成爲「共和團結黨」的同盟政黨。

四、「法國民主同盟」的分裂與泡沫

1978年3月國民議會改選中，「法國民主同盟」獲得了22.62%的選票；1979年3月歐洲議會選舉中，該同盟更贏得27.4%的選票。這個結果充分顯示了此一同盟選舉策略的成功。當季斯卡總統在任時，該黨的勢力頗爲重要。然而，隨著季斯卡的失敗，該黨也開始擔任在野反對黨的角色，其在反對陣營中的勢力亦被戴高樂派所凌駕。

此同盟雖有其成功之處，但彼此之間的歧見也不少。在意識形態上，共和黨是傳統的自由派，社會民主黨是採溫和改革的路線，而社會激進黨則比較保守。在做法上，各黨又希望保有其政策的獨特性與自主性，因而更突顯了法國民主同盟其「選舉聯合」的色彩。[8]事實上，自1997年該黨在國會選舉中失利以來就面臨整合的問題，許多右派政治人物都希望能組合成一個右派聯盟，但並未成功。

2002年5月席哈克總統當選連任之後，加上隨後在國民議會選舉中的勝選，該聯盟又面臨重組的困境。2002年6月國會大選中，該聯盟僅獲約30個席位，似乎已成爲一個小的政黨聯盟，盛況不再。2007年4月23日總統第一輪選舉中，貝胡以第三勢力，讓選民多一個選擇的策略下，獲得相當亮麗的成績。不過，由於貝胡在第二輪投票中採取不表態支持薩柯吉的立場，引發聯盟內的分裂，特別是有將近23位的國民議會候選人在選舉前夕自組選舉政團並支持薩柯吉總統參選。事實上，這政團於5月29日成立，以毛漢（Hervé Morin）爲首並用「總統多數」的名義參選。這些候選人在薩柯吉的加持之下全數當選連任，毛漢也同時被延攬擔任國防部部長的職務。2007年7月2日，該「總統多數」改名爲「新中間黨」（le Nouveau Centre,

---

8　Maurice Duverger, *Le système politique français* (Paris: PUF, 1986), p. 471.

NC），並在國民議會中登記為一黨團，由邵瓦德（François Sauvadet）擔任黨團主席。2007年12月毛漢正式當選黨主席，直到2012年12月為止。2012年6月的國民議會改選中，在右派失利的氣氛之下，該黨僅獲得9個席位，甚至於無法成為一個黨團。

此項發展也引發了該聯盟重大存亡危機。在2007年6月國民議會改選中，面對「新中間黨」分裂，貝胡以「法國民主同盟─民主運動黨」名義推出候選人參選，但僅獲得三個席位，法國民主同盟幾已名存實亡。

五、「民主運動黨」的翻轉

面對如此難以起死回生的困境，2007年12月2日，貝胡自行獨立創立「民主運動黨」（Mouvement Démocrates, MoDem）。2012年5月的總統大選中，貝胡以其強調的中間路線和溫和改革形象獲得9.13%不錯的成績，特別是比2007年高出許多。不過，由於受到社會黨歐蘭德上台以及國民議會單一選區兩輪多數決的影響，2012年6月的國民議會選舉中可說一敗塗地，僅獲兩席。

2013年起，貝胡改變策略強調與右派「人民運動黨」合作並希望壯大自己。2014年的市鎮選舉以及2015年的大區選舉當中皆因此項策略而有一些展獲。2017年的總統大選中，貝胡原本看好右派「人民運動黨」的朱貝（Alain Juppé），但朱氏卻在初選中失利敗給了費雍，結果費雍成為黨正式提名的候選人。2017年5月初第二輪投票前夕，貝胡突然轉向支持馬克宏並希望馬克宏承諾三個重要政策，一是儘速通過新的「政治陽光法」；二是調高勞工薪資；三是建立比例代表制。基於此項合作共識，馬克宏當選上任後亦立即任命貝胡為司法部部長。[9]此外，在6月的國民議會選舉中，貝胡更積極提出和「共和前進黨」採取共同合作競選的策略，選舉結果共獲得42席相當不錯的成績。2019年5月下旬的歐洲議會選中，貝胡仍採取同一策略與「共和前進黨」聯合競選，結果再度成功並獲5個席位（總共為23席）。從這個發展的角度觀察，貝胡頗為能掌握機會以中間路線獲得「共和前進黨」共同合作的空間加入執政團隊，如此也讓該黨有一個翻轉的機會。2022年起隨著馬克宏的競選連任以及後續的國民議會選舉，該黨皆和「共和團結黨」合作並聯合競選，獲得48個席位。2024年7月國民議會解散改選的結果中並不理想，僅獲36個席位。不

9　不過，2017年6月21日，國民議會改改後，鑑於貝胡經人檢舉有違法並不當聘用國會助理之嫌，貝胡因此而請辭司法部部長，不過該黨仍有三位被延攬入閣擔任部長之職。

過，2024年12月13日該黨面臨一個戲劇性的轉折，黨主席貝胡被馬克宏總統任命爲總理擔當大任。未來該黨的發展值得觀察。

參、「共和前進黨」的興衰

　　如衆所周知，「共和前進黨」和馬克宏總統是一個等號。2016年1月之時，馬克宏希望能在政治上有一些作爲，因而成立一個簡單的名爲「政治生活革新協會」（Association pour le renouvellement de la vie politique, AFRVP）的社團作爲活動的基地，另外，3月間也成立了一個智庫性質的「自由左派協會」（Association La Gauche libre）以爲協助相關政策的研究與草擬。另外，在2015年之時，馬克宏就已成立了一個「青年與馬克宏協會」以作爲與年輕人對話並吸引年輕人的平台。2016年4月6日，馬克宏見時機成熟於其出生地阿米安市（Amien）正式宣布成立名爲「前進」（En Marche, EM）的政治團體，馬克宏自然成爲主席。這個名稱大家一看就知道具有雙重意義，一個是有其理念的內容，就是「充滿活力、逃脫枷鎖」；另一個則是有志者事竟成的信心。「En Marche」的縮寫爲「EM」，而馬克宏全名「Emmanuel Macron」的縮寫也是「EM」，由此可以看出馬克宏的野心。在政策的路線上，馬克宏強調不左、不右且跳脫法國傳統的政治框框。2016年6月開始，馬克宏帶領「前進黨」陸續舉辦演講造勢活動，12月10日的選舉活動吸引了15,000人，場面浩大，人氣高漲，媒體爭相報導，形勢似乎有利。2017年5月7日馬克宏以66.1%的得票當選總統。

　　馬克宏正式上任總統職務之後就辭去黨主席一職並由巴爾巴胡女士（Catherine Barbaroux）代理，同時黨的名稱正式改爲「共和前進黨」（La République en march–LREM）。在馬克宏的領導之下，2017年6月的國民議會改選中共和前進黨與民主運動黨聯合競選並大獲全勝。隨著馬克宏的執政，黨的組織與發展也同時併進，由於馬克宏已經當選總統，因此黨的領導人不再以「Président」稱呼，改爲「Délégué général」稱之。2017年11月14日，由政府與國會事務次長卡斯塔內（Christophe Castaner）當選爲黨魁。2018年10月21日，卡斯塔內被任命爲內政部部長，黨的領導人在中空了一個半月之後，年僅38歲、巴黎市第三區的國民議會議員葛內尼（Stanislas Querini）在2018年12月1日的黨員代表大會中當選黨魁，並任命梅多里（Didier Medori）爲秘書長。2022年9月17日，爲了因應新的政治形勢，

擴大結合盟友，將黨名改為「復興黨」（Rennaissance-RE），希望能在國民議會中獲得更多的支持。馬克宏愛將塞如爾內（Stéphane Séjourné）接任秘書長。塞氏之後於2024年1月的內閣改組中接任外交及歐洲事務部部長。2024年3月前勞動部長杜索（Olivier Dussopt）接任該黨秘書長。

　　2021年11月29日，馬克宏總統為了競選2022年連任以及隨後而來的國民議會選舉，將黨名更改為「共和團結黨」（Ensemble pour la République），結合理念相近的小黨聯合競選。不過，該黨在2022年的國民議會選舉中並未獲得過半。2024年的解散國會改選中更是慘敗，和「民主運動黨」36席以及「地平線與獨立人士」34席聯合起來僅獲150個席次，造成執政困境。

　　近十幾年以來，從法國到希臘，自匈牙利到瑞典，這些國家的民粹政黨（或極右政黨）不但在選舉中獲勝成爲最大的反對黨，甚至於在義大利、匈牙利、芬蘭及荷蘭等多國亦成爲執政黨或聯盟。2024年6月9日歐洲議會的改選中，法國、義大利、德國、比利時、芬蘭和匈牙利等的民粹政黨也都獲得不錯的得票率。在此背景之下，由勒彭女士（Marine Le Pen）所領導的法國「國家聯盟」（Rassemblement National, RN）不但能在選舉中獲得領先超越執政黨，更在歐洲議會中展現強大影響力。2024年6月的解散國民議會選舉中甚至於要取得執政的機會，更是令人刮目相看。本章企圖觀察近40年來此政黨的發展歷程與崛起因素、主要政見的訴求與變遷、近期選舉的策略以及未來對歐洲整合發展之影響。

壹、有關民粹主義的意涵

　　民粹主義這個字源自於拉丁文「Populus, People」，20世紀初才開始正式出現並來形容政治的現象。根據法國拉盧斯大詞典（Dictionnaire Larousse）的解釋，民粹主義有三種意義，一是一種政治的意識型態與運動，該字係來自俄文（narodnitchestvo），1870年在俄國興起，希望結合農民及小老百姓對抗俄皇並推動特別的道路邁向社會主義；二是一種民族解放運動的政治訴求，希望以非階級鬥爭的方式達成民族解放與自由；三是一種文學、藝術或文化上的表達風潮，希望代替小老百姓的立場表達一些生活與訴求。[1]若就多元的意義觀察，民粹主義又可稱爲平民主義、大眾主義、人民主義、公民主義，唯在最初的階段似皆具負面意涵，當代才又有比較複雜的詮釋，諸如法國學者魏維爾卡（Michel Wieviorka）就以「右派的

---

[1] 亦可參閱Bertrand Badie et Dominique Vidal (sous la direction de), *Le retour des populisme: L'état du monde 2019* (Paris: La Découverte, 2018), pp. 9-20.

民粹主義」或「左派的民粹主義」等來詮釋。

　　美國學者穆勒（Jan-Werner Müller）在書中建議指出，民粹主義是一種特別的政治道德想像，是一種認知政治世界的方式，這個認知是要讓主張道德高尚和國家團結的人民，來對抗腐敗或是在其他方面道德較差的菁英。此外，民粹主義總是批判菁英、反對多元主義，認為自己才真正代表人民。名學者福山（Francis Fukuyama）在其新著《認同》（Identity）書中也指出，民粹主義的領導人皆透過民主選舉所帶來的正當性進而鞏固權力；他們認為自己才有領導特質來與所有的人民對話，但所有用話語卻經常的過於狹窄；這些領導人不喜歡傳統的政治體制、企圖削弱在民主制度中權力制衡的機制，如司法權、立法機構、獨立新聞傳媒及行政中立等。福山並將川普、普丁、土耳其艾爾德登、匈牙利奧爾班、波蘭卡辛斯基以及菲律賓杜特蒂歸為此類。法國知名學者塔吉耶夫（Pierre-André Taguieff）更將歐洲若干民粹主義分為「抗議式民粹主義」（Populisme protestataire）和「認同式民粹主義」（Populisme identitaire）兩類並進一步將法國「國家陣線」的初期發展定位為「國家民粹主義」（National Populism），認為這是一種社會認同的運動，強調國家主義（國家的偉大前途基於人民團結與一致）、保護主義、排斥外國人、排斥伊斯蘭；認為移民、全球化、多元文化主義、伊斯蘭主義將對國家造成傷害；反對歐洲統合，反對超國家制度、主張國家才有自主權力並決定命運；保守主義，不信任社會的重大改革。法國歷史學者韋諾克（Michel Winock）也分析指出，民粹主義這是一種反對運動，反對菁英主義，特別是長久以來與社會基層脫節的法國高階文官（Les Enarques）、知識分子、政治人物等。法國學者葛登（Christian Godin）則認為當前的民粹主義具有三種特徵，一是批判菁英無能，並剝奪了老百姓的主權；二是保護正受威脅的國家認同；三是排斥外來可能影響此認同的任何力量。由以上的分析觀察，「國家聯盟」似乎兼具有這些多元的現象。[2]

2　有關民粹主義的研究可參閱Francis Fukuyama, *Identity: Contemporary Identity Politics and the Struggle for Recognition* (London: Profile Book, 2018)。班納迪克‧安德森（Benedict Anderson），陳信宏譯，《全球化的時代：無政府主義與反殖民想像》（The Age of Globalization:Anarchists and the Anticolonial Imagination）（台北：衛城出版公司，民國108年）。揚—威爾納‧穆勒（Jan-Werner Muller），林麗雪譯，《解讀民粹主義》（What is Populism?）（台北：時報出版，民國107年）。另期刊論文有Thierry Chopin, "Le moment populiste: vers une Europe post-libérale ?" *Question d'Europe,* Fondation Robert Schuman, No. 144, 12 décembre 2016, 9P; Christian Godin, "Qu'est-ce que le populisme?" *Revue Cité,* No. 49, 2012/1, pp. 11-25; Emiliano Grossman, "Populisme et gouvernabilité dans la perspective des élections européennes," *Revue de l'OFCE,* No. 158, 2018/4, pp. 463-474; Gilles Ivaldi, Andrej Zaslove,

貳、「國家聯盟」的沿革

法國「國家聯盟」是一個極右派的合法政黨，原稱爲「國家陣線」（le Front National, FN），2018年始改名爲「國家聯盟」。它在法國政治史上並不是一個嶄新的政治團體。事實上，法國極右派的思想與組織早在第三共和之始（1875年間）就有所發展。1958年第五共和成立之後，極右派勢力衰微而無法具有影響力。1972年，勒彭（Jean-Marie Le Pen）重新將極右派的若干團體集合起來，成立「國家陣線」並開始活動，直到1983年初，該黨的勢力仍是非常有限，平均所得選票僅約2%至3%左右。然而，自1983年6月後，該黨勢力有抬頭之跡象，如於1984年6月歐洲議會選舉中獲得11%的選票而占有10個席位；更於1986年3月國民議會選舉中獲得9.8%的選票，占35個席位；另外，在1988年總統大選第一輪投票中，勒彭也獲得了14.39%的選票。這些結果對法國政治造成相當大的衝擊。

雖然在1988年6月國民議會選舉中，國家陣線僅獲一個席位，但仍保有9.78%的選票，在地方政治中具有重要的影響力。直到2012年爲止，國家陣線在總統選舉中的氣勢與動員皆相當成功且對傳統左右大黨之候選人形成莫大之壓力（2002年勒彭進入第二輪、2012年勒彭女士可獲近18%的選票令人訝異、2017年勒彭女士更進入第二輪與馬克宏對壘，展現十足氣勢），不過，該黨在國民議會中卻始終無法在席次上有所突破僅有6個席位，黨團人數也不足，倒是在2019年5月的歐洲議會選舉中成爲最大黨。

如前所述，法國極右派的思潮早在第三共和時期就已有發展。1898年，莫拉斯（Charles Maurras）與其友人所創辦的「法國行動會」（Comité pour l'action française）可說是極右派組織的先驅。而莫拉斯所主張的國家主義、傳統主義、實證主義及非國家化的社會主義對後來的極右派思想與組織都有很大的影響。[3]然而，由於莫拉斯的極右派組織在第二次世界大戰期間曾與德國納粹互相合作，迫害

"L'Europe des populismes: confluences et diversité," *Revue Européenne des Sciences Sociales,* Librairie Droz Geneve, 2015, Les élections européennes 2014, 53(1), pp. 121-155; Paolo Pombeni, "Typologie des populismes en Europe(19-20e siècle)," *Vingtième Siècle, revue d'histoire,* No. 56, oct-dec 1997, pp. 48-76; Pierre-André Taguieff, "Des populismes protestataires et identitaire aux néopopulismes de droite," *Le Nouveau national-populisme,* Débat, CNRS Editions, 2012, pp .55-65; Michel Winock, "Populisme français," *Vingtième Siècle, revue d'histoire,* No. 56, oct-dec 1997, pp. 77-91.

[3] Jean-Christian Petitfils, *L'Extrême droite en France* (Paris: PUF, 1983), pp. 21-22.

法國猶太人民地下抗德組織，因此戰後，莫氏於1945年1月被判處無期徒刑，從此極右派的勢力也因而大受影響。若干領導人士有鑑於此，改變策略，而改採取議會路線來擴展勢力。

第四共和期間，由商人布熱德（Pierre Poujade）所領導的「保障商人和手工業者聯盟」（Union de défense des commerçants et artisans, UDCA）以稅制不公平及行政效率低落為口號，吸引了不少反對新政府的選民，並於1956年1月國民議會選舉中獲得了11.6%的選票及52個席位，風雲一時。爾後，由於其主張愈形偏激，如反對議會政治、排斥猶太人、鄙視知識分子，並強調恢復舊有道德秩序和行會制度等較為反民主的理念，因而立刻遭到選民的排斥，在1957年1月國會議員補選中，布熱德則慘遭落敗。

第五共和之初，若干反對戴高樂之阿爾及利亞政策的極右派組織，如「法國阿爾及利亞國家陣線」等，他們與派駐在阿爾及利亞的軍事將領聯合起來組成一個「秘密軍事組織」（L'Organisation de l'armée secrète, OAS），並採取武裝鬥爭的方式來反對戴高樂。該組織領袖夏爾將軍（le Géneral Challe）並於1961年4月23日企圖發動政變，所幸戴高樂立刻採取緊急應變措施而解除了危機。[4]由於這個事件，使得一般人對極右派產生相當地反感。

1965年12月，極右派領袖狄西爾（J. L. Tixier-Vignancour）也參加了總統選舉，但卻只獲得5.19%的選票，比預先估計少了一半。[5]此次總統大選之後，極右派分裂為二：一派人士組成了「全國進步運動」（Mouvement national du progrès），另一派人士仍以狄西爾為首，成立了「自由進步共和聯盟」（Alliance républicaine pour la liberté et le progrès, ARLP）。1967年國民議會選舉中，極右派的勢力更是一落千丈，僅獲0.08%的選票，甚至狄西爾本人都落選。從此法國極右派可說是消聲匿跡。

直到1972年10月，勒彭將極右派的零散組織及領導人物，如前外交部部長畢多（Georges Bidault）所領導的「自由與正義運動」（Mouvement justice et liberté）、《分鐘》（Minute）報刊負責人布里歐（Alain Brigneau）以及「新秩序運動」（L'Ordre Nouveau）的羅伯（Alain Robert）等重新聯合而成立了「國家陣線」，勒彭本人也被推選為主席。

4　Hugues Portelli, *La politique en France sous la Ve République* (Paris: Grasset, 1987), pp. 29-30.
5　Jacques Chapsal, *La vie politique sous la Ve République* (Paris: PUF, 1984), p. 308.

　　勒彭主動成立國家陣線的主要目的是：一方面欲參加1973年3月的國民議會選舉，再方面是希望極右派能重新振作，透過選舉來爭取政治勢力。然而，在國會選舉中，勒彭在巴黎選區僅獲得5.3%的選票，這項結果再度令極右派領導人士感到失望，也因此極右派又產生分裂。布里歐等人自行組成「新勢力黨」（le Parti des forces nouvelles, PFN）來與國家陣線相抗衡，如此一來，國家陣線可說是處在艱難的時刻。1981年5月總統大選中，勒彭甚至因無法獲得五百位民意代表的連署簽名而無法參加競選。此種不利的情況，直到1983年3月市鎮選舉中，勒彭在巴黎第二十區獲得11.3%的選票後，才開始有急速的轉變。[6]

參、早期「國家陣線」的基本主張

　　1981年5月，社會黨候選人密特朗當選為總統。然而，經過了兩年的執政，左派聯合政府並無法有效地解決國內失業及社會治安的問題。勒彭針對這兩項問題嚴加批評，一則強調要改造社會，重新建立傳統的道德價值；再則指責外籍移民是罪魁禍首，不但奪走了法國人的工作機會，同時也是社會不安的導源，應該加以嚴厲限制。

　　歸納而言，國家陣線的基本主張有下列五點：

一、政治制度方面

　　國家陣線主張修改現行憲法，將目前的半總統制改為總統制。總統仍為全民直接選舉，任期7年，不得連任，總統就是國家元首，應具有完整的行政權。全民複決權應擴大範圍且須更有彈性，才符合民主政治的原則。另外，國會選舉制度當採用比例代表制。[7]

二、經濟措施方面

　　國家陣線主張國營企業私有化，強調資本主義自由競爭的原則，獎勵投資，增加就業機會，減少失業率。

---

[6]　Jérôme Jaffré, "Les Fantassins de l'Extrême droite," *Le Monde*, 14 février 1984, p. 1 et p. 13.

[7]　Alain Rollat, "Le programme de M. Jean-Marie Le Pen," *Le Monde*, 22 juin 1984, p. 10.

三、外籍勞工與移民方面

國家陣線認為外籍移民對法國人來說是一個很嚴重的威脅，應當採取措施來限制與管理。勒彭主張首先要採取嚴厲的措施來防止非法入境，對所有入境的外籍人士應遣送回原住地，政府並無責任給予津貼或補償。對於外籍勞工，可以透過國家間的合作，獎勵這些勞工返回原住地，如以專案補助或貸款方式使外籍勞工能夠在當地工作生活。

四、社會秩序方面

國家陣線有兩項主張。一是恢復死刑，他們認為取消了死刑，就是取消了最有嚇阻作用的刑罰，因為死刑是維護每位公民自由的最佳保證，所以應該恢復死刑；二是重建社會秩序，國家陣線認為監獄不是只用來關人犯的，更不是休息、退休或度假的場所，因此在必要時須採用嚴刑以收嚇阻之效，同時應加強警察人員的數量與裝備，並加重警察人員在維護治安上的權限與職責。

五、教育方面

國家陣線強調教育自由化的重要。他們認為私立學校的存在可使人們自由地選擇教師和教育方式，而且國家應給予父母更多的自由來選擇子女所應接受的教育，不論是公立或私立學校。另外，透過公私立學校互相間的競爭，更可提升教育的功能與水準。

由以上五點來看，國家陣線的主張似乎與當時右派共和聯盟及法國民主同盟兩黨所提的若干政見有相近之處，如有關移民及社會治安方面。事實上，國家陣線之所以能夠吸引不少選民，最主要的原因是勒彭能夠透過公開演講的方式毫不避諱地剖析這些問題，並且提出較為激進的解決方案，而能獲得選民的支持。正如前總理巴爾所評析的，勒彭的政見雖非清晰完整，但卻能明確地掌握當前法國社會所存在的三項問題：外籍移民、社會治安不良及一般人民對政治的失望，同時他也很聰明地將這些問題不斷地透過演講及大眾傳播媒介來影響選民。[8]

---

[8]　參閱Brigitta Orfali, *L'adhésion au Front national* (Paris: Kimé, 1990), pp. 244-258.

肆、國家陣線的選舉成功及其選民

　　勒彭曾經在一次電台訪問中指出，許多政黨領袖、政治學者或新聞記者都無法了解，政治並不是一種職業，而是如何以一種非政治學的，亦非官式的言語來向大眾解釋的一種溝通藝術。[9]

　　1983年3月巴黎市長及市議員選舉中，勒彭將失業問題與外籍移民相提並論，一再地公開指出，「法國有一百萬的失業人口，就是因為多了一百萬的外籍移民勞工」，使得國家陣線在外籍移民頗多的第二十區第一輪投票中獲得11.3%的選票。同樣地，在1983年9月的德賀市（Dreux）市長及市民代表選舉中，勒彭提出同樣的競選口號，竟也獲得了16.7%的選票，頗令法國人驚訝。連右派人士也為此情形而深感困擾，因為，倘使極右派勢力增大，將會嚴重影響右派兩黨在抗衡左派兩黨上的實力與策略。

　　1984年6月歐洲議會議員選舉中，如同預料中般，國家陣線獲得了11.6%的選票，占有10個席位，正式進入歐洲議會。不久，在1986年3月國民議會選舉中，國家陣線以約269萬張的票數，9.8%的選票，贏得了35個席位。此次選舉不但讓勒彭14年的努力沒有白費，終於再度當選國會議員，同時也使國家陣線成為國民議會中的一個「黨團」，對國民議會的職權與運作有相當大的影響力。雖然時任總理的法畢士一再強調，國家陣線所提出的政治主張只是將真正的社會問題提出錯誤的解決方案而已。但是國家陣線卻能擁有廣大的選民，而這些選民究竟來自何種不同的社會背景呢？

　　「索佛雷斯」（SOFRES）民意測驗機構在1984年6月歐洲議會選舉期間，曾做了一項選民調查，而了解到國家陣線的選民基本上是來自原支持右派各政黨的選民。該問卷調查以1981年5月總統選舉中第一輪各候選人的得票數為一百基點，依此與1984年6月的選舉做一比較。調查的結果顯示，在1981年投票給席哈克的100名選民中，有18位選民在1984年轉投給國家陣線；同樣地，有22%支持前總理戴布雷的選民投票給勒彭；有22%的選民來自原支持前總統季斯卡。事實上，國家陣線的選民不僅多來自右派的選民，而且也有一些是來自左派選民。根據前項調查，其中有6%是來自原支持密特朗總統的選民，2%是來自共產黨總書記馬歇的選民。[10]

9　Le Monde, 9 janvier 1984, p. 11.
10　Monica Charlot, "L'Emergence du Front national," *Revue française de science politique*, No. 1

　　以社會階層的隸屬來看，國家陣線的選民也有其特別之處。根據李普塞教授（Seymour M. Lipset）對選民的分析指出，通常社會中的低層分子較易與極端的政治團體認同，因為此類型政治團體所提出的政見大多是比較簡單且主動的。[11]然而，由法國另一個「貝維阿」（BVA）民意測驗機構在1985年6月所做的一項統計指出。事實上，工人階級在國家陣線的選民中占很少的比例，甚至連從事農業生產者或中、下級職員都不多，反而是不事生產者（如家庭主婦和退休人員）、商人及手工藝業者所占比例最高。[12]

　　另外，以教育程度來看，「貝維阿」測驗機構在1985年6月所做的調查統計中顯示，國家陣線選民的教育程度與選民比例是成正比的，也就是說教育程度愈高，則選民的比例也相對地提高。以歐洲議會選舉為例，倘若某一選區內分別有小學程度、中學程度及高等教育之選民各100名，那麼其中會有8名（8%）小學程度、11名（11%）中學程度的人投票給國家陣線，而會有12名（12%）高等教育程度的選民支持國家陣線。

　　由以上這些分析看來，國家陣線的選民基礎與結構似乎與李普塞教授的論點有所出入。無論如何，透過這些調查與統計，我們可以進一步地了解國家陣線的實力及其選民的結構與取向。也許誠如政治專欄作家布萊雷（Edwy Plenel）在1984年所評析的，國家陣線的勢力將會持續下去，它不同於1956年布熱德運動黨所遭遇到的短暫命運，因為黨魁勒彭及其核心人物都是很有組織能力且精明幹練之士，他們一定會很努力去保有既得的成果。[13]

伍、策略運用與內部矛盾

　　也許勒彭認為將社會問題與外籍移民相提並論的策略頗能獲得一些選民迴響，因而更進一步地提出其他更具爭議性的論點，以便爭取更多的支持者。在1987年9月14日一次電台訪問中，他指出，關於第二次世界大戰中，德國納粹所設置的瓦斯

---

février 1986, pp. 30-45, et p. 39.

[11] Seymour M. Lipset, *L'Homme et la politique* (Paris: Seuil, 1963), pp. 100-110.

[12] 參閱Edwy Plenel et Alain Rollat, *La République menacée* (Paris: Le Monde, 1992), p. 121.

[13] Edwy Plenel, "Le succès de M. Le Pen," *Les deuxième* élections *européennes* (juin 1984), Le Monde, Paris, 1984, p. 72.

行刑室之事，一方面歷史上無法證實，再者這只是戰爭中的一個細節部分而已。此語一出，立刻引起了軒然大波，不但法國的猶太人聯盟組織提出嚴重的抗議，一些反對種族歧視及提倡人道精神的團體也同聲指責勒彭的言詞太過激烈。法國民主同盟的資深議員史瓦松（Jean-Pierre Soisson）批評勒彭的論點實在令人難以容忍，也使法國政治蒙羞。

法畢士則指出極右派終於露出其本來的真面目了。前社會黨國民議會議長梅瑪茲（Louis Mermaz）甚至要求當時的司法部部長夏藍東（Albin Chalandon）調查勒彭的言論是否違法。左派人士也於9月17日發起了一項示威遊行，大約有4,000多人在國民議會廣場前集合，高聲疾呼反對勒彭的言論。面對如此群情高張的情勢，勒彭仍保持鎮定，再度舉行記者會為其立場辯護。他解釋一方面，根據字典的說法，「細節」一詞事實上就是指總體的一部分；再方面他改口聲稱他並不否認瓦斯行刑室存在的可能性，問題在於大家對用字的解釋不同而已。最後，勒彭特別指出，此事會造成如此大的風波，是因為新聞媒介及一些政治團體聯合起來打擊國家陣線，因此，國家陣線才是真正的受害者。

由於勒彭堅持其立場，而且左右派人士也深恐事態擴大後，反而會助長國家陣線的聲勢，影響自己的實力，因此採取息事寧人的態度。也就是在如此的情勢下，國家陣線領導階層內部也開始對該黨的策略出現兩種不同的看法。一部分人士主張繼續採取較激進的手段及言論來吸收選民，進而消滅右派的勢力，甚至讓左派坐收漁利也在所不惜，如該黨秘書長史提伯（Jean-Pierre Stirbois）及勒彭選舉事務協會理事長梅格瑞（Bruno Mégret）等。梅氏還強調，任何黨派若沒有國家陣線的支持，則不可能贏得選舉；另外一部分人士則主張以溫和穩當的方式來從事競選，在必要時可聯合或支持右派人士來對抗左派的候選人，如勒彭助選委員會的主席德歐梅森（Olivier d'Ormesson）。

在1987年10月9日深夜，正當國民議會準備表決一項有關懲戒販毒走私案時，由於左右兩派四大政黨的議員出席率過低，同時右派執政黨的少數出席議員又代替其他的議員以電動按鈕方式來投票，而引起國家陣線在場議員的不滿。這些議員要求會議主席宣布將此案延期討論，但未獲主席接受。就在此時，國家陣線的兩位議員不顧在場議事人員的勸阻，衝到主席台上要求主席檢查投票數的合法性。一時議場秩序大亂，不可收拾，所幸司法部部長夏藍東主動發言提出兩項修正案，才緩和緊張且火爆的場面。

此次事件對法國政治再度造成相當大的震撼，一方面各個政黨領導階層開始注

意議員出席的問題；再方面人們都指責國家陣線如此激烈的作風，不但是對民主政治的一種挑戰，同時也是不負責任的行為。密特朗總統指出，自從1945年以來，雖然發生過不少這類事件，但是這一次事件中，國家陣線的議員們是做得過分了些。席哈克總理也宣稱，國家陣線的行為實在有失該黨的尊嚴。

　　事件發生後，國民議會秘書處立即展開了一項會議，討論是否將對兩黨議員違規事件議處。經過一天的討論，由於提出懲戒的程序繁雜費時，以及右派多數黨惟恐對國家陣線處罰，真會造成該黨在下屆總統選舉的第二輪投票中支持左派候選人，因而採取了大事化小的態度。國民議會最後裁定給予該兩位議員一個「道義上的懲罰」，而將此事件告一段落。

　　雖然國家陣線在此事件中又略占優勢，但卻也導致該黨內部若干領導人士的不滿。該黨國會議員馬提內（Jean-Claude Matinez）就指出，國民議會需要改革，但並非採用激烈的手段。另外，亞孟格（Jean-Pierre Armengol）及夏姆（Alain Champ）兩位省議員也認為該黨在國民議會內的滋事是一種錯誤的策略，而且這種做法只會使人民對右派更加反感，造成對左派有利的情勢。亞、夏兩氏並因此憤而辭去該黨中央委員的職務。

　　介於「激進」與「溫和」兩派勢力之間，勒彭採取了「靜觀其變」的立場，認為只要國家陣線的做法能夠打擊右派並爭取右派選民的支持即可。在如此策略的前提下，1987年10月18日在杜廣鎮（Le Tourcoin）市議員選舉中，勒彭更鼓勵其選民在第二輪左右兩派候選人對壘時採取棄權的方式，造成左派獲勝右派失利的結果。勒彭的態度頗令這些主張溫和路線的人士失望，終於在10月27日，該黨溫和派領袖德歐梅森正式宣布辭去委員會主席的職務。德氏認為勒彭原可以成為一個大黨的領袖，但是經過了「瓦斯室事件」、「議會事件」及「杜廣鎮事件」等一連串事情看來，勒彭似乎已經完全改變了原有的策略。

陸、「國家陣線」發展之困境

　　出乎意料地，1988年4月的總統大選中，勒彭獲得了14.39%的選票，較1986年在國民議會中所獲的9.8%高出了4.59%的選票，幾年之間，該黨就有如此迅速的發展，頗令人側目與擔憂。勒彭則形容此次勝利是一次「政治大地震」。

　　這個現象顯示了，一方面由於密特朗與席哈克兩人都無法對失業或其他社會

問題（如青年就業，外籍移民及社會治安等）提出有效的解決辦法，因而部分選民轉而對勒彭這種雖然錯誤但具說服力的論點（如兩百萬的失業人口就相當於兩百萬的外籍勞工）有所認同；再方面是由於選舉前夕，右派兩黨在一次省議會議長選舉中，暗中與極右派聯合而獲得議長之席位，造成若干選民對右派之不滿，反而轉向國家陣線。

密特朗當選連任後，為結束「左右共治」的局勢，立即解散國會，重新改選。同樣令法國政治觀察家跌破眼鏡的是，6月5日第一投票輪中。國家陣線的得票率驟然降到了9.78%，與1986年3月的得票數不相上下。而在6月12日的第二輪選舉中，僅在國會占有一個席位，和1986年的35席相比真有天壤之別。根據賈佛雷教授（Jérôme Jaffré）的分析，造成此次選舉結果的最主要原因有二：一是兩輪多數決制度對大黨有利；二是右派聯合策略的運用成功。此次國民議會的選舉結果對國家陣線及勒彭本身（不幸落選）而言都造成了嚴重的打擊。

也許勒彭深恐會被選民所遺忘（國民議會已不具影響力），1988年9月間，勒彭又公開地侮辱公職暨行政改革部部長杜哈福（Michel Durafour），再度引起軒然大波，同時也招致法國一般人士的反感。該黨唯一當選的國會議員皮雅夫人（Mme Yann Piat）強烈批評該黨這種譁眾取寵的作風實為不智。皮氏也因而被開除黨籍，使得國家陣線成為一個區域性的政黨。另外，該黨的溫和派主流阿瑞其（Pascal Arrighi）及激進派領袖巴席勞皆因不滿勒彭的策略而相繼宣布脫離國家陣線（前者不滿勒彭的激烈作風，後者反對勒彭與右派的妥協與聯合）。更嚴重的是，該黨秘書長史提伯在一次車禍中喪生，對國家陣線而言可說是致命的打擊。這就是國家陣線所面臨的問題。根據一項《世界報》委託「索佛雷斯」民意測驗機構所做的調查顯示，有80%的人表示反對勒彭的論點，而同樣的問題在1987年10月、1985年10月及1984年11月則分別為78%、67%和57%。[14]面對這種情勢，勒彭必須非常謹慎地去應付，否則，一旦內部再產生分裂，那麼他為國家陣線所作的努力將會前功盡棄。1988年6月及1993年3月的國會選舉中，由於兩輪多數決的效應，造成該黨在國民議會中微不足道的困境。1998年內部矛盾擴大，黨內重要人物梅格雷（Brunot Mégret）主張該黨應要採取若干較為務實的策略並自行創立「共和國家運動」（Mouvement national républicain）。不過，勒彭仍老神在在同時也積極準備下屆大選。

---

[14] Le Monde, 6 Janvier 1988. p. 9.

2002年的總統大選中，勒彭再以較爲激進的主張，竟然在第一輪中以近17%的得票率將左派社會黨候選人喬斯班總理（Lionel Jospin）淘汰出局而與席哈克總統在第二輪對壘，不但改寫第五共和總統選舉的新紀錄，更讓廣大的法國選民感到憂慮，當時國內外媒體皆以「政治地震」形容選舉結果。所幸在第二輪的投票中，法國選民持理性的態度讓席哈克順利當選，而未造成法國政治的二度震撼。2007年勒彭仍參與角逐，但在右派候選人薩柯吉同時在移民問題與社會治安上提出強硬政見對撞之下，第一輪的得票似又回歸到10%（約380萬票）的基本面，排列第四，無緣進入第二輪。此外，2002年6月及2007年6月的國民議會改選中，國家陣線仍無法在議會中獲得席位。

柒、勒彭女士的領導與變遷

2010年12月，勒彭以79歲高齡請辭黨主席。在黨內民主開放的前提之下，其女兒勒彭女士於2011年1月16日的第14次杜爾市（Tours）全國黨員代表大會中以68%的黨員支持率贏得主席的位置。勒彭女士在就任的首次演說中就強調要改變該黨形象並要以邁向執政爲未來方向。2012年4月22日勒彭女士首次代表「國家陣線」參與總統大選，由於勒彭女士除了堅持國家陣線以「法國優先」的若干政見而吸引不少選民之外，同時勒彭女士特有的親和力也獲得許多的支持者，在第一輪的投票中竟然獲得17.9%的選票，名列第三，令大家震驚。特別是在選票數上呈現大幅的成長，由2007年的380萬選票增加到640萬。如此的結果也初步奠定了勒彭女士在黨內的領導地位，並漸漸跳脫其父親的影響。此外，在2012年隨後的國民議會選舉中也終於能殺出重圍獲得兩個席位，對國家陣線來說都是一個相當不錯的成績。

隨著勒彭女士在總統選舉中的表現，「國家陣線」開始積極在所有的選舉中布局，2014年的地方市鎮選舉中，在「法國優先」、「反對大量移民」等口號下，該黨在法國11個市政中領先並取得若干市政執政權。這個發展也符合了勒彭女士上台接任黨主席的策略，就是強化「國家陣線」有執政的能力。2014年5月25日的歐洲議會選舉中，國家陣線再次發威贏得選舉，以近25%的選票獲得了24個席位（法國總席次爲74席）。雖然此次投票率不到五成，但也可以看出「國家陣線」選民對執政黨的失望而予以懲罰性投票，另一方面似同時對勒彭女士寄以厚望。

2015年9月的區級（Région）議會的選舉中，「國家陣線」在第一輪投票中可

說展現了氣勢，獲得了28%的得票率，不過，在左、右派兩大陣營的夾擊之下第二輪的投票中則仍無法突破。值得一提的是，在這段期間，主席勒彭女士努力營造黨的正面形象，積極改變策略以吸引更多選民的支持，然而其父親勒彭卻持續採取傳統且強硬的路線並一再公開發表淡化二次大戰期間猶太人被納粹迫害的事實，引起輿論大譁，嚴重衝擊「國家陣線」好不容易轉型的形象。主席勒彭女士不但嚴厲譴責並區隔此一說詞，同時大義滅親將勒彭提交黨中央檢討並予以開除黨籍。[15]這個做法可以說不但強化了勒彭女士的領導力，同時也讓許多法國人了解「國家陣線」確實與從前大不相同。2017年2月，就在總統選舉的三個月前，勒彭女士又因涉嫌在擔任歐洲議會議員期間利用人頭虛報助理薪資而被調查約談，但勒彭女士以政治迫害且選舉期間而拒絕前往。這些事件並未影響到勒彭女士參與總統選舉的決心及氣勢。

2017年4月的總統大選中，「國家陣線」候選人勒彭女士提出了一個名為「144條總統政見」白皮書，其中的10大重點包括：

1. 取消申根制度，重新檢討並管制邊界；
2. 將所有對法國安全造成影響及疑慮的外國人驅逐出境；
3. 公投修憲，恢復比例代表制、建立人民創制權；
4. 調降所得稅10%，放寬贈與稅等；
5. 調降退休年齡至60歲且滿40年年資；
6. 暫停發展風力發電、維持核能需求、發展其他替代性能源；
7. 加班超時薪資之免稅；
8. 限定每年移民總數不得超過10,000人；取消非法移民之健保補貼；
9. 修正勞動法，彈性調整工時（唯仍維持每週35時之基礎）；
10. 以公投方式決定是否退出歐元區。

2017年的總統大選中，勒彭女士仍主打移民問題、反恐措施、社會治安以及退出歐元等議題，並獲不錯的迴響。在4月23日的第一輪投票中竟以770萬、21.3%的選票贏過呼聲很高的右派候選人費雍（François Fillon）排名第二並進人第二輪選舉。2017年5月7日的第二輪投票中，勒彭女士雖然敗選，但卻獲1,000多萬的選票、34%的得票率皆是有史以來的最新紀錄。2017年6月該黨在國民議會選舉中並未有所展獲，但勒彭仍當選國會議員，黨的領導地位無人能比。2017年11月，鑑於

---

[15] 事實上，勒彭因不滿此項決定而向法院提告，直到2018年初才有最後的裁定，特別是取消勒彭榮譽主席一職。為此，勒彭女士也藉機改變政黨名稱並重整組織架構。

第二輪投票前夕與馬克宏電視辯論有關歐元議題上表現欠佳似流失許多選票，勒彭向黨員提出修改黨章、黨名以及重要政策的意見調查（特別是脫歐及歐元區的議題）。2018年3月11日的里爾（Lille）全國黨員代表大會中，在勒彭順利連任黨主席的情形下，通過黨綱的修改，黨的最高決策機制改名為「全國委員會」（原為中央委員會）；通過修改黨名；取消榮譽黨主席等。2018年6月1日，該黨正式更名為「國家聯盟」。

　　2019年4月15日，隨著5月下旬歐洲議會選舉的逼近以及因應2022年總統大選的可能出馬，勒彭女士正提出了一份長達76頁名為「歐洲國家聯盟宣言」（Manifeste pour l'Alliance Européenne des Nations）之政見，除了彰顯未來歐洲整合發展運作中所立足的「自由且共識的合作」（Coopérations librement consenties）之外，其中還特別強調了二個重點，一是法國將不會脫歐，但會在原有機制之下推動重大變革，特別是取消執委會的立法權；二是法國將持續在歐元區，但會積極推動重大財經改革以更符合法國的經濟規模與人民的實際需求。5月26日的歐洲議會選舉中，「國家聯盟」獲得23.3%的選票（在法國79席中獲得23席）名列第一，讓馬克宏所領導的「共和前進黨」倍感壓力。在宣稱自己為法國的第一大黨的同時，勒彭女士於10月17日在歐洲第一電台（Europe 1）訪問中正式宣告有意願參加下屆2022年的總統大選。2022年的總統大選第2輪中得票41.45%，比2017年多了約8%的選票。2024年6月的歐洲議會選舉中更以31.37%的選票名列第一，一舉拿下30個席次，震驚馬克宏總統。2024年6月30日國民議會解散改選的第一輪投票中更以31%的得票率取得領先幾乎要邁向執政之路。值得一提的是，為了讓黨和年輕世代結合，2022年11月起，該黨主席由年僅29歲現任歐洲議會議員的巴德拉（Jordan Bardella）出任。勒彭女士則擔任黨團主席在國民議會中負責監督及推動政策。

　　「國家聯盟」自1972成立至今已經超過半個世紀之久，從一開始「國家陣線」在意識型態上較傾向民族主義、排外情緒的極右派到近年來歸類到的歐洲興起「民粹主義」，該黨也經歷了許多內外的重大衝擊與變革。2012年以來，隨著勒彭女士的上台及在選戰中的斬獲，「國家聯盟」也開始採取務實的路線，認為黨不必再扮演一個只是反對左右傳統政黨的「出氣桶」，而是要有大格局的邁向執政。目前法國國民議會呈現三黨或聯盟不過半的局勢，「國家聯盟」挾其125席（最大單一政黨）的實力對政府組成及政策取向都已產生決定性的影響。

序　言

　　法蘭西人民鄭重宣告恪遵1789年宣言中所明定及1946年憲法序言中所確認與補充之人權暨國家主權原則，以及2004年環保公約所訂之責任與義務。

　　依據上述原則以及人民自由抉擇之原則，本共和國對於願意與吾國結合之海外領地提供基於自由、平等、博愛之共同理想且適合彼等民主發展之新政治體制。

第一條

　　法蘭西爲一不可分割、世俗、民主與社會之共和國。共和國確保所有公民不分籍貫、種族、宗教，在法律之前人人平等。共和國尊重所有之信仰。國家行政組織採地方分權制度。

　　法律應有利於女男同等比例參與各項選舉委任、選舉公職以及專業和社會性的領導階層。

第一章　主　權

第二條

　　共和國語言爲法語。

　　國徽爲藍、白、紅三色旗。

　　國歌爲「馬賽進行曲」。

　　共和國之信條爲「自由、平等、博愛」。

　　其治國原則爲：民有、民治、民享之政府。

第三條

　　國家主權屬於國民全體，經由其代議士以及公民投票方式行使之。

人民之任何分割部分或個人均不得擅自行使國家主權。

選舉投票得依憲法規定，以間接或直接方式行使之。選舉必須採用普遍、平等和秘密之方式進行。

凡享有公民權及政治權之成年法國男女，符合法定條件者均得為選舉人。

第四條

政黨及政治團體得參與競選。政黨及政治團體得自由組織並從事活動，但須恪遵國家主權與民主之原則。

政黨應依憲法第一條第二項所定法律之原則協助落實執行。

法律應確保多元民意的表達以及政黨與政治團體公平參與國家的民主過程。

第二章　共和國總統

第五條

總統維護憲法之遵守。由其裁量，保障公權力之正常運作及國家之延續。

總統確保國家獨立、領土完整以及國際條約之遵守。

第六條

總統由全民直接投票選舉之，任期五年。

任何人不得超過連續兩任任期。

本條之施行方式以組織法制定之。

第七條

共和國總統須獲絕對多數之有效選票始為當選。倘絕對多數無法在第一輪投票中獲得，則須於十四日之後舉行第二輪投票。僅有在第一輪投票中獲票最多之兩位候選人（票數雖高而自動退出之候選人不予計算）始得參加第二輪投票。

投票依政府之通告舉行。

新任總統之選舉應於現任總統任期屆滿前三十五日至二十日之內舉行之。

總統缺位不論其原因為何，或總統因故不能視事而經政府諮請憲法委員會並經絕對多數委員確認，除憲法第十一條及第十二條所規定之職權外，總統職權將由參議院議長暫行代理，若參議院議長亦不能行使職權時，則由政府代行之。

如遇總統缺位，或經憲法委員會公布確定總統不能行使職權，除經憲法委員會確認有不可抗拒之情事外，新總統之選舉應於缺位開始或確定不能行使職權公告日起二十日至三十五日內舉行。

在競選登記限期前七天內，如競選者在上述限期前三十天內曾公開宣示其競選決定而突告死亡或不能參與競選者，憲法委員會得決定延期選舉。

在第一輪投票之前，候選人之一死亡，或不能參與競選者，憲法委員會應宣告延期選舉。

在第一輪獲得最多選票之兩位候選人之一，在未退出競選前死亡或因故不能參與競選時，憲法委員會應宣告重行辦理選舉；參加第二輪選舉之兩位候選人中之一人死亡或因故不能參與競選者亦同。

上述任何情況，憲法委員會應依第六十一條第二項所列情事或依第六條所定組織法有關候選人登記之規定辦理。

憲法委員會在遵守投票應在該會決定選舉日期延後三十五日內舉行之規定下，得延長第三項及第五項所訂定之期限。但因適用本條文而致選舉延至現任總統任期屆滿後舉行，後者得繼續行使職權至繼任總統宣告當選為止。

總統缺位期間或總統因故不能視事經公告確定至下屆總統當選期間，憲法第四十九條、第五十條以及第八十九條均不適用。

第八條

共和國總統任命總理，並依總理提出政府總辭而免除其職務。共和國總統基於總理提議任免政府部長。

第九條

共和國總統主持部長會議。

第十條

共和國總統應於國會將所通過之法律送達政府後十五日內公布之。

在上項期限內，總統得要求國會將該法律或其中部分條款予以覆議，國會不得拒絕。

第十一條

共和國總統須依政府在國會開會期間所提建議、或國會兩院所提聯合建議（並於政府公報刊載），得將有關公權組織、國家經濟和社會政策之改革、公共服務部

門之改革或國際條約之批准等任何法案，雖未牴觸憲法但可影響現行制度之運作者，提交公民投票。

倘公民投票係依政府之提案舉辦，政府應向國會兩院報告並開放辯論。

國會議員五分之一成員得就第一項所提之相關議題創制並經由十分之一已登記之選舉人連署後提交公民投票。此項創制將以法律提案方式進行，但其主旨不得以廢除在一年以內所立法通過之法律。

有關創制議題之提案程序以及憲法委員會應就前項相關措施之遵守予以監督等事宜由組織法制定之。

倘創制提案無法經國會兩院在上述組織法規範之期限內予以審議，總統應將該案交付公民投票。

倘創制提案未經法國人民公投通過，在公投投票日的兩年期限之內，不得以同一議題提出新的公投提案。

公民投票贊同通過一項草案或法律提案時，共和國總統應於結果公告後的十五日內簽署公布。

第十二條

共和國總統於諮詢總理以及國會兩院議長後，得宣告解散國民議會。

全國大選應於國民議會解散後二十日至四十日內舉行之。

國民議會在選舉後第二個星期四自行集會。此集會如在國會正常會期外舉行時，其會期可逕自延續十五日。

國民議會因解散而改選後一年內，不得再予解散。

第十三條

共和國總統簽署總統行政命令以及依部長會議所決議之行政命令。

總統任命國家文武官員。

中央行政法院委員、典勳院院長、大使、特使、審計院審計委員、中央官派省長、依第七十四條規範所屬海外領地以及新喀里多尼亞之政府代表、將級軍官、大學區校長、中央行政機關之司處長等職由部長會議中決議任命。

由部長會議同意之其他職務之任命以及有關總統得授權行使職務任命權之相關事宜，以組織法制定之。

有關非屬上述第三項所提之其它人事或職務，則另以組織法制定之。但為考量國家法治與自由之保障以及經濟與社會之發展進程，總統應於公開徵詢國會各院權

責常設委員會意見後行使總統任命權。倘國會兩院各委員會皆以至少五分之三的票數否決建議人選，則總統不得行使該項任命權。有關國會權責常設委員會所監督及同意之相關人事或職務由法律制定之。

第十四條

共和國總統任派大使及特使駐節外國；並接受外國大使及特使之派遣。

第十五條

共和國總統爲三軍統帥。總統主持國防最高會議及委員會。

第十六條

在共和制度、國家獨立、領土完整或國際義務之履行，遭受嚴重且危急之威脅，致使憲法上公權力之正常運作受到阻礙時，共和國總統經正式諮詢總理、國會兩院議長及憲法委員會後，得採取應付此一情勢之緊急措施。

總統應將此措施詔告全國。

緊急措施應基於確保憲政制度與公權力運作之思維，並應在最短時間之內採取措施完成任務。所有相關措施應徵詢憲法委員會。

國會應自行集會。

總統在行使緊急權力三十天之後，國民議會議長、參議院議長、六十位國民議會議員或六十位參議員得提請憲法委員會就有關第一項行使之條件是否持續存在予以檢視。憲法委員會應在最短時間內做一公開聲明。憲法委員會應在緊急權力行使第六十天，自行檢視上述條件並做公開聲明。

第十七條

共和國總統得就個案行使特赦權。

第十八條

共和國總統得向國會兩院提出國情咨文，于以宣讀，上述咨文毋須討論。

總統得向國會兩院聯席會議做國情報告。此項報告得於總統不在場時予以討論，但不得予以投票表決。

如值國會休會，須爲此召集國會。

第十九條

共和國總統所簽署之法案須經總理副署，或視情勢需要由權責部會首長副署

之。但第八條第一項、第十一條、第十二條、第十六條、第十八條、第五十四條、第五十六條及第六十一條所規定者，不在此限。

第三章　政　府

第二十條

政府制訂並執行國家政策。

政府支配行政機構及軍隊。

政府依第四十九條及第五十條所規定之條件及程序，對國會負責。

第二十一條

總理指揮政府行動，負責國防並確保法律之遵行。除第十三條所規定事項外，總理得行使規章制訂權，並任命文武官員。

總理得將其部分職權，授權其他部長行使之。

如情勢需要，總理得代理共和國總統主持第十五條所規定之會議及委員會。

總理得依據總統之授權，就某一特定議案，代理總統主持部長會議。

第二十二條

總理所簽署之法令皆需副署，或視情況由相關權責部長為之。

第二十三條

政府閣員不得同時兼任國會議員、全國性之職業代表以及其他一切公職或參與職業性之活動。

前項所述人員或職務遺缺之遞補相關條件由組織法訂定之。

國會議員之遞補依第二十五條之規定辦理。

第四章　國　會

第二十四條

國會表決法律、監督政府作為並評鑑公共政策。

國會包括國民議會及參議院。

國民議會議員依直接選舉選出之，其總人數不得超過五百七十七人。

參議院議員依間接選舉選出之，其總人數不得超過三百四十八人。參議院應確保共和國所屬各行政區域之代表性。

居住於法國境外之法國人民應選出代表參加國民議會和參議院。

第二十五條

國會兩院之任期、議員名額、議員薪俸、當選資格，及有關不能當選與不得兼任之規定，由組織法訂定之。

有關國民議會議員及參議員席次出缺，在原當選議員所屬議會全部或局部改選之前人員之遞補辦法，或因接受入閣之臨時遞補以組織法訂定之。

國會應成立一獨立委員會，其組成以及組織與運作章程以法律訂定之。獨立委員會應就有關國民議會議員選區劃分或有關國民議會議員及參議員席位分配之計畫內容或法律草案發表公開聲明。

第二十六條

國會議員在執行職權所為之言論或表決，不受追訴、追查、逮捕、拘禁或審判。

國會議員非經其所屬議院秘書處之許可，不得因刑事或違警事件受逮捕、剝奪或限制自由之處置。但刑事重罪、現行犯或判刑確定之情事者，不在此限。

國會議員受拘禁、剝奪或限制自由、追訴，如其所屬議院提出請求，應於該會期內暫停執行。

如有必要，當事之議院應自行召開追加會議，以執行前項事宜。

第二十七條

所有「強制式之委任」無效。

國會議員之投票權，應由個人行使。

組織法得例外許可委託投票。但每人受託不得超過一票。

第二十八條

國會每年自行召開常會。日期自十月第一個工作日至六月最後一個工作日止。

國會兩院自行召開常會之日數不得超過一百二十日。國會兩院自行訂定會議之週次。

總理得於諮詢當事議院議長後，或依任何一院過半數議員之提請，決定延長會

議之天數。

　　會議之日期及時間，由兩院自行訂定。

第二十九條

　　國會得應總理或國民議會過半數議員之要求，就某一特定議程，召開臨時會。

　　臨時會應國民議會之要求而召開時，在臨時會議程結束後，應即休會，會期至多不得超過十二日內。

　　總理在休會後一個月內，得要求召開新會期。

第三十條

　　國會除自行集會者外，其臨時會之召開與休會，均依總統所發布之命令為之。

第三十一條

　　政府閣員得列席國會兩院，並得要求發言。

　　政府閣員亦可由政府指定官員列席協助。

第三十二條

　　國民議會議長之任期與議會任期同。參議院議長則在參議院每次部分選舉後改選之。

第三十三條

　　國會兩院會議公開舉行。議事記錄全文刊登於政府公報。

　　國會兩院各得依總理或十分之一議員之請求，舉行秘密會議。

第五章　　國會與政府之關係

第三十四條

　　下列事項，由法律制定之：

　　—公民權及有關行使公共自由權利之基本保障；自由、多元主義以及傳媒之獨立性；公民本人及其財產對國防所應負之義務。

　　—國籍、個人身分及行為能力、婚姻、繼承及贈與。

　　—犯罪與違警之判定及其所適用之罪刑、刑事訴訟、除罪、司法制度的創新及法官之地位。

　　一各種賦稅課稅基準、稅率及徵收方式、貨幣發行制度。

　　下列事項，由法律制定之：

　　一國會兩院、地方議會以及法國海外僑民代表機構之選舉制度；有關民選公職以及地方議會議員職權行使辦法。

　　一各級公共機構之設置。

　　一國家文武官員之基本保障。

　　一企業國有化以及公民營事業民營化其產權之轉移。

　　下列事項之基本原則，由法律制定之：

　　一國防之基本組織。

　　一地方政府之自治行政、權責及財源。

　　一教育。

　　一環境保護。

　　一所有權制度、物權、民事及商事義務。

　　一勞工法、工會法及社會福利。

　　有關保障女性在自願中止懷孕上的自由權利由法律訂定之。（2024年3月8日第2024-200號憲法增修條文）

　　財政法依據組織法所規定之條件及保留事項，明定國家財政之收支。

　　社會福利財政法依據組織法所規定之條件及保留事項，在考量預期收支之目標下明定財政平衡之基本方針。

　　國家經濟及社會發展之目標由計畫法制定之。

　　國家公共財政多年期發展方針由計畫法制定之。

　　本條相關事宜得另以組織法加以明定並補充之。

第三十四條之一

　　國會兩院得依組織法之規定表決各項決議。

　　倘政府認為某些決議案之通過與否會影響政府之責任或相關法令之實施，則可不予接受並不得排入議程。

第三十五條

　　宣戰須經國會同意。

　　政府應於開啓海外軍事行動後三日內知會國會其決策。政府應明確說明其目標宗旨。此項報告與說明得予以討論，但不行使表決。

倘此項軍事行動超過四個月，政府應向國會提出延期之同意授權。政府得於必要時僅向國民議會提請授權即可。

倘此項軍事行動超過四個月且非處於國會會期之內，則國會於下次會期開議時議決。

第三十六條

戒嚴須經由部長會議頒布之。

戒嚴期限超過十二日者，須經國會同意。

第三十七條

凡法律範疇以外之一切其它事項均屬命令性質。

法律具有命令性質者，得於徵詢中央行政法院意見後，以行政命令修改之。本憲法施行後所制定之法令，須經憲法委員會確認其具有前述命令性質者，始得以行政命令修改之。

第三十七條之一

法律和規章得視議題以及實施期限以試辦性質予以訂定。

第三十八條

政府為執行其施政計畫，得要求國會授權在一定期限內，以總統行政命令之方式逕行實施原屬法律範圍之事宜。

總統行政命令於徵詢中央行政法院之意見後，由部長會議決議採行之。總統行政命令自公布之日起生效，但若未能在授權期限內將該法案送請國會予以追認並完成立法，該行政命令則立即失效。

在本條第一項所規定之期限屆滿後，總統行政命令中凡屬法律性質之事項，僅能由法律予以修改。

第三十九條

總理及國會兩院議員均有提出法律案之權。

政府所提法律草案經諮詢中央行政法院意見，由部長會議討論後，送交國會兩院任何一院之秘書處。財政法草案以及社會福利財政法草案則須先送國民議會審議。在不牴觸第四十四條第一項之情形下，有關地方政府與自治組織法草案則須先送參議院審議。

有關法律草案應提交於國民議會或參議院之條件及規範由組織法另定之。

倘首先審議法律草案之國會，其主席會議確認組織法並未有所規範，該法律草案不得排入議程。倘國會主席會議與政府為此有不同意見，該國會議長或總理得向憲法委員會提請釋疑，憲法委員會應於八日內裁決。

依法律之相關規範，國會各院議長得就各院任一國會議員所提之法律草案，在交付委員會審議之前，提請中央行政法院表示意見。但若該國會予以拒絕則不在此限。

第四十條

國會議員所提法案及修正案，若足以減少公共財務收入或創設或增加公共財政支出者，不予接受。

第四十一條

倘在立法過程中，某一提案或修正案非屬法律範圍或不符合第三十八條規範之國會授權，政府或該國會議長得反駁無法受理之宣告。倘政府與國會議長為此有不同意見，憲法委員會應依政府或國會議長之提請釋疑於八日內裁決。

第四十二條

法律草案及法律提案應於會期中就業經依第四十三條之規定程序由委員會通過之內容或於必要時經相關議院通過之內容予以討論。

但有關憲法增修草案、國家財政法草案以及社會福利財政法草案，首先且於一讀會期審議草案之議院應就政府原提草案內容進行討論；其後之審議則以另一議院所通過之法律草案進行討論。

任何法律草案或提案需提交於首先審議議院六週之後始得納入會期並進行一讀審查。任何法律草案或提案均需提送至第二審議議院四週之後始得進行審議。

上述所提草案倘依第四十五條之規定以快速立法之程序進行，則不適用前項之規定。

第四十三條

法律草案及法律提案應送交各議院之某一常設委員會審查，各院之常設委員會以八個為限。

法律草案及法律提案得基於政府或有關議院之請求，送交特別設立之委員會審查。

第四十四條

國會議員及政府有提出修正案之權。此項權力在院會或委員會之行使應依組織法所定之國會職權行使規程辦理。

法律草案一經討論後，政府對未經提交委員會審查之修正案，得拒絕其提交審查。

基於政府要求，有關議院得將討論中草案之全部或一部涉及政府所提出或所接受之修正案部分，以一次投票表決之。

第四十五條

所有法律草案或提案應由國會兩院先後審議，期能通過內容一致之法案。在不影響第四十條及第四十一條行使之情況下，所有在一讀會期針對有關法案不論直接或間接性之關聯所提出之修正案皆應被接受。

如因國會兩院意見不同，致法律草案或提案經各院二讀後仍不能通過；或政府決定採取快速立法之程序，且未遭遇各院主席會議聯合之反對，業經各院一讀會後；總理或兩院議長以共同提出一項法律提案方式皆有權召集兩院對等聯席委員會，就爭議條款提出對案。

政府得將聯席委員會研議之內容送請國會兩院審議。在此情況下，非經政府同意，任何修正案皆不予受理。

如聯席委員會無法就共同草案達成協議，或此草案不能依前項規定通過時，政府得於國民議會及參議院各再一讀後，要求國民議會作最後決定。在此情形下，國民議會得就聯席委員會所提之議案，或就國民議會最後通過而經參議院提出一次或多次修正之草案，進行審議。

第四十六條

本憲法所稱各組織法，其通過與修改依下列條件為之：

草案或提案須依第四十二條第三項所規範之時效期限始得送交議院審查或表決。倘草案或提案業依第四十五條之規定進行快速立法，則仍需於草案送交首先審查議院十五日之後始得進行審議。

組織法之審議適用第四十五條所規定之程序。如國會兩院無法獲得協議，則草案需在國民議會之最後讀會時，並經議員絕對多數贊成，始得通過。

有關參議院之組織法，須由國會兩院以同樣條文表決通過。

組織法須經憲法委員會宣告未牴觸憲法者，始得公布。

第四十七條

國會表決財政法草案之程序依組織法規定辦理。

如國民議會在草案提出後四十日內，尚未進行一讀審議，政府得將該法案提請參議院於十五日內議決。此後須依第四十五條所定程序處理之。

如國會在七十日內仍未議決，政府得就該草案所規定條款以總統行政命令逕付實施。

某項會計年度收支之財政法案，在其年度開始前未能及時提出送請公布，政府得緊急要求國會授權，徵收稅捐，並以行政命令撥發經費，俾支應有關業務費用。

本條文所定期限，如逢國會休會，則不予計算。

第四十七條之一

國會應依組織法之相關規定表決社會福利財政法草案。

如國民議會在草案提出後二十日內，尚未進行一讀審議，政府得將該草案提送參議院於十五日內議決，並依第四十五條所制定程序處理之。

如國會仍未在五十日內議決該案，政府得就該草案之內容以總統行政命令逕付實施。

本條所訂定之期限，如逢國會休會或兩院各依第二十八條決定停開議會之星期，則不予計算。

第四十七條之二

中央行政法院協助國會監督政府之作為。中央行政法院協助國會及政府監督財政法之執行、社會福利法之實施以及公共政策之評估。中央行政法院應出版公開之報告以提供民眾相關資訊。

公共機構之財務會計應正常及誠實。公共機構之財務會計應經由其管理、資產以及財政狀況提出一個忠誠的形象。

第四十八條

在不影響第二十八條第二項、第三項以及第四項行使之前提下，國會兩院之議程自行訂定。

四週會期中至少兩週應保留優先審議政府所提之草案、法案之審查以及已登錄議程上之辯論。

此外，有關財政法草案及社會福利財政法草案之審查、或在不影響下項條文規

定下之有關自另一院送請審查且已至少六週期限之法案、有關危機狀況處理之草案以及依第三十五條規定提請國會授權等草案之審查，皆需依政府之提請優先排入議程。

　　四週會期中之一週會期應優先保留予國會各院排定議程以監督政府作為及評鑑公共政策。

　　每月應優先保留一日之會議，依國會各院在野黨團或少數黨團所提之議題訂定議程進行討論。

　　每週至少應優先保留一次會議，包括依第二十九條規定所召開臨時會議期間，以供國會議員質詢及政府答詢之用。

第四十九條

　　總理得就其施政計畫，或於必要時，就總體施政報告，經部長會議審議後，向國民議會提出對政府信任案。

　　國民議會得依倒閣提案之表決以決定政府之政治責任及去留。此項倒閣提案須經國民議會至少十分之一議員之連署，始得提出。動議提出四十八小時之後，始得舉行表決。倒閣提案僅就贊成票核計，並須獲全體議員絕對多數始能通過。國民議會議員在同一常會會期中簽署倒閣提案不得超過三次，在臨時會期中則不得超過一次。但第三項所規定之情形，不在此限。

　　總理得就通過財政法案或社會福利財政法案為由，經部長會議討論決議後，向國民議會提出對政府信任案以決定政府之去留。在此情形下，除非在二十四小時內，有倒閣提案之動議提出，並依第二項之規定進行表決，否則政府所提法案即視同通過。

　　總理得提請參議院就其總體施政報告予以正式認可。

第五十條

　　國民議會通過倒閣提案，或對政府所提施政計畫，或總體施政報告不予同意時，總理應向共和國總統提出政府總辭。

第五十條之一

　　政府得依據自行之提案或國會任一黨團依第五十一條之一規定所提出之要求，就某一特定議題向國會任一議院提出一項報告並予以討論。政府亦得就此項報告提請議院表決，但與政府政治責任或去留無關。

第五十一條

國會常會或臨時會議會期結束時，如有必要得自行延會，以行使第四十九條所規定事項。就同一目的，國會全權自行召開追加會議。

第五十一條之一

國會各院之組織章程應制定議院中所屬黨團的權利。組織章程應承認國會各議院在野黨團和少數黨團的特殊權利。

第五十一條之二

為行使第二十四條第一項所規定之監督與評鑑任務，國會各議院內得設置調查委員會，以便依法律所制定之相關規範蒐集重要資訊。

有關調查委員會之組織與運作規則應以法律制定之。調查委員會設置之條件由各議院組織章程訂定之。

第六章　國際條約與協定

第五十二條

共和國總統負責談判並批准條約。

無須批准之國際協定有關談判過程，亦應報請總統察悉。

第五十三條

媾和條約、商務條約、有關國際組織之條約或協定、涉及國家財政之條約或協定、涉及修改須經立法程序通過之條約或協定、有關個人身分之條約或協定，以及有關領土之讓與、交換、歸併之條約及協定，皆需以法律之名批准或認可。上述條約及協定非經批准或認可，不生效力。

領土之讓與、交換及歸併，非經當地人民之同意，不生效力。

第五十三條之一

共和國得與歐洲國家依相同之約定義務，就庇護事宜及人權與基本自由保障簽署協議，以規範相互間在庇護申請審核事項中之權責。

如依前項協議，某一庇護申請非屬共和國權責，共和國政府仍有權提供庇護給與為自由奮鬥而遭迫害之外籍人士，或因其他它理由而向法國申請保護之人士。

第五十三條之二

共和國承認依1998年7月18日所簽條約之規定有關國際刑事法院之司法權。

第五十四條

國際條約條款倘經憲法委員會依共和國總統、總理、或國會任何一院議長、六十名國民議會議員、或六十名參議員之提請審議，並宣告與憲法牴觸時，在憲法未修改前，不得予以批准或認可。

第五十五條

國際條約或協定經正式批准或認可並經簽約國對方付諸實施者，自公布日起具有優於法律之效力。

第七章　憲法委員會

第五十六條

憲法委員會設委員九名，任期九年，不得連任。憲法委員會委員，每三年改任三分之一。憲法委員中，三名由共和國總統任命，三名由國民議會議長任命，三名由參議院議長任命。第十三條第五項所規範之程序適用於此項任命權。國會兩院議長之提名任命僅需徵詢各院所屬相關之常設委員會之意見。

除上述九名委員外，歷任共和國總統為憲法委員會之當然終身委員。

憲法委員會主席，由共和國總統任命之，在贊成與否定同數時，主席有決定權。

第五十七條

憲法委員會委員不得兼任政府閣員或國會議員。憲法委員會委員不得兼任之其他職務，以組織法制定之。

第五十八條

憲法委員會監督共和國總統選舉，務使依法進行。

憲法委員會審理選舉糾紛，並宣布選舉結果。

第五十九條

國民議會議員及參議院議員選舉發生爭議時，由憲法委員會予以裁決。

第六十條

憲法委員會依第十一條、第八十九條以及第十五章之規定監督公民投票之正常運作。憲法委員會並宣布其結果。

第六十一條

各組織法在公布之前、第十一條提交公民投票前之法律提案以及國會兩院組織章程付諸實施之前，均須送請憲法委員會審議，並就其內容之合憲性予以宣告。

基於同一目的，共和國總統、總理、國民議會議長、參議院議長、六十名國民議會議員或六十名參議院議員，得在法律尚在未公布之前，提請憲法委員會審議。

有關第一項及第二項所述情事，憲法委員會應於一個月內裁決之。倘經政府提請，並有其急迫性者，此期限縮短爲八日。

在上列各項情況下，憲法委員會審議期間，法律之公告不受原定期限之限制。

第六十一條之一

倘司法機關有審理中之案件，可能相關法律對憲法所保障之權利與自由造成傷害，憲法委員會得受理此項問題並送請中央行政法院或最高法院審查，中央行政法院或最高法院應於最短時間內裁決。

本條相關之施行方式以組織法制定之。

第六十二條

依第六十一條之規定經宣告爲違憲之法令規章，不得公布，或付諸實施。

依第六十一條之一規定經宣告爲違憲之法令規章，應自憲法委員會決議公告起或依決定所採行之日期起予以廢止。

憲法委員會之裁決，不得上訴。其裁決對公權機關及所有行政、司法機關具有拘束力。

第六十三條

憲法委員會之組織與運作規程、提付審議之程序以及有關提出爭議問題之期限等，以組織法制定之。

第八章　司法機關

第六十四條

共和國總統為司法機關獨立之保證人。

總統由最高司法會議裏贊處理司法事務。

司法官之地位，以組織法制定之。

司法官不得隨意調動。

第六十五條

最高司法會議依職掌不同設法官體系會議及檢察官體系會議。

最高司法會議法官體系會議由最高法院首席院長擔任主席。此外，法官體系會議還包括包括五位法官、一位檢察官、一位中央行政法院指派之大法官、一位律師以及六位非屬國會、司法界或行政部門之社會賢達人士。總統、國民議會議長，和參議院議長分別提名任命社會賢達人士兩名。第十三條第五項所規範之程序適用於此項社會賢達人士之任命。國會兩院議長之提名任命僅需徵詢各院所屬相關之常設委員會之意見。

最高司法會議檢察官體系會議由最高法院檢察總長擔任主席。此外，檢察官體系會議還包括包括五位檢察官、一位法官、一位中央行政法院指派之大法官、一位律師以及六位第二項所指之社會賢達人士。

最高司法會議法官體系會議應就最高法院大法官、高等法院首席院長以及初審法院院長之任命提出建議。其它各項法官之任命皆須經法官體系會議同意。

最高司法會議檢察官體系會議就檢察官之任命表示意見。

最高司法會議法官體系會議即為法官紀律委員會。最高司法會議法官紀律委員會之成員除包含第二項所指人員之外，另亦包括檢察官體系會議成員中之法官。

最高司法會議檢察官體系會議就檢察官之懲戒事宜表示意見。最高司法會議檢察官體系會議之成員除包含第三項所指人員之外，另亦包括法官體系會議成員中之檢察官。

最高司法會議應於共和國總統依第六十四條之規定徵詢相關議題之意見時，召開全體會議予以回應。最高司法會議全體會議應就有關法官職業倫理、所有法務部部長所提之司法運作相關問題表示意見。最高司法會議全體會議之成員包括五分之三依第二項所指之法官、五分之三依第三項所指之檢察官以及第二項所指之中央行

政法院大法官、律師以及六位社會賢達人士。最高司法會議全體會議由最高法院首席院長擔任主席，最高法院檢察總長得擔任代理主席。

　　任何一位訴訟人得依組織法之規定向最高司法會議提出申訴。

　　本條施行細則由組織法訂定之。

第六十六條

　　任何人不得無故遭受拘禁。

　　司法機關負責保障個人自由，並依法律規定，確保此原則之遵守。

第六十六條之一

　　任何人不得被判處死刑。

第九章　最高彈劾法庭

第六十七條

　　共和國總統於執行職務時，不負任何刑責。但第五十三條之二以及第六十八條之情事者，不在此限。

　　共和國總統在任期之內，法國任何司法或行政機關不得要求其做證或視其爲某一行動、徵詢、調查或追訴之目標。任何有關時效的規定或權利之關係將暫時中止。

　　上述受影響之機關或程序得在當事人卸任一個月之後開始啓動或持續進行。

第六十八條

　　共和國總統僅在其所爲有明顯違背其職務之重大缺失始得被免除職務。總統被免除職務應由國會所組成之最高彈劾法庭予以宣告。

　　最高彈劾法庭之籌組提案經國會兩院之一通過後，須立即送交國會另一院，並於十五日內予以議決。

　　最高彈劾法庭由國民議會議長主持，法庭應於一個月內以秘密投票方式予以表決。表決結果立即生效。

　　本條文中所指各項議決須經國會各院或最高彈劾法庭所有成員三分之二多數始能通過。各項表決皆不得委託投票。最高彈劾法庭之籌組提案或免除總統職務之表決案僅就贊成票予以核計。

本條文施行細則以組織法制定之。

第十章　政府閣員之刑責

第六十八條之一

　　政府閣員執行職務，若其當時之行為被認定具有犯重罪或輕罪之情事，須負其刑責。

　　第一項所指之政府閣員由共和彈劾法庭審判之。

　　共和彈劾法庭應就其所犯之重罪及輕罪加以確定，並依法處以刑罰。

第六十八條之二

　　共和彈劾法庭設法官十五人，其中包括國會議員十二人，分別由國民議會及參議院於每次全部改選或局部改選後自行選出六人，最高法院法官三人，並由其中一人擔任共和彈劾法庭庭長。

　　任何人自認因政府閣員於其執行職務時所犯之重罪或輕罪而遭受損傷，得向調查委員會提出控告。

　　第二項所指委員會應進行調查程序，或將其轉至最高法院檢察總長以便提請共和彈劾法庭審理。

　　最高法院檢察總長亦得在調查委員會之同意下，提請共和彈劾法庭審理。

　　本條之施行細則以組織法制定之。

第六十八條之三

　　第十章之規定，適用於生效前所觸犯之行為。

第十一章　經濟、社會及環境諮議院

第六十九條

　　經濟、社會及環境諮議院得徇政府請求，就政府送交審議之法律草案、總統行政命令、行政命令以及法律提案，表達意見。

　　政府得提請一位經濟、社會及環境諮議院委員就政府所提之法律草案或提案向

國會兩院報告諮議院之意見。

　　經濟、社會及環境諮議院得依組織法之規定接受陳情案。諮議院應於審查陳情案後，向政府及國會知會有關所提之建議及後續。

第七十條

　　政府和國會得就所有有關經濟、社會以及環境之問題徵詢經濟、社會及環境諮議院。政府得就有關依公共財政多年期方針所擬定之計畫法律草案徵詢經濟、社會及環境諮議院。所有計畫或所有有關經濟、社會及環境之計畫法律草案皆須送交諮議院表示意見。

第七十一條

　　經濟、社會及環境諮議院之成員不得超過二百三十三人，其組織與運作規程以組織法制定之。

第十一章之一　國家人權保障委員會

第七十一條之一

　　國家人權保障委員會監督國家行政部門、地方政府、公共機關、具有公共服務目的之機構或是依組織法所賦予職掌之機構對權利與自由的遵守。

　　任何人自認遭遇到第一項所指之公共部門或機關之侵犯，得依組織法之規定向國家人權保障委員會提出申訴。國家人權保障委員會得自行提出申訴。

　　有關國家人權保障委員會之職掌及施行細則以組織法制定之。國家人權保障委員會得由一組人員協助執行相關職掌與業務，其施行方式以組織法制定之。

　　國家人權保障委員會成員由共和國總統依第十三條第五項所規定之程序任命之，任期六年，不得連任。國家人權保障委員會成員不得兼任政府閣員或國會議員。其它有關不得兼任職務之規定以組織法另定之。

　　國家人權保障委員會應向共和國總統及國會提出業務報告。

第十二章　地方自治團體

第七十二條

共和國地方自治團體為市、縣、區、特別自治團體以及依憲法第七十四條所規範之海外自治團體。所有其他自治團體皆需依法設立，必要時得依本條規定之一個或多個自治團體來取代。

地方自治團體應在所有職掌範圍內採取有利其自治團體之決議。

地方自治團體依法由選舉產生之議會自治，且擁有制定行政規章的權力。

地方自治團體或其它自治團體得就某一法律或行政命令之實施，依實際需要以臨時性或時效性為由提請暫緩實施。唯此項作為不得影響公共自由之實行或憲法中所保障的權利。

地方自治團體不受任一自治團體之管轄。唯地方自治團體在行使職務需要有其它自治團體共同參與時，法律得授權相關自治團體組織其共同行為之合作方式。

在共和國所屬自治團體，國家的代表以及政府各部會的代表負責國家整體利益、行政監督以及法律之遵守。

第七十二條之一

有關自治團體中之選舉人得經由陳情將議案提請議會討論之相關事宜應由法律制定之。

依組織法之規定，有關自治團體之討論議案或行政措施得依其提議以公民投票的方式交付選民表決。

有關地方自治團體擬改為特別自治團體或修改其組織章程，該自治團體得依法徵詢相關自治團體之所有選舉人意見。有關自治團體地理範圍之更改亦得依法徵詢選舉人意見。

第七十二條之二

地方自治團體享有財政補助並依法自行管理運用。

地方自治團體得接受全部或部分之各項稅收。法律得授權地方自治團體依內容訂定課稅基數及稅率。

各項稅收以及其它自籌財源係所有地方自治團體最主要之財政來源。有關此項財政之施行細則以組織法制定之。

所有國家與地方自治團體權限劃分與轉移之事宜應同時編列就執行相關事宜所

需之經費。任何有關權限的新設或擴增事宜而造成地方自治團體財政支出的增加則需以法律就財源事宜制定之。

法律應訂定相關措施以利各地方自治團體之平衡發展。

第七十二條之三

共和國認知在自由、平等和博愛的共同理想之下海外居民亦為法國人民。

瓜德羅普、圭亞那、馬丁尼克、留尼旺、馬約特、聖皮爾米格隆、瓦里斯島、福杜那島以及法屬玻里尼西亞等地之縣及海外區依第七十三條之規定辦理，地方自治團體依第七十三條第七項辦理，其它自治團體則依第七十四條之規定辦理。

新喀里多尼亞之地位依憲法第十三章辦理。

有關法國南極屬地之立法權限以及特別組織章程由法律制定之。

第七十二條之四

依第七十二條之三第二項所指之地方自治團體之全部或部分，或地方自治團體之一部分依第七十三條及第七十四條之規定倘擬改變制度，所有改變在未經所有或部分相關選民依第二項之規定獲得同意之前皆不得實施。此項制度之更改由組織法制定之。

共和國總統得依政府在國會其間所提之建議，或國會兩院之聯合建議，並於政府公報刊載，就海外之自治團體有關組織章程、權限職掌或立法制度等事宜徵詢選民意見。倘此項徵詢與第一項內容有關且係依政府之建議辦理，在此情形下，政府應向國會各院提出報告並付諸討論。

第七十三條

在海外縣以及海外區內，所有法律及規章皆理當有其效力。所有法律及規章亦得因該自治團體之特殊性質與限制加以修正調整。

第一項所指地方自治團體得決議法律規章之修正調整，唯應以其職掌範圍之事宜或視個案在法律許可範圍之事宜為限。

倘有第一項例外之情事以及特殊性之考量，本條所規範之地方自治團體得經法律授權在原屬法律或規章範圍的若干議題上自行訂定適用當地之行政規定。

第三項所指之行政規定不得包括，國籍、公民權利與義務、公共自由之保障、個人身分及行為能力、司法組織、刑法、刑事訴訟程序、外交政策、國防、公共安全與秩序、貨幣、信用買賣及匯兌以及選舉法規等事項。前述列舉事項得依組織法

明定或補充之。

第三項及第四項所指之相關規範與內容不適用於留尼旺所轄之縣及區。

第二項及第三項所指法律許可範圍之事宜須經當事地方自治團體提請，並依組織法所規範之內容與條件予以議決。前項法律許可範圍之事宜不得影響公共自由或憲法保障的行使。

原海外一縣或一區自治團體依法新設合併或其兩議會之合而為一皆須依第七十二條之四第二項之規定獲得當事自治團體選民之同意始得進行。

第七十四條

依本條所規範之海外自治團體在共和國之內皆享有因當地特殊利益考量所制定之章程。

前項章程內容以組織法制定之，並徵詢議會之意見後予以通過。內容包括：

一法律及規章行使的條件。

一地方自治團體的職掌；但已經擁有且實施的職掌除外，國家職掌與權限的轉移應不包括第七十三條第四項所指定或補充的事項，否則將另以組織法制定之。

一地方自治團體之組織章程及施行細則以及議會的選舉辦法。

一與地方自治團體有關之各項計畫、法律草案、行政命令草案、規章草案或特別行政命令或依其權限所訂國際條約同意等各項徵詢方式與條件。

具有自治區地位之地方自治團體，下列事宜，由組織法制定：

一中央行政法院得以主管業務之名就屬法律範圍之事務對若干地方議會所執行之職掌進行特別司法的監督。

一地方議會得修改自治團體章程生效後所通過的法律，特別是當憲法委員會依地方自治團體機關提請說明並認定該項法律係屬地方自治團體之權限範圍之時。

一地方自治團體依其當地考量所採取有利於其居民、就業、專業活動的提升以及土地的保存。

一地方自治團體得在國家的監督之下，以及在全國公共自由行使得以被尊重及保障之下，參與行使其所有之職掌。

七十四條所指有關地方自治團體之其它特別組織之相關規定須於徵詢地方議會後以法律制定之。

第七十四條之一

在依第七十四條規範之海外地方自治團體以及新喀里多尼亞地區，政府得就原

屬國家職掌範圍之事宜以總統行政命令方式，並加上若干必要修正措施，將法國本土所實施且具法律性質之措施擴大適用。但法律另有規範且不適用於此項權宜措施者，不在此限。

　　總統行政命令須經部長會議於徵詢相關地方議會以及中央行政法院之意見後決行。總統行政命令自公布日起正式生效。倘總統行政命令無法於公布生效後的十八個月內經國會追認通過，則該命令立即失效。

第七十五條

　　共和國公民未具備第三十四條普通法規定之一般公民身分者，在未放棄其個人身分前，仍保留其原有身分。

第七十五條之一

　　區域性之語言皆屬法國之文化資產。

第十三章　新喀里多尼亞之過渡條款

第七十六條

　　新喀里多尼亞居民將於1998年12月31日前就1998年5月5日於羅美亞簽署之協議，並刊載於1998年5月27日政府公報之內容進行投票表決。

　　凡符合1988年11月9日第88-1028號法第二條所規定之居民始得參與此次投票。

　　有關辦理投票之各項必要措施依部長會議決議，並由中央行政法院發布之行政命令辦理。

第七十七條

　　依第七十六條所規定之投票通過該協議後，為確保新喀里多尼亞未來發展，在協議所訂之方針下遵行並依據執行上所必要之措施，組織法在徵詢該議會後制定下列事項：

　　—有關中央政府應移轉至新喀里多尼亞相關機構之職掌，包括移轉的層次、施行方式及所需經費之分配。

　　—有關新喀里多尼亞各機關之組織及施行規章，特別是若干由新喀里多尼亞議會所訂之各項規章，但在公布前須經過憲法委員會監督其施行辦法。

——有關居民資格、選舉辦法、就業辦法以及傳統民俗之規範。

——有關未來新喀里多尼亞居民公投表決邁向完整主權之施行方式及期限。

其它依第七十六條所指協議中為執行所需之措施皆以法律制定之。

有關新喀里多尼亞及其省分之議會議員選舉中選舉人身分之界定係依第七十六條所指協定以及1999年3月19日第99-209號組織法所定選舉人名冊實施。該選舉人名冊適用於憲法第七十六條所指之投票，名冊中亦包括不得參與投票之人士。

第七十八條至八十六條（1995年8月4日廢止）

第十四章　有關法語區及結合協議

第八十七條

共和國參與推動使用法語國家與人民之間的互助發展與合作。

第八十八條

共和國得與有意結合以發展文化之國家簽署協議。

第十五章　有關歐洲聯盟

第八十八條之一

共和國參與由成員國家自由選擇之歐洲聯盟，並依2007年12月13日於里斯本所達成簽署之歐洲聯盟條約和歐洲聯盟運作條約為基礎共同執行相關之職掌。

第八十八條之二

有關歐洲聯盟機構所採行以為實施歐盟共同拘捕令之相關事宜由法律制定之。

第八十八條之三

依互惠之原則以及1992年2月7日所簽署之歐洲聯盟條約之規定，居住於法國之歐洲聯盟會員國公民在市政選舉中享有投票權與被選舉權。前項公民不得擔任市長或副市長之職，亦不得參與參議員選舉人團之選派以及參議員之選舉。本條施行細則由國會兩院以同一內容所通過之組織法制定之。

第八十八條之四

所有有關歐洲之法律草案以及其它有關歐洲聯盟所提草案或提案，一旦送至歐洲聯盟理事會，政府即應將其交付國民議會及參議院審議。

國會各院得依自行所定之施行方式，就本條第一項所指之草案或提案，以及歐洲聯盟機構所提之所有文件，表決通過各項決議。前項決議不受非國會會期之限制。

國會各院皆應設置歐盟事務委員會。

第八十八條之五

任何有關某一國家擬加入歐洲聯盟所需批准條約之法律草案應經共和國總統提請全民公投。

倘任一議案依同一內容經國會各院以五分之三票數表決通過，國會得依第八十九條第三項之程序授權同意法律案之通過。

第八十八條之六

國民議會或參議院得就有關歐盟事務之法律草案是否合於歐盟輔助原則提出意見。此項意見由當事議院議長提交予歐盟議會議長、歐盟理事會以及歐盟執行委員會。此項意見亦應知會政府。

國會各院得因反對歐盟法律違反歐盟輔助原則之情事向歐洲聯盟法院提出申訴。

基於此項目的，國會各院得自行訂定提案及討論之施行方式並通過相關決議。前項決議不受非國會會期之限制。六十名國會議員或六十名參議員有權提出申訴。

第八十八條之七

倘國民議會及參議院以同一內容通過一項決議，國會得反對歐洲聯盟依據2007年12月13日在里斯本所簽署之歐洲聯盟條約和歐洲聯盟運作條約基礎下有關條約之簡化修正或是民事司法合作架構下所提之有關法案通過之修正案。

第十六章　憲法之增修

第八十九條

憲法增修案由共和國總統依總理之建議，或由國會議員之提議予以進行。

憲法增修草案或提案須以同一內容並經由國會兩院表決通過。憲法增修案須經公民投票同意後，始告確定。

共和國總統如將增修案提交國會兩院聯席大會議決，則該增修案無須交付公民投票，在此情況下，增修案須獲聯席大會五分之三有效票數，始得通過。

國會兩院聯席大會之秘書處由國民議會之秘書處擔任。

國家領土完整遭受危險時，不得從事或繼續進行憲法增修之事宜。

政府之共和政體不得作為修憲之議題。

※有關法國憲法法文全文可至法國憲法委員會的網站內參閱（網址：conseil-constitutionnel.fr/la-constitution）。

表附2.1　1965年總統大選投票結果一覽表（12/5,12/19）

1965總統選舉數據		
	第一輪	第二輪
選舉人總數	28,910,581	28,902,704
投票人總數	24,502,916	24,371,647
投票率	84.75%	84.32%
有效票數	24,254,556	23,703,434

1965總統選舉第一輪（12/5）				
總統候選人	所屬政黨	得票數	得票率（%）	進入第二輪
戴高樂	戴高樂派	10,828,523	44.64%	√
密特朗	社會黨（左派聯合）	7,694,003	31.72%	√
勒卡呂埃	人民激進黨	3,777,119	15.57%	
狄西爾	極右派	1,260,208	5.19%	
馬奇拉西	獨立人士	415,018	1.71%	
巴布	無黨籍	279,683	1.15%	

1965總統選舉第二輪（12/19）				
總統候選人	所屬政黨	得票數	得票率（%）	當選
戴高樂	戴高樂派	13,083,699	55.19%	√
密特朗	社會黨	10,619,735	44.81%	

資料來源：參閱法國憲法委員會公布之數據整理而成。

表附2.2　1969年總統大選投票結果一覽表（6/1, 6/15）

1969總統選舉數據			
		第一輪	第二輪
選舉人總數		29,513,361	29,500,334
投票人總數		22,999,034	20,311,287
投票率		77.59%	68.85%
有效票數		22,603,998	19,007,489
1969總統選舉第一輪（6/1）				
總統候選人	所屬政黨	得票數	得票率（%）	進入第二輪
龐畢度	戴高樂派	10,051,816	44.46%	√
波埃	中間派人士	5,268,651	23.30%	√
杜克勞	共產黨	4,808,285	21.27%	
德費爾	社會黨	1,133,222	5.01%	
羅卡	統一社會黨	816,471	3.61%	
杜卡得	無黨籍	286,447	1.26%	
克里威	極左派	239,106	1.05%	
1969總統選舉第二輪（6/15）				
總統候選人	所屬政黨	得票數	得票率（%）	當選
龐畢度	戴高樂派	11,064,371	58.21%	√
波埃	中間派人士	7,943,118	41.78%	

資料來源：參閱法國憲法委員會公布之數據整理而成。

表附2.3　1974年總統大選投票結果一覽表（5/5, 5/19）

1974總統選舉數據		
	第一輪	第二輪
選舉人總數	30,602,953	30,602,953
投票人總數	25,775,743	26,724,595
投票率	84.22%	87.33%
有效票數	25,530,636	26,367,807

1974總統選舉第一輪（5/5）				
總統候選人	所屬政黨	得票數	得票率（%）	進入第二輪
密特朗	社會黨（左派聯合）	11,044,373	43.24%	√
季斯卡	中間派（右）	8,326,774	32.60%	√
夏本德瑪	戴高樂派	3,857,728	15.10%	
羅爾	杜爾市長	810,540	3.17%	
拉吉樂	工人奮鬥黨	595,247	2.33%	
杜蒙	無黨籍	337,800	1.32%	
勒彭	國家陣線	190,921	0.74%	
穆勒	無黨籍	176,279	0.69%	
克里威	革命共產黨	93,990	0.36%	
雷爾文	法國行動黨	43,722	0.17%	
塞巴克	歐洲聯邦主義	42,007	0.16%	
埃羅	歐洲聯邦主義	10,255	0.07%	

1974總統選舉第二輪（5/19）				
總統候選人	所屬政黨	得票數	得票率（%）	當選
季斯卡	中間派（右）	13,396,203	50.81%	√
密特朗	社會黨	12,971,604	49.19%	

資料來源：參閱法國憲法委員會公布之數據整理而成。

表附2.4 1981年總統大選投票結果一覽表（4/26, 5/10）

1981總統選舉數據		
	第一輪	第二輪
選舉人總數	36,398,859	36,398,762
投票人總數	29,516,082	31,249,552
投票率	81.09%	85.85%
有效票數	29,038,117	30,350,568

1981總統選舉第一輪（4/26）				
總統候選人	所屬政黨	得票數	得票率（%）	進入第二輪
季斯卡	法國民主同盟	8,222,432	28.31%	√
密特朗	社會黨（左派聯合）	7,505,960	25.84%	√
席哈克	共和聯盟（戴高樂派）	5,225,848	17.99%	
馬歇	法國共產黨	4,456,922	15.34%	
拉朗德	生態黨	1,126,254	3.87%	
拉吉樂	工人奮鬥黨	668,057	2.30%	
克雷波	左派激進黨	642,847	2.21%	
戴布雷	前總理、獨立參選	481,821	1.65%	
卡蘿	無黨籍	386,623	1.33%	
布夏多	統一社會黨	321,353	1.10%	

1981總統選舉第二輪（5/10）				
總統候選人	所屬政黨	得票數	得票率（%）	當選
密特朗	社會黨	15,708,262	51.75%	√
季斯卡	法國民主同盟	14,642,306	48.24%	

資料來源：參閱法國憲法委員會公布之數據整理而成。

表附2.5　1988年總統大選投票結果一覽表（4/24, 5/8）

1988總統選舉數據		
	第一輪	第二輪
選舉人總數	38,128,507	38,168,869
投票人總數	31,027,972	32,085,071
投票率	81.37%	84.06%
廢票率	2%	3.62%
有效票數	30,406,038	30,923,249

1988總統選舉第一輪（4/24）				
總統候選人	所屬政黨	得票數	得票率（%）	進入第二輪
密特朗	社會黨	10,367,220	34.09%	√
席哈克	共和聯盟	6,063,514	19.94%	√
巴爾	法國民主同盟	5,031,849	16.54%	
勒彭	國家陣線	4,375,849	14.39%	
拉左尼	法國共產黨	2,055,995	6.76%	
瓦奇特	生態黨	1,149,642	3.78%	
朱甘	共產黨（改革派）	639,084	2.01%	
拉吉樂	工人奮鬥黨	606,017	1.99%	
布塞爾	極左派（托派）	116,823	0.38%	

1988總統選舉第二輪（5/8）				
總統候選人	所屬政黨	得票數	得票率（%）	當選
密特朗	社會黨	16,704,279	54.02%	√
席哈克	共和聯盟	14,218,970	45.98%	

資料來源：參閱法國憲法委員會公布之數據整理而成。

表附2.6　1995年總統大選投票結果一覽表（4/23, 5/7）

1995總統選舉數據		
	第一輪	第二輪
選舉人總數	39,992,912	39,976,944
投票人總數	31,345,794	31,845,819
投票率	78.38%	79.66%
廢票率	2.82%	5.97%
有效票數	30,462,633	29,943,671

1995總統選舉第一輪（4/23）				
總統候選人	所屬政黨	得票數	得票率（%）	進入第二輪
喬斯班	社會黨	7,097,786	23.30%	✓
席哈克	共和聯盟	6,348,375	20.84%	✓
巴拉杜	共和聯盟（獨立參選）	5,658,796	18.58%	
勒彭	國家陣線	4,570838	15.00%	
于埃	法國共產黨	2,632,460	8.64%	
拉吉樂	工人奮鬥黨	1,615,552	5.30%	
戴維里耶	法國運動黨	1,443,186	4.74%	
瓦內	綠黨	1,010,681	3.32%	
謝米納德	歐洲勞工黨	84,959	0.28%	

1995總統選舉第二輪（5/7）				
總統候選人	所屬政黨	得票數	得票率（%）	當選
席哈克	共和聯盟	15,763,027	52.64%	✓
喬斯班	社會黨	14,180,644	47.34%	

資料來源：參閱法國憲法委員會公布之數據整理而成。

表附2.7　2002年總統大選投票結果一覽表（4/21, 5/5）

2002總統選舉數據		
	第一輪	第二輪
選舉人總數	41,194,689	41,191,009
投票人總數	29,495,773	32,831,497
投票率	71.60%	79.71%
廢票率	2.93%	4.28%
有效票數	28,498,471	31,066,779

2002總統選舉第一輪（4/21）				
總統候選人	所屬政黨	得票數	得票率（%）	進入第二輪
席哈克	共和聯盟	5,665,885	19.88%	√
勒彭	國家陣線	4,804,713	16.86%	√
喬斯班	社會黨	4,610,113	16.18%	
貝胡	法國民主同盟	1,949,170	6.84%	
拉吉樂	工人奮鬥黨	1,630,045	5.72%	
謝維尼蒙	公民運動黨	1,518,528	5.33%	
馬梅爾	綠黨	1,495,724	5.25%	
貝薩什諾	共產革命聯盟	1,210,562	4.25%	
聖荷西	傳統自然漁獵黨	1,204,863	4.23%	
馬德蘭	自由民主黨	1,113,484	3.91%	
于埃	法國共產黨	960,480	3.37%	
梅格黑	全國共和運動黨	667,026	2.34%	
都畢拉	左派激進黨	660,447	2.32%	
樂巴喬	二十一世紀公民運動	535,837	1.88%	
布丹	社會共和論壇	339,112	1.19%	
格律斯坦	勞工黨	132,686	0.47%	

2002總統選舉第二輪（5/5）				
總統候選人	所屬政黨	得票數	得票率（%）	當選
席哈克	共和聯盟	25,540,873	82.21%	√
勒彭	國家陣線	5,525,906	17.79%	

資料來源：參閱法國憲法委員會公布之數據整理而成。

表附2.8　2007年總統大選投票結果一覽表（4/23, 5/7）

2007總統選舉數據		
	第一輪	第二輪
選舉人總數	44,472,834	44,472,733
投票人總數	37,254,242	37,342,004
投票率	83.77%	83.97%
廢票率	1.44%	4.20%
有效票數	36,719,396	35,773,578

2007總統選舉第一輪（4/23）				
總統候選人	所屬政黨	得票數	得票率（%）	進入第二輪
薩柯吉	人民運動聯盟	11,448,663	31.18%	√
賀雅女士	法國社會黨	9,500,112	25.87%	√
貝胡	法國民主同盟	6,820,119	18.57%	
勒彭	國家陣線	3,834,530	10.44%	
伯桑斯諾	革命共產聯盟	1,498,581	4.08%	
戴維里耶	法國運動黨	818,407	2.23%	
布菲女士	法國共產黨	707,268	1.93%	
瓦內女士	綠黨	576,666	1.57%	
拉吉樂女士	工人奮鬥黨	487,847	1.33%	
包威	全國農民聯合會	483,008	1.32%	
尼胡	全國狩獵聯合會	420,645	1.15%	
史基瓦迪	勞工黨	123,540	0.34%	

2007總統選舉第二輪（5/7）				
總統候選人	所屬政黨	得票數	得票率（%）	當選
薩柯吉	人民運動聯盟	18,983,138	53.06%	√
賀雅	法國社會黨	16,790,440	46.94%	

資料來源：參閱法國憲法委員會公布之數據整理而成。

表附2.9　2012年總統大選投票結果一覽表（4/22, 5/6）

2012總統選舉數據		
	第一輪	第二輪
選舉人總數	46,028,542	46,066,307
投票人總數	36,584,399	37,016,309
投票率	79.48%	80.35%
廢票率	1.52%	4.68%
有效票數	35,883,209	34,861,353

2012總統選舉第一輪（4/22）				
總統候選人	所屬政黨	得票數	得票率（%）	進入第二輪
歐蘭德	法國社會黨	10,272,750	28.63%	√
薩柯吉	人民運動聯盟	9,753,629	27.18%	√
勒彭女士	國家陣線	6,421,426	17.90%	
梅隆雄	左派陣線	3,984,822	11.10%	
貝胡	民主運動黨	3,275,122	9.13%	
喬麗	歐洲生態及綠色聯盟	828,345	2.31%	
杜邦艾尼安	共和再興黨	643,907	1.79%	
葡杜	新興反資本主義黨	411,160	1.15%	
阿爾都女士	工人奮鬥黨	202,548	0.56%	
謝米納德	團結進步黨	89,545	0.25%	

2012總統選舉第二輪（5/6）				
總統候選人	所屬政黨	得票數	得票率（%）	當選
歐蘭德	法國社會黨	18,000,668	51.64%	√
薩柯吉	人民運動聯盟	16,860,685	48.36%	

資料來源：參閱法國憲法委員會公布之數據整理而成。

表附2.10　2017年總統大選投票結果一覽表（4/23, 5/7）

2017總統選舉數據		
	第一輪	第二輪
選舉人總數	47,582,183	47,568,693
投票人數	36,054,394	31,381,603
投票率	77.77%	74.56%
廢票率	2.55%	11.52%
有效票數	36,054,394	31,381,603

2017年總統選舉第一輪（4/23）			
候選人	所屬政黨（運動）	得票數	得票率
馬克宏	前進運動	8,656,346	24.01%
勒彭女士	國家陣線	7,678,491	21.30%
費雍	共和黨	7,212,995	20.01%
梅隆雄	左派陣線	7,059,951	19.58%
阿蒙	社會黨	2,291,288	6.36%
杜邦艾尼安	共和再興黨	1,695,000	4.70%
拉薩爾	無黨籍	435,301	1.21%
葡杜（Philippe Poutou）	新興反資本主義黨	394,505	1.09%
阿斯里諾	共和人民聯盟	332,547	0.92%
阿爾都女士	工人奮鬥黨	232,384	0.64%
謝米納德（Jacques Cheminade）	團結進步黨（Solidarité et progrès）	65,586	0.18%

2017年總統選舉第二輪（5/7）				
候選人	所屬政黨（運動）	得票數	得票率	當選
馬克宏	前進運動	20,743,128	66.10%	√
勒彭女士	國家陣線	10,638,475	33.90%	

資料來源：參閱法國憲法委員會公布之數據整理而成。

表附2.11　2022年總統大選投票結果一覽表（4/10, 4/24）

2022年總統選舉數據		
	第一輪	第二輪
選舉人總數	48,747,876	48,752,339
投票人數	35,923,707	35,096,478
投票率	73.69%	71.99%
有效票數	35,132,947	32,057,325

2022年總統選舉第一輪（4/10）			
候選人	所屬政黨（運動）	得票數	得票率
馬克宏	共和前進黨	9,785,578	27.84%
勒彭女士	國家聯盟	8,136,369	23.15%
梅隆雄	法國不服從	7,714,949	21.95%
澤穆爾	再征服	2,485,935	7.07%
貝克蕾絲女士	共和人士黨	1,679,470	4.78%
雅多	歐洲生態黨	1,628,337	4.63%
拉薩爾	反抗聯盟	1,101,690	3.31%
盧塞爾	法國共產黨	802,615	2.28%
杜邦艾尼安	重振法國黨	725,356	2.06%
伊達戈女士	法國社會黨	616,651	1.75%
葡杜	新興反資本主義黨	268,984	0.77%
阿爾都女士	工人奮鬥黨	197,184	0.56%

2022年總統選舉第二輪（4/24）				
候選人	所屬政黨（運動）	得票數	得票率	當選
馬克宏	共和前進黨	18,763,639	58.55%	√
勒彭女士	國家聯盟	13,288,686	41.45%	

表附3.1　1958年國民議會改選投票結果一覽表（11/23, 11/30）

1958年國民議會選舉第一輪（11/23）			
選舉人總數	27,236,491		
投票人總數	20,999,797		
投票率	77.10%		
有效票數	20,489,709		
政黨名稱	得票數	得票率（%）	席位（11/30）
社會黨	3,167,354	15.46%	44
共產黨	3,882,204	18.95%	10
激進派人士	1,700,070	8.30%	39
戴高樂派	3,603,948	17.59%	216
全民共和黨	1,858,380	9.07%	56
全國獨立人士	2,815,176	13.74%	118
右派獨立候選人	1,925,343	9.40%	47

資料來源：參閱法國憲法委員會公布之數據整理而成。

表附3.2　1962年國民議會改選投票結果一覽表（11/18, 11/25）

1962年國民議會選舉第一輪（11/18）			
選舉人總數	27,526,358		
投票人總數	18,918,159		
投票率	68.72%		
有效票數	18,333,791		
政黨名稱	得票數	得票率（%）	席位（11/25）
社會黨	2,298,729	12.54%	66
共產黨	4,003,553	21.84%	41
激進派人士	1,429,629	7.79%	39
戴高樂派	5,855,744	31.94%	233
全民共和黨	1,665,695	9.08%	36
全國獨立人士	1,404,177	7.66%	48
右派獨立候選人	1,089,348	5.94%	

資料來源：參閱法國憲法委員會公布之數據整理而成。

表附3.3　1967年國民議會改選投票結果一覽表（3/5, 3/12）

1967年國民議會選舉第一輪（3/5）			
選舉人總數	28,300,936		
投票人總數	22,902,224		
投票率	80.92%		
有效票數	22,389,514		
政黨名稱	得票數	得票率（%）	席位（3/12）
社會黨	4,244,110	18.96%	121
共產黨	5,039,032	22.51%	73
戴高樂派	8,448,982	37.73%	242
民主人士聯盟	3,149,649	14.10%	41

資料來源：參閱法國憲法委員會公布之數據整理而成。

表附3.4　1968年國民議會改選投票結果一覽表（6/23, 6/30）

1968年國民議會選舉第一輪（6/23）			
選舉人總數	28,181,848		
投票人總數	22,532,407		
投票率	79.95%		
有效票數	22,147,315		
政黨名稱	**得票數**	**得票率（%）**	**席位（6/30）**
社會黨	3,660,250	16.53%	57
共產黨	4,434,832	20.02%	34
戴高樂派擁護共和聯盟	9,667,532	43.65%	354
改革派聯盟	3,149,649	14.10%	33

資料來源：參閱法國憲法委員會公布之數據整理而成。

表附3.5　1973年國民議會改選投票結果一覽表（3/4, 3/11）

1973年國民議會選舉第一輪（3/4）			
選舉人總數	29,901,822		
投票人總數	24,289,285		
投票率	81.23%		
有效票數	23,751,213		
政黨名稱	**得票數**	**得票率（%）**	**席位（3/11）**
社會黨	4,559,241	19.20%	102
共產黨	5,085,108	21.41%	73
戴高樂派民主共和聯盟	7,340,587	30.90%	238
改革派聯盟	2,979,781	12.55%	34

資料來源：參閱法國憲法委員會公布之數據整理而成。

表附3.6　1978年國民議會改選投票結果一覽表（3/12, 3/19）

1978年國民議會選舉第一輪（3/12）			
選舉人總數	35,204,152		
投票人總數	29,141,979		
投票率	82.78%		
有效票數	28,560,243		
政黨名稱	得票數	得票率（%）	席位（3/19）
社會黨	7,065,083	24.69%	114
共產黨	5,870,402	20.55%	86
共和聯盟（戴高樂派）	6,128,849	21.45%	155
法國民主同盟	6,462,462	22.62%	122
其他	793,247	2.77%	14

資料來源：參閱法國憲法委員會公布之數據整理而成。

表附3.7　1981年國民議會改選投票結果一覽表（6/14,6/21）

1981年國民議會選舉第一輪（6/14）			
選舉人總數	36,342,827		
投票人總數	25,559,133		
投票率	69.32%		
有效票數	25,191,041		
政黨名稱		得票數	得票率（%）	總得票率

	政黨名稱	得票數	得票率（%）	總得票率
左派	社會黨	9,432,537	37.44%	55.68%
	共產黨	4,065,540	16.13%	
	其他左派	528,803	2.08%	
右派	共和聯盟	5,249,670	20.83%	43.24%
	法國民主同盟	4,839,294	19.21%	
	其他右派	804,004	3.18%	
其他	生態黨	271,688	1.07%	1.07%
總計		25,191,041	100%	100%

1981年國民議會選舉第二輪（6/21）			
政黨名稱		席位	總席位
左派	社會黨	285	329
	共產黨	44	
右派	共和聯盟	88	151
	法國民主聯盟	63	
其他	其他	11	11
總計		491	491

資料來源：參閱法國憲法委員會公布之數據整理而成。

表附3.8　1986年國民議會改選投票結果一覽表（3/16）

1986年國民議會選舉（3/16）			
選舉人總數	36,605,381		
投票人總數	28,721,804		
投票率	78.2%		
有效票數	27,485,667		
政黨名稱	得票數	得票率（%）	總得票率
左派 社會黨	8,689,246	31.61%	43.95%
左派 共產黨	2,663,734	9.69%	
左派 其他左派	732,597	2.65%	
右派 右派聯盟	11,553,945	42.03%	44.74%
右派 其他右派	745,803	2.71%	
其他 國家陣線	2,694,233	9.80%	11.31%
其他 生態黨	340,980	1.24%	
其他 其他	65,129	0.27%	
總計	27,485,667	100%	100%
政黨名稱	席位		總席位
左派 社會黨	212		247
左派 共產黨	35		
右派 共和聯盟	155		286
右派 法國民主聯盟	131		
其他 國家陣線	35		44
其他 其他	9		
總計	557		557

資料來源：參閱法國憲法委員會公布之數據整理而成。此次選舉制度係採比例代表制。

表附3.9　1988年國民議會改選投票結果一覽表（6/5, 6/12）

1988年國民議會選舉第一輪（6/5）			
選舉人總數	37,945,582		
投票人總數	24,944,792		
投票率	65.74%		
有效票數	24,432,095		
政黨名稱	得票數	得票率（%）	總得票率
左派　社會黨	8,652,554	34.76%	49.20%
左派　共產黨	2,765,761	11.32%	49.20%
左派　其他左派	765,071	3.12%	49.20%
中右派　共和聯盟	4,687,047	19.18%	40.52%
中右派　法國民主同盟	4,519,459	18.49%	40.52%
中右派　其他右派	697,272	2.85%	40.52%
其他　國家陣線	2,391,973	9.78%	10.28%
其他　生態黨	86,312	0.35%	10.28%
其他　其他	379,343	0.15%	10.28%
總計	24,432,095	100%	100%
1988年國民議會選舉第二輪（6/12）			
政黨名稱	席位	總席位	
左派　社會黨	276	303	
左派　共產黨	27	303	
右派　共和聯盟	130	261	
右派　法國民主聯盟	131	261	
其他　國家陣線	1	13	
其他　其他	12	13	
總計	577	577	

資料來源：參閱法國憲法委員會公布之數據整理而成。

表附3.10　1993年國民議會改選投票結果一覽表（3/21, 3/28）

1993年國民議會選舉第一輪（3/21）			
選舉人總數	38,881,564		
投票人總數	26,796,142		
投票率	68.91%		
有效票數	25,378,158		
政黨名稱		得票數	得票率（%）	總得票率
左派	社會黨	4,874,978	19.20%	30.96%
	共產黨	2,331,399	9.18%	
	其他左派	657,744	2.58%	
中右派	共和聯盟	4,886,848	19.83%	42.87%
	法國民主同盟	4,675,301	18.64%	
	其他右派	1,112,032	4.40%	
其他	國家陣線	3,152,543	12.42%	26.17%
	綠黨－生態	1,939,424	7.63%	
	其他	1,741,889	6.12%	
總計		25,378,158	100%	100%
1993年國民議會選舉第二輪（3/28）			
政黨名稱		席位	總席位
左派	社會黨	67	91
	共產黨	24	
右派	共和聯盟	242	485
	法國民主聯盟	207	
	其他右派	36	
其他	國家陣線	0	1
	其他	1	
總計		577	577

資料來源：參閱法國憲法委員會公布之數據整理而成。

表附3.11　1997年國民議會改選投票結果一覽表（5/25, 6/1）

1997年國民議會選舉第一輪（5/25）			
選舉人總數	39,217,241		
投票人總數	26,635,942		
投票率	67.91%		
有效票數	25,334,486		
政黨名稱	得票數	得票率（%）	總得票率
左派　社會黨	5,961,612	23.53%	47.07%
左派　共產黨	2,519,281	9.94%	47.07%
左派　綠黨－生態	1,726,018	6.81%	47.07%
左派　左派激進黨	366,067	1.44%	47.07%
左派　人民運動黨	265,921	1.04%	47.07%
左派　極左派	638,710	2.52%	47.07%
左派　其他左派	708,605	2.79%	47.07%
中右派　共和聯盟	3,977,964	15.70%	51.44%
中右派　法國民主同盟	3,601,279	14.21%	51.44%
中右派　國家陣線	3,785,383	14.94%	51.44%
中右派　其他右派	1,671,626	6.59%	51.44%
其他　其他	377,941	1.48%	1.49%
總計	25,334,486	100%	100%
1997年國民議會選舉第二輪（6/1）			
政黨名稱	席位		總席位
左派　社會黨	242		320
左派　共產黨	38		320
左派　綠黨－生態	7		320
左派　左派激進黨	12		320
左派　其他左派	21		320
右派　共和聯盟	134		257
右派　法國民主聯盟	108		257
右派　其他右派	14		257
右派　國家陣線	1		257
總計	577		577

資料來源：參閱法國憲法委員會公布之數據整理而成。

表附3.12　2002年國民議會投票結果一覽表（6/9, 6/16）

2002年國民議會選舉		
	第一輪（6/9）	第二輪（6/16）
選舉人總數	40,968,484	36,783,746
投票人總數	26,389,875	22,186,165
投票率	64.42%	60.32%
有效票數	25,246,045	21,221,026
第二輪投票結果及席位		
政黨名稱	第二輪得票率（%）	第二輪所獲席位（共577席）
總統多數聯盟	47.26%	358
法國民主同盟	3.92%	27
保衛法國聯盟	0.29%	2
其他右派	5%	11
其他左派	1.33%	8
綠黨	3.19%	3
左派激進黨	2.15%	7
法國共產黨	3.26%	21
法國社會黨	35.26%	140

資料來源：參閱法國憲法委員會公布之數據整理而成。

表附3.13　2007年國民議會投票結果一覽表（6/10, 6/17）

2007年國民議會選舉		
	第一輪（6/10）	第二輪（6/17）
選舉人總數	43,888,779	35,223,911
投票人總數	26,524,983	21,130,346
投票率	60.44%	59.99%
有效票數	26,023,032	20,406,785
第二輪投票結果及席位		
政黨名稱	第二輪得票率（%）	第二輪所獲席位（共577席）
人民運動聯盟	46.37%	313
總統多數黨	2.12%	22
新中間黨	2.12%	17
法國運動黨	1.20%	1
其他右派	1.17%	9
獨立人士	1.03%	1
法國民主同盟—民主運動	0.49%	3
其他左派	2.47%	15
其他	0.68%	2
區域主義黨	0.51%	1
綠黨	0.45%	4
左派激進黨	1.63%	7
法國共產黨	2.28%	15
法國社會黨	42.25%	186

資料來源：參閱法國憲法委員會公布之數據整理而成。

表附3.14　2012年國民議會投票結果一覽表（6/10, 6/17）

2012年國民議會選舉		
	第一輪（6/10）	第二輪（6/17）
選舉人總數	46,082,104	43,233,648
投票人總數	26,369,126	23,952,486
投票率	57.22%	55.40%
有效票數	25,952,859	23,029,308
第二輪投票結果及席位		
政黨名稱	第二輪得票率（%）	第二輪所獲席位（共577席）
左派陣線	1.08%	10
社會黨	40.91%	280
左派激進黨	2.34%	12
左派獨立人士	3.08%	22
歐洲生態及綠色聯盟	3.60%	17
區域主義聯盟	0.59%	2
法國中心黨	0.49%	2
中間聯盟	0.53%	2
激進黨	1.35%	6
新中間黨	2.47%	12
人民運動黨	37.95%	194
右派獨立人士	1.81%	15
國家陣線	3.66%	2
極右人士	0.13%	1

資料來源：參閱法國憲法委員會公布之數據整理而成。

表附3.15　2017年國民議會選舉結果一覽表（6/11, 6/18）

2017年國民議會選舉		
	第一輪（6/11）	第二輪（6/18）
選舉人總數	45,570,988	47,293,103
投票人總數	23,167,508	27,128,488
投票率	48.7%	42.64%
有效票數	22,654,164	20,164,615

投票結果及席位				
政黨或團體名稱	第一輪 得票數	第一輪 得票率	第二輪 得票數	第二輪 得票率	所得席位 （共577席）
極左派	175,387	0.77%	0	0%	0
法國共產黨PCF	615,503	2.72%	217,833	1.20%	10
法國不服從FI	2,497,661	11.02%	883,786	4.86%	17
法國社會黨PS	1,685,773	7.44%	1,032,885	5.68%	29
左派激進黨PRG	106,286	0.47%	64,860	0.36%	3
左派無黨人士	362,328	1.60%	263,619	1.45%	12
共和前進黨LREM	6,390,797	28.21%	7,826,432	43.06%	308
民主運動黨MoDEM	932,229	4.11%	1,100,790	6.06%	42
民主與獨立人士聯盟	678,219	3.03%	551,760	3.04%	18
共和人士黨LR	3,573,366	15.77%	4,040,016	22.23%	113
右派無黨人士	625,395	2.76%	306,240	1.68%	6
法國興起DLF	265,433	1.17%	17,344	0.10%	1
國家陣線FN	2,990,592	13.02%	1,590,858	8.75%	8
極右派人士	68,319	0.30%	19,030	0.10%	1
生態保護人士	973,739	4.30%	23,167	0.13%	1
區域主義人士	204,078	0.90%	137,453	0.76%	5
獨立參選人士	500,458	2.21%	100,574	0.55%	3

資料來源：參閱法國憲法委員會公布之數據整理而成。

表附3.16　2022年國民議會選舉結果一覽表（6/12, 6/19）

2022年國民議會選舉		
	第一輪（6/12）	第二輪（6/19）
選舉人總數	48,953,748	48,589,606
投票人總數	23,256,207	22,464,299
投票率	47.51%	46.23%
有效票數	22,744,708	20,747,083

投票結果及席位					
政黨或團體名稱	第一輪 得票數	第一輪 得票率	第二輪 得票數	第二輪 得票率	所得席位 （共577席）
極左派	266,412	1.17%	11,229	0.05%	0
左派激進黨PRG	126,686	0.56%	0	0	0
新人民生態與社會聯盟 NUPES	5,836,079	25.66%	6,555,984	31.60%	131
左派無黨人士	713,574	3.14%	443,274	2.14%	22
生態環保團體	608,314	2.67%	0	0	0
其他獨立參選人士	192,624	0.85%	18,296	0.09%	1
區域主義團體人士	291,384	1.26%	264,802	1.28%	10
團結聯盟Ensemble 總統多數	5,857,364	25.75%	8,002,407	38.57%	245
中間無黨人士	283,612	1.25%	99,122	0.48%	4
民主與獨立人士聯盟UDI	198,062	0.87%	64,444	0.31%	3
共和人士黨LR	2,370,440	10.42%	1,447,847	6.98%	61
右派無黨人士	530,782	2.33%	231,073	1.11%	10
右派主權主義團體	249,603	1.10%	19,306	0.09%	1
再征服Reconquête	964,775	4.24%	0	0	0
國家聯盟RN	4,248,537	18.68%	3,589,269	17.30%	89

資料來源：參閱法國憲法委員會公布之數據整理而成。

表附3.17　2024年國民議會選舉結果一覽表（6/30, 7/7）

2024年國民議會選舉		
	第一輪（6/30）	第二輪（7/7）
選舉人總數	49,332,709	43,328,508
投票人總數	32,908,657	28,867,759
投票率	66.71%	66.63%
有效票數	32,057,946	27,279,713

投票結果及席位					
政黨或團體名稱	第一輪 得票數	第一輪 得票率	第二輪 得票數	第二輪 得票率	所得席位 （共577席）
左派聯盟UG（Union de la Gauche）	8,995,226	28.06%	7,005,512	25.68%	178
團結聯盟ENS Ensemble總統多數	6,425,707	20.04%	6,314,525	23.15%	150
國家聯盟RN	9,379,092	29.26%	8,745,081	32.05%	125
共和人士黨LR Les Républicains	2,106,166	6.5%	1,474,722	5.41%	39
右派無黨聯盟DVD	1,154,785	3.6%	980,547	3.59%	27
極右派聯盟UXD（Union de l'extrême droite）	1,268,822	3.96%	1,364,947	5%	17
左派無黨聯盟DVG	490,898	1.53%	401,063	1.47%	12
區域主義人士REG	310,727	0.97%	288,201	1.06%	9
中間無黨人士DVC	391,423	1.22%	177,164	0.65%	6
地平線HOR	231,667	0.72%	258,139	0.95%	6
民主與獨立人士聯盟UDI	163,072	0.51%	119,672	0.44%	3
社會黨SOC	29,242	0.09%	26,343	0.10%	2
生態環保團體ECO	182,478	0.57%	37,808	0.14%	1
獨立參選人士DIV	142,871	0.45%	38,025	0.14%	1
獨立極右派人士EXD	59,679	0.19%	23,216	0.09%	1

資料來源：參閱法國憲法委員會公布之數據整理而成。

一、中文部分

沈有忠、吳玉山主編（2012），《權力在那裡？從多個角度看半總統制》，台北：五南圖書出版公司。

陳宏銘（2020），《半總統制在臺灣：總統權力新視角》，台北：五南圖書出版公司。

菲利普‧布候（Philippe Braud）著，張台麟譯（1985），《政治生活》，台北：遠流出版公司。

張台麟（2013），《法國政府與政治》，第四版，台北：五南圖書出版公司。

張台麟（1995），《法國總統的權力》，台北：志一出版公司。

張台麟（2020），《法國政府與政治》，第五版，台北：五南圖書出版公司。

二、西文部分

Agrikoliansky, Eric (2015), *Les partis politiques en France*, Paris: Armand Colin.

Allaire, Marie-Bénédicte et Philippe Goulliaud (2002), *L'incroyable septennat: Jaques Chirac à l'Elysée 1995-2002*, Paris: Fayard.

Amiel, David et Ismaël Emelien (2019), *Le progrès ne tombe pas du ciel*, Paris: Fayard.

Ardant, Philippe et Simon-Louis Formery (2019), *Les institutions de la Ve République*, 15e éditions, Paris: Hachette.

Ardant, Philippe et Bertrand Mathieu (2024), *Droit constitutionnel et institutions politiques*. 36e edition, Paris: LGDJ.

Badie, Bertrand et Dominique Vidal (2018), *Le retour des populismes*, Paris: Editions de la Découverte.

Barbier, Christophe (2019), *Macron sous les masques*, Paris: Editions de L'Observatoire.

Bédéï, Jean-Pierre et Christelle Betrand (2019), *La Macronie: ou le "nouveau monde" au pouvoir*, Paris: l'Archipel.

Blacher, Philippe (sous la direction) (2018), *La Constitution de la Ve République: 60 ans d'application (1958-2018)*, Paris: LGDJ.

Boucheron, Patrick (2016), *Ce que peut l'histoire*, Paris: Fayard.

Branca, Eric et Arnaud Floch (2011), *Histoire secrète de la droite*, Paris: Nouveau Monde éditions.

Cerda-Guzman, Caroline (2019), *Cours de droit constitutionnel et des institutions de la Ve République*, 5e éditions 2019-2020, Paris: Gualino.

Chagnollaud de Sabouret, Dominique et Benoît Montay (2018), *Les 60ans de la Constitution 1958-2018*, Paris: Dalloz (Cercle des Constitutionnalistes).

Chirac, Jacques (2009), *Chaque pas doit être un but (mémoires)*, Paris: Editions Nil.

Coignard, Sophie (2019), *Benalla la vraie histoire: un intrus au coeur du pouvoir*, Paris: Edition de l'Observatoire.

Courtois, Stéphane and Marc Lazar (2000), *Histoire du Parti communiste français*, Paris: PUF.

Davet, Gérard et Fabrice Lhomme (2016), *"Un président ne devrait pas dire ça…" : Les secrets d'un quinquenat*, Paris: Editions Stock.

Davet, Gérard et Fabrice Lhomme (2019), *La haine: Les années Sarko*, Paris: Fayard.

De Gaulle, Charles (1970), *Mémoires d'espoir*, Paris: Plon.

De Gaulle, Charles (1980), *Mémoires d'espoir, le renouveau 1958-1962*, Paris: Plon.

De Gaulle, Charles (1989), *De Gaulle a dit: l'essentiel de la pensée de Charles de Gaulle*, Paris: Plon.

De Saint Sernin, Jean (2019), *Système majoritaire et le bicamérisme sous la Ve République*, Paris: Dalloz.

Dolez, Bernard, Julien Fretel et Rémi Lefebre (2019), *L'entreprise Macron*, Paris: Presses Universitaires de Grenoble.

Domenach, Nicolas et Maurice Szafran (2019), *Le tueur et le poète*, Paris: Albin Michel.

Dosière, René (2019), *Frais de Palais: La vérité sur les dépenses de l'Elysée*, Paris: Editions de l'Observatoire.

Doubovetzky, Christophe (2019), *L'essentiel des institutions administratives*, 11e édition, Paris: Gualino.

Duhamel, Olivier et Guillaume Tusseau (2019), *Droit constitutionnel et institutions politiques*, 5e Edition 2020, Paris: Seuil.

Duverger, Maurice (1978), *Echec an roi*, Paris: Albin Michel.

Duverger, Maurice (1978), *La monarchie républicaine*, Paris: Robert Laffont.

Duverger, Maurice (1981), *Les partis politiques*, Paris: Editions du Seuil.

Duverger, Maurice (1986), *Bréviaire de la cohabitation*, Paris: PUF.

Duverger, Maurice (1987), *La cohabitation des français*, Paris: PUF.

Duverger, Maurice (1988), *La nostalgie de l'impuissance*, Paris: Albin Michel.

Duverger, Maurice (1996), *Le système politique français*, Paris: PUF.

Endeweld, Marc (2019), *Le grand manipulateur: Les réseaux secrets de Macron*, Paris: Stock.

Fourquet, Jérôme (2019), *L'archipel français: Naissance d'une nation multiple et divisée*, Paris: Edirions du Seuil.

Fricero, Natalie (2019), *L'essentiel des institutions judiciaires*, 11e édition, 2019-2010, Paris: Gualino.

Fulda, Anne (2017), *Emmanuel Macron: un jeune homme si parfait*, Paris: Plon.

Gicquel, Jean et Jean-Eric Gicquel (2024), *Droit constitutionnel et institutions politiques*. 37e edition, Paris: Flammarion.

Girardot, Jacques (2016), *Partis politiques français: Attention danger*, Paris: BoD.

Hamon, Francis (1995), *Le Référendum, étude comparative*, Paris: L.G.D.J..

Hollande, François (2019), *Les Leçons du pouvoir*, Paris: Editions Stock.

Hollande, François (2019), *Répondre à la crise démocratique*, Paris: Fayard.

Kesler, Jean-François (2019), *Les idées politiques et les partis en France*, Paris: L'Harmattan.

Latrous, Neila et Jean-Baptiste Marteau (2012), *UMP: un univers impitoyable*, Paris: Flammarion.

Lecourt, Domonique, Claude Nicolet et Michelle Perrot (1997), *Aux sources de la culture française*, Paris: Editions La Découverte.

Lenglet, François (2019), *Tout va basculer! 2019, L'année de tous les dangers*, Paris: Albin Michel.

Macron, Emmanuel (2016), *Révolution: C'est notre combat pour la France*, Paris: XO

Editions.

Martin, Pierre (2000), *Comprendre les évolutions électorales: La théorie des realignments révisitée*, Paris: Presses de Sciences po.

Massot, Jean (1993), *Chef de l'Etat et chef du Gouvernement*, Paris: La Documentation française.

Mauroy, Pierre (2003), *Mémoires: Vous mettrez du bleu au ciel*, Paris: Plon.

Mélin-Soucramanien, Ferdinand et Pierre Pactet (2023), *Droit constitutionnel*, 42e édition 2024, Paris: Sirey-LMD.

Mény, Yves (2019), *Le système politique français*, 7e édition, Paris, LGDJ.

Mitterrand, François (1963), *Le coup d'Etat permanent*, Paris: Editions.

Moscovici, Pierre (2011), *Défaite interdite: Plaidoyer pour une gauche au rendez-vous de l'histoire*, Paris: Flammarion.

Perrineau, Pascal (2019), *Le grand écart: Chronique d'une démocratie fragmentée*, Paris: Plon.

Petitfils, Jean-Christian (1983), *L'Extréme droite en France*, Paris: PUF.

Philippe, Edouard (2017), *Des hommes qui lisent*, Paris: JCLattès.

Rambaud, Patrick (2019), *Emmanuel Le Magnifique: Chronique d'un règne*, Paris: Grasset.

Rials, Stéphane (2019), *Textes constitutionnels français*, 31 éditions refondue, Que sais-je? Paris: PUF.

Roucaute, Yves (1987), *Histoires Socialiste*s, Paris: Ledrappier.

Roussel, Eric (1994), *Georges Pompidou*, Paris: Jc-Lattès.

Sarkozy, Nicolas (2019), *Passion*, Paris: Editions de l'Observatoire.

Toulemonde, Gilles (2019), *L'essentiel des institutions de la Ve République*, 7e éditions 2019-2020, Paris: Gualino.

Trierweiler, Valérie (2014), *Merci pour ce moment*, Paris: les arènes.

Trierweiler, Valérie (2019), *On se donne des nouvelles*, Paris: les arènes.

Turk, Pauline (2023), *Les institutions de la Ve République*, 16e Editions, Paris: Gualino

Zemmour, Eric (2016), *Un quinquennat pour rien: Chroniques de la guerre de civilisations*, Paris: Albin Michel.

Zemmour, Eric (2018), *Destin français: Quand l'Histoire se venge*, Paris: Albin Michel.

國家圖書館出版品預行編目資料

法國政府與政治/張台麟著. --六版. --臺北
市:五南圖書出版股份有限公司, 2025.01
面; 公分
ISBN 978-626-423-056-8(平裝)

1.CST: 政府 2.CST: 政治制度
3.CST: 法國

574.42   113019469

1P91

法國政府與政治

作　　者 ─ 張台麟(201)

編輯主編 ─ 劉靜芬

責任編輯 ─ 許雅容

文字校對 ─ 黃郁婷

封面設計 ─ 封怡彤

出 版 者 ─ 五南圖書出版股份有限公司

發 行 人 ─ 楊榮川

總 經 理 ─ 楊士清

總 編 輯 ─ 楊秀麗

地　　址：106台北市大安區和平東路二段339號4樓

電　　話：(02)2705-5066

網　　址：https://www.wunan.com.tw

電子郵件：wunan@wunan.com.tw

劃撥帳號：01068953

戶　　名：五南圖書出版股份有限公司

法律顧問　林勝安律師

出版日期　2003年 4 月二版一刷
　　　　　2007年10月三版一刷
　　　　　2013年 1 月四版一刷
　　　　　2020年 9 月五版一刷
　　　　　2025年 1 月六版一刷

定　　價　新臺幣450元

經典永恆·名著常在

五十週年的獻禮──經典名著文庫

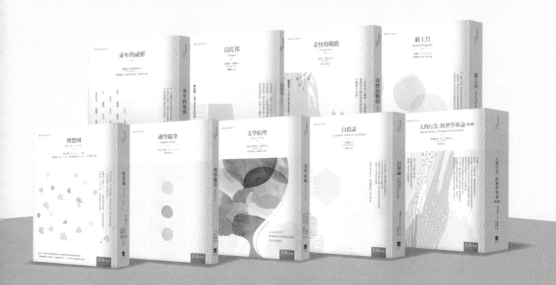

五南，五十年了，半個世紀，人生旅程的一大半，走過來了。

思索著，邁向百年的未來歷程，能為知識界、文化學術界作些什麼？

在速食文化的生態下，有什麼值得讓人雋永品味的？

歷代經典·當今名著，經過時間的洗禮，千錘百鍊，流傳至今，光芒耀人；

不僅使我們能領悟前人的智慧，同時也增深加廣我們思考的深度與視野。

我們決心投入巨資，有計畫的系統梳選，成立「經典名著文庫」，

希望收入古今中外思想性的、充滿睿智與獨見的經典、名著。

這是一項理想性的、永續性的巨大出版工程。

不在意讀者的眾寡，只考慮它的學術價值，力求完整展現先哲思想的軌跡；

為知識界開啟一片智慧之窗，營造一座百花綻放的世界文明公園，

任君遨遊、取菁吸蜜、嘉惠學子！